EL DEPORTE COMO VEHÍCULO DE INTEGRACIÓN

Coordinan:
Mª Luisa Zagalaz Sánchez
Amador J. Lara Sánchez
Javier Cachón Zagalaz
Gema Torres Luque

Título:	EL DEPORTE COMO VEHÍCULO DE INTEGRACIÓN
Coordinan:	Mª LUISA ZAGALAZ SÁNCHEZ; AMADOR J. LARA SÁNCHEZ; JAVIER CACHÓN ZAGALAZ; GEMA TORRES LUQUE
Editorial:	WANCEULEN EDITORIAL DEPORTIVA, S.L. C/ Cristo del Desamparo y Abandono, 56 41006 SEVILLA Tlfs 954656661 y 954920298 www.wanceulen.com infoeditorial@wanceulen.com
ISBN:	978-84-9993-302-3
Dep. Legal:	SE 550-2013
©Copyright:	WANCEULEN EDITORIAL DEPORTIVA, S.L.
Primera Edición:	Año 2013
Impreso en España:	Publidisa

Reservados todos los derechos. Queda prohibido reproducir, almacenar en sistemas de recuperación de la información y transmitir parte alguna de esta publicación, cualquiera que sea el medio empleado (electrónico, mecánico, fotocopia, impresión, grabación, etc), sin el permiso de los titulares de los derechos de propiedad intelectual. Cualquier forma de reproducción, distribución, comunicación pública o transformación de esta obra solo puede ser realizada con la autorización de sus titulares, salvo excepción prevista por la ley. Diríjase a CEDRO (Centro Español de Derechos Reprográficos, www.cedro.org) si necesita fotocopiar o escanear algún fragmento de esta obra.

ÍNDICE

Integrar la diversidad a través de la educación física 7
Javier Cachón-Zagalaz; Amador J. Lara Sánchez; Mª Luisa Zagalaz-Sánchez; David Molero López-Barajas. *Universidad de Jaén*

La formación educativa del joven deportista a través de la integración de padres y técnicos 21
María Encarnación Garrido Guzmán; Gloria González Campos. *Universidad de Sevilla*

Impacto de un programa físico-deportivo para educar en valores. Estudio de caso en una "escuela de continuación" 33
Rodrigo Pardo; Noemí García-Arjona. *Universidad Camilo José Cela, Universidad Politécnica de Madrid*

Puesta en práctica de programas físico-deportivos de educación en valores en horario extraescolar. Retos y dificultades 49
Yannick Hernández Bourlon-Buon. *Universidad Politécnica de Madrid*

La coeducación como instrumento para la integración en la actividad física y el deporte 69
Pedro Ángel Valdivia Moral; David Molero López-Barajas; Tomás Campoy Aranda; Amador J. Lara Sánchez. *Universidad de Jaén*

Bilingüismo: facilitar el aprendizaje de otra lengua a través de la educación física y el deporte 83
Javier Gutiérrez de Castro; David Molero López-Barajas; Javier Cachón Zagalaz; Mª Luisa Zagalaz Sánchez. *Universidad de Jaén*

La investigación en España en torno al deporte como herramienta de intervención en los centros penitenciarios 93

Influencia de la diversidad cultural de los jugadores de un equipo de fútbol profesional en el desarrollo deportivo del mismo desde una perspectiva psicopedagógica 107
Gloria González Campos; María Encarnación Garrido Guzmán. *Universidad de Sevilla*

Integración, inmigración y educación física 127
Macarena Ruiz Valdivia; David Molero López-Barajas; Javier Cachón Zagalaz; Mª Luisa Zagalaz Sánchez. *Universidad de Jaén*

Kickz project: un proyecto de integración social a través del fútbol desarrollado en Inglaterra 145
Daniel Berdejo del Fresno. *British Cycling Federation and Manchester Futsal Club. United Kingdom*

Actividad física y deporte inclusivo. Compartir un objetivo común 153
Rubén Pérez Nieto; Diana Ruiz Vicente. *Federación Española de Deportes de Personas con Discapacidad Física; Universidad Camilo José Cela*

Buscando una técnica de relajación eficaz como propuesta de integración personal y social en la escuela 165
Juan Carlos Luis-Pascual. *Universidad de Alcalá*

INTEGRAR LA DIVERSIDAD A TRAVÉS DE LA EDUCACIÓN FÍSICA

Javier Cachón-Zagalaz
Amador J. Lara Sánchez
Mª Luisa Zagalaz-Sánchez
David Molero López-Barajas
Universidad de Jaén
Grupo de Investigación HUM653

1. Introducción

En el área de Educación Física (EF), el cuerpo y el movimiento se constituyen en ejes básicos a través de los cuales se organiza la enseñanza. Su elección como ejes, se debe a la gran importancia de sus funciones que dependen del momento en que se elabora el currículum de EF, cuyo carácter abierto y flexible concede gran importancia a las diferencias individuales y al contexto social, cultural y geográfico en el que se aplica el programa, por tanto, lo importante no está en el resultado del aprendizaje sino en el proceso. Un currículum abierto tiene la ventaja de garantizar el respeto a los diferentes contextos de aplicación a la vez que implica creativamente al profesorado en el desempeño de su labor profesional (Zagalaz y Cachón, 2008a).

La pedagogía de la diversidad en relación a la atención a las diferencias individuales incluye variaciones entre el alumnado y el profesorado, además de exigir idoneidad y preparación de los últimos y limitaciones materiales para atender la diversidad (Esquivel Ramos, 2001). Los diferentes frentes de diversidad se agrupan por género, cultura de procedencia (grupos étnicos, religiosos, lingüísticos y culturales), factores que inciden en el aprendizaje (conocimientos previos, estilo y estrategia de aprendizaje, motivación, equilibrio escolar, entorno familiar, contexto social, etc.), manifestación de necesidades educativas relacionadas con limitaciones de tipo sensorial, motor, intelectual o de conducta, presencia de estados de salud que requieren medidas especiales de atención y edad, considerando las intervenciones en actividad física y salud con mayores. Esquivel Ramos, tras señalar la importancia de la intervención de un equipo interdisciplinar en estas actuaciones educativas precisa que conseguir integrar socialmente no significa sólo aportar medios sino también poner en marcha un proceso pedagógico para cambiar las actitudes.

Por su parte la EF necesita otorgar una especial atención a la idea de prácticas alternativas, en cuanto a la función compensadora de las desigualdades de origen, que propicien experiencias corporales positivas según las distintas capacidades del ser humano, incidiendo en aspectos interculturales (Zagalaz, 2006).

Así surge el deporte como unión de culturas, como un elemento educativo, cuya potencialidad dependerá de las características personales y docentes del profesorado, la familia, el centro escolar y el sistema educativo y el profesorado, como artífices de la liberación del deporte, desde la práctica crítica y reflexiva que lo convierta en un instrumento para la paz y, nunca un elemento violento o belicista (Zagalaz y Romero, 2002).

Inciden en estos aspectos Fernández Balboa y Muros Ruiz (2004) afirmando que es necesario combatir el racismo, el sexismo y otros "-ismos" denigrantes, las fobias (homofobia, xenofobia) y los estereotipos y mitos, para lo que hay que hacer explícitos esos males sociales, reconociendo y denunciando los *círculos de silencio* y otras formas de discriminación y exclusión en las escuelas y en los campos de deporte.

La educación intercultural en las clases de EF se dirige a atender la diversidad y a atenuar las diferencias individuales para conseguir una educación acorde a los principios de equidad y justicia social. El valor del proceso de enseñanza aprendizaje en la clase de EF, se concreta en la aplicación de la metodología constructiva, la pedagogía activa, la individualización en la enseñanza, la comunicación entre todos los sujetos participantes y las tareas significativas y abiertas, concretándose los resultados en la contribución a la formación integral del alumnado en los ámbitos cognitivo, motriz y afectivo.

Por tanto, la relación educación intercultural-calidad de la clase de EF, se hace efectiva a través de la interacción profesorado-alumnado (de forma individual o en grupo), y se concreta en tres elementos esenciales: La actividad constructiva del alumnado en el proceso de aprendizaje. El papel del profesorado como orientador y guía en el aprendizaje. La estructura comunicativa y del discurso educacional.

2. Estudio de la diversidad y su integración en Educación Física y Deporte

Al hablar de diversidad en EF nos referimos a conceptos y ámbitos tales como las minorías étnicas, la religión o el alumnado extranjero y, como consecuencia de ellas, la interculturalidad, el contexto, el género con especial atención a la mujer y el currículum oculto del profesorado. De todo ello resulta la escuela inclusiva; la atención a la edad, especialmente a los mayores; las necesidades educativas especiales y los problemas de aprendizaje; la infraestructura física. Por último, los contenidos y la transversalidad en cualquiera de los ámbitos anteriores. Los resultados esperados de este tipo de enseñanzas pasan por aceptar que el deporte puede ser un nexo de unión para las distintas culturas y las diversas situaciones, y la clase de EF determinante para favorecer el acercamiento en la diversidad.

Veamos a continuación cada uno de los conceptos y ámbitos citados:

Bajo la denominación de **Minorías Étnicas** se engloban las personas de cultura y raza diferente de la que están insertos, por ejemplo el pueblo gitano. Sobre estas culturas minoritarias se ha avanzado mucho en los últimos años, en especial a raíz de las *Recomendaciones de la Haya*[1], en las que se recogen sus derechos a la educación. A ellos hay que añadir los emigrantes procedentes de los países árabes, del este de Europa, China y, especialmente de Sudamérica, la mayoría integrados en barrios marginales lo que dificulta su inserción social y cultural. Sin embargo es significativo que, en ocasiones, nos

---

[1] http://www.unhchr.ch.

encontremos ligas de cualquier deporte perfectamente organizadas por los propios emigrantes. Sobre los que, según la Ley Orgánica 10/2002, de 23 de diciembre, de Calidad de la Educación (LOCE), las administraciones educativas deben favorecer la incorporación al sistema educativo del alumnado procedente de países extranjeros, con los mismos derechos y los mismos deberes que los españoles (Zagalaz, 2006).

Si hablamos de actividad física y deporte, tras una amplia revisión de la literatura comprobamos que existen diferentes trabajos, citados por Zagalaz (2006), como el de Mosquera, Sánchez y Piñeiro (2003) que constatan la idoneidad de la utilización del juego y el deporte como medio para trabajar los contenidos propios, resolución no violenta de conflictos, cooperación, empatía o juego limpio. El de Arráez (2001) que utilizó la EF como terapia educativa durante un curso escolar concluyendo que la práctica de actividades físico-deportivas y el juego, facilitan la integración escolar y mejoran el clima relacional entre el alumnado que pertenece a ámbitos socio-culturales y económicos diferentes. Díaz-Aguado (2002), que diseñó cuatro procedimientos de actuación para mejorar la convivencia escolar y prevenir la violencia, y Fernández et al. (2004) que analizan la calidad de vida y el potencial de desarrollo de los niños y niñas de América Latina, especialmente en la cultura Mapuche de Chile.

En relación directa con la actividad física hay que destacar el *Programa MUS-E®*[2], creado por Yehudi Menuhin (1916-1999), a quien se conoce como "violinista del siglo", humanista excepcional, quien elaboró el programa en colaboración con Werner Schimitt, Director de la Escuela del Conservatorio de Berna. Sobre la idea de Zoltán Kodály (1882-1967) que consideraba que la música debía formar parte de la educación cotidiana y ser accesible a todos, Menuhin amplió el concepto dentro del marco de la realidad multicultural y abundó en la importancia de la música en las diferentes culturas, del movimiento, de los sentidos, del cuerpo y de la imaginación, haciendo buena la estrecha relación entre música y movimiento que defendemos y que tiene su origen en los planteamientos educativos de Platón.

Asimismo, desde el Ministerio de Educación se llevan a cabo diversas acciones de carácter general con vistas a la escolarización, atención educativa compensadora y a la integración del alumnado inmigrante por lo que en 2001 se creó el *Plan Nacional de Acción para la Inclusión Social del Reino de España*.

La **Religión**, influye en la educación y en el deporte desde que las competiciones deportivas griegas se realizaban alrededor de festivales religiosos. Aunque la sociedad ha evolucionado a lo largo de todos estos siglos, han surgido otras perspectivas más cercanas al rechazo a la diversidad que repercuten en su aceptación y en la práctica deportiva. Tal es el caso del vestuario de la mujer en la religión musulmana[3] que crea amplios conflictos en las calase de EF y sobre lo que algunos países, como Francia, han aprobado una ley que

---

[2] http://www.mecd.es/muse.
[3] http://educacionfisicalajarcia.blogspot.com/2007/05/religin-y-deporte.html

prohíbe los signos religiosos ostensibles en las escuelas. Recuérdese el uso del velo islámico o hiyab (que tapa la cabeza hasta el cuello) y la obligación de llevar mangas o pantalón largo. Ante tales cuestiones creemos que la tolerancia debería existir por parte de todos los implicados, de forma que para actividades que requieran libertad de movimientos, se permita también libertad para llevar el vestuario adecuado, evitando así riesgos de accidentes y dificultades de movimiento en las jóvenes.

Asimismo en la religión islámica, el Ramadán interfiere en las clases de EF. El Ramadán es el ayuno diario, desde la salida hasta a puesta del sol, que varía en su situación cronológica, siendo mucho mayor el sacrificio en meses de verano que en los de invierno, y coincidiendo algunas veces con el periodo escolar, pues aunque los menores no tienen la obligación de practicarlo, hay muchos que lo hacen de forma voluntaria y eso repercute negativamente en las clases de EF.

Por otra parte, continuando el hilo conductor, y en relación al **Alumnado Extranjero**, la llegada de muchos jóvenes desde otros países a lugares como España, ha supuesto un cambio en la concepción de la educación. Se han ideado planes de integración y se han aprobado ayudas para los centros en los que hay mayores escolarizaciones de este alumnado.

La Ley de Extranjería española reconoce que los extranjeros menores de dieciocho años tienen derecho y deber a la educación en las mismas condiciones que los españoles. Este derecho comprende el acceso a una enseñanza básica, gratuita y obligatoria, la obtención de la titulación correspondiente y el acceso al sistema público de becas y ayudas.

Ante el problema del idioma que se produce en muchas ocasiones, la EF contribuye más que otras áreas a la integración de este alumnado puesto que el vocabulario deportivo está en la mayoría de los casos en inglés y es conocido por todos y además en nuestras clases, los estudiantes se sienten más libres y se comunican con expresión corporal hasta que van aprendiendo más palabras. La aplicación de juegos y bailes de diferentes localidades, comunidades, nacionalidades y continentes, hace más fácil también la integración.

La **Educación Intercultural (Interculturalidad)** es una oportunidad para reflexionar sobre lo que todos tenemos en común, la dignidad. Asimismo, la interculturalidad debe ser el fundamento para los desafíos educativos de la globalización y para facilitar el encuentro entre culturas. Con respecto a la EF, al igual que con otros fenómenos culturales, la educación corporal se ha ido adaptando a las formas que va estableciendo la cultura dominante en un momento histórico dado, así la cultura occidental se ha mostrado como absolutamente dominante al grado de haber impuesto sus puntos de vista aniquilando prácticamente todo vestigio de otras culturas.

En España existen muchos proyectos que buscan la integración escolar a través de la EF en base a la interculturalidad, como el que aparece en la web el Rincón del Maestro[4], que

---

[4] www.elRincóndelMaestro.com

habla de interculturalidad a través de la danza[5], ofreciendo a los escolares la posibilidad de experimentar y vivenciar ritmos distintos, trajes diferentes, músicas diversas..., acercándolos al conocimiento de otras culturas y entendiendo la danza como uno de los modos de expresión más motivador y generador de intercambios culturales.

El equipo educativo abrirá vías de comunicación con las familias, fomentando su participación, colaboración y enriqueciéndose con sus aportaciones de distintas culturas, modos de vida, músicas y danzas. De nuevo la actividad física facilita el acercamiento intercultural.

La asignatura de EF es considerada por muchos autores un espacio idóneo desde el que trabajar la inclusión de alumnado de diferentes culturas. Abordar este reto implica encaminar nuestras acciones hacia dos grandes áreas, por un lado la educación en valores y, por otro, las actuaciones específicas referidas al ámbito formal de la asignatura (Caus i Pertegaz, 2008).

La interculturalidad se apoya en dos variables, inserción e integración, en la primera se asume la presencia física de las personas en un determinado espacio donde prevalece la cultura dominante o mayoritaria (**Importancia del Contexto**), en el segundo, se acepta y hace entrar en juego la disposición a interactuar de manera intelectual, psicológica y cultural al dar por aceptada la nueva cultura, además de disponerse a conocerla, respetarla y aprender de ella en interacción mutua entre las mayorías y minorías culturales, dando como resultado un proceso intercultural.

Existe además otro contexto real en el que se desarrollan las clases, el patio y el gimnasio; las pistas y el polideportivo; las rutas y senderos, o las canchas de distintos deportes. En todos ellos compartir con los demás es más fácil que en el pupitre de un colegio o en cualquier otro contexto convencional. La libertad de acción y la facilidad con que se mueve en ellos el alumnado facilita la integración.

En Educación Primaria, el RD 1513/2006, de 7 de diciembre, por el que se establecen las enseñanzas mínimas determina la contribución del área de EF al desarrollo de las competencias básicas. En este sentido señala que su contribución es esencial puesto que las características de la EF, sobre todo las relativas al entorno en el que se desarrolla y a la dinámica de las clases, la hacen propicia para la educación de habilidades sociales cuando la intervención educativa incide en este aspecto.

En Educación Secundaria, el RD 1631/2006, de 29 de diciembre, por el que se establecen las enseñanzas mínimas correspondientes a esta etapa, recoge que la EF contribuye de manera directa y clara a la consecución de dos competencias básicas: la competencia en el conocimiento y la interacción con el mundo físico y la competencia social y ciudadana (Pantoja y Díaz, 2008).

El Género, con especial atención a la Mujer, es otro de los conceptos en el que se evidencia la diversidad. El deporte es un ámbito de gran importancia para las mujeres, que

---

[5] www.aulaintercultural.org.

se vislumbra como un placer, profilaxis, diversión, identificación, socialización y es propiciador de un espacio de crecimiento para la mujer. Gallo et al. (2000), en Ramírez y Medina (2008), opinan que la imagen de la deportista ante sí misma, sus compañeros y los demás, debe ser exactamente eso, la de una persona que intenta lograr lo mejor de sí en lo que cada una ha elegido.

En el ámbito escolar, siguiendo a Silva et al. (2007), la mayoría de los estudios sobre la participación deportiva de adolescentes revela que las niñas son físicamente menos activas que los niños y que esta diferencia aumenta en la adolescencia. Algunos datos indican que ello es porque las niñas han sufrido experiencias negativas en el deporte escolar. Como educadores y especialistas en EF, es fundamental que reflexionemos sobre nuestras actitudes y comportamientos para cambiar, si fuera necesario, nuestra forma de actuar, analizándola igual que los conceptos y deseos de cambio, tratando de favorecer situaciones de aprendizaje que promuevan la igualdad entre niñas y niños en las actividades deportivas.

Pasando a otro concepto, según Ríos Hernández (2008), el **Currículum Oculto** es muy importante en la transmisión y creación de significados e ideología que no están expresados de manera explícita en el currículo escrito. Más allá de lo que pretende enseñar el maestro de forma explícita, la vida en la comunidad educativa aporta elementos significativos en la vida del alumnado que no deben olvidarse y cuyas experiencias ayudarán al alumnado a crear y experimentar un sentimiento de pertenencia a una comunidad. Tal y como afirman García y Puigvert (2003, p. 274),

> "El currículo oculto son todos estos aspectos que, sin ser explicitados, ni a menudo debatidos, se transmiten a los estudiantes a través de estructuras que subyacen tanto a los contenidos formales como a las formas de relaciones sociales que se dan en la escuela".

Ya en otro concepto y continuando con Ríos Hernández (2008), veremos ahora el inicio del movimiento de la **Escuela Inclusiva** que se sitúa a mediados de los ochenta y principios de los noventa del pasado siglo XX y supone un enriquecimiento conceptual e ideológico a los planteamientos de la escuela integradora. Continúa la autora afirmando que la escuela inclusiva es un modo de concebir la educación y la función social del centro escolar, desde un planteamiento comunitario, que lleva implícita su transformación y la de su contexto para adecuar y mejorar la respuesta educativa a la diversidad, reconociéndola y no asimilándola. De tal forma que todo el alumnado tiene el mismo derecho a acceder a un currículum culturalmente valorado, compartido con los compañeros de la misma edad, oponiéndose a cualquier forma de segregación.

Con respecto a la EF inclusiva, presupone siempre compartir con el grupo el proceso de aprendizaje y en este contexto la diversidad cohesiona al grupo y lo enriquece, ofreciendo más posibilidades de aprendizaje para todos y todas (Ríos Hernández, 2004).

Con el fin de maximizar el aprendizaje aparece la *enseñanza cooperativa* que se convierte en una estrategia metodológica clave. Como indican Johnson, Johnson y Holubec (1999), la cooperación es algo más que un método de enseñanza, es un cambio básico de la estructura organizativa que afecta a todos los aspectos de la dinámica de la sesión. Dichos autores centran los beneficios de esta estrategia en tres ejes fundamentales: Aumentar el aprendizaje de todo el alumnado, incluyendo tanto a los superdotados como a aquellos que presentan dificultades. Cohesionar al grupo y facilitar interrelaciones positivas entre el alumnado, ayudando a la creación de una comunidad de aprendizaje donde la diversidad es un valor. Proporcionar al alumnado un bagaje experiencial que colabora en su desarrollo social, psicológico y cognitivo.

Para que ello sea posible el maestro deberá poner en práctica cinco elementos básicos para organizar equipos de trabajo cooperativos en la sesión: Interdependencia positiva; Responsabilidad individual y grupal; Interacción personal; Interacción social; Evaluación grupal.

Al considerar la edad y dentro de ella al **Colectivo de Mayores** como otro ámbito diverso, le dedicamos unas líneas en este capítulo, porque somos conocedores de que todas las características que ayudan a definir a un individuo, son en sí mismas "factores de diversidad". Si se atiende, por ejemplo, a la *dimensión biológica*, algunos factores vienen determinados por la edad cronológica y las capacidades motrices y sensoriales; si se considera la *dimensión social*, ciertos factores que se deben tener en cuenta son el estatus socioeconómico, el tipo de familia o el nivel de integración y de relación interpersonal en diferentes ámbitos. En la *dimensión psicológica*, podrían considerarse rasgos de personalidad, ritmo de ejecución de tareas, nivel de persistencia en las actividades, autoconcepto y autoestima. Y, finalmente, en la *dimensión cultural*, la lengua de comunicación, la confesionalidad, o el género. Algunos *otros factores* no están delimitados a una sola dimensión, como es el caso de intereses y motivaciones, experiencias previas dentro y fuera de la escuela o expectativas de futuro (Rodríguez Castellón, 2009).

Como actividad de inserción social y de mejora de la salud, organismos públicos y privados financian actividades de diversos tipos entre las que se encuentran las deportivas. Las personas mayores encuentran en el deporte una forma de sentirse bien, socializarse y disfrutar de su tiempo libre. Las actividades deportivas que ofertan las escuelas de deporte para mayores, a las que se accede desde cualquier colectivo, son variadas y las sesiones se adaptan a las posibilidades y situación real de los participantes para fomentar el bienestar corporal y el ámbito de las relaciones sociales. Con ellas se busca mejorar la salud y mantener una buena calidad de vida. Asimismo, la integración de distintos sectores sociales se produce como en otras etapas de la vida con mayor facilidad a través de estas actividades.

Al objeto de profundizar un poco en la **Atención a la Diversidad**, para la escuela inclusiva, "diversidad" significa mucho más, sobre lo que Imbernón (1999, p. 68), afirma:

> "En éstas [las instituciones educativas] la diversidad no se puede entender como una simple actuación que facilita el aprendizaje del alumnado con ritmos madurativos diferentes; no es únicamente la presentación de estrategias didácticas alternativas para estimular al alumnado desmotivado; no es sólo incorporar las herramientas educativas adecuadas a cada realidad

académica individual; la Atención a la Diversidad se ha de entender como la aceptación de realidades plurales, como una ideología, como una forma de ver la realidad social defendiendo ideales democráticos y de justicia social".

Se pretende a través de un currículum eficaz alcanzar una educación de calidad, adecuando la respuesta educativa a cada uno de los alumnos. De este modo se supera el término Necesidades Educativas Especiales (NEE) y se sustituye por el de "barreras de aprendizaje" ya que, según el punto de vista inclusivo, éstas pueden deberse no sólo a sus propios déficits sino a la inadecuada respuesta educativa que ofrece el centro y su organización o el profesorado (Booth, Ainscow, Black-Hawkins, 2002).

Asimismo, en la legislación española, el concepto de NEE, a pesar de ser un término normalizador y no discriminatorio, ha sido sustituido por "atención al alumnado con necesidad específica de apoyo educativo (NEAE)" (LOE, 2006) y se iniciará desde el mismo momento en que la insuficiencia sea identificada, rigiéndose por los principios de normalización e inclusión.

La LOE (2006), en su Art. 73, Título II, Cap. I, refiriéndose a las NEAE, considera tres tipos de alumnado: el que requiere, por un periodo de su escolarización o a lo largo de toda ella, determinados apoyos y atenciones educativas específicas derivadas de discapacidad o trastornos graves de conducta. El que presenta altas capacidades intelectuales. Y el que presenta integración tardía en el sistema educativo español, especialmente los que proceden de países extranjeros.

Las dimensiones que delimitan el concepto de alumnado con NEAE, son básicamente cuatro, que se considerarán en las sesiones de EF, concretamente en cada Unidad Didáctica: a) Dificultades mayores que el resto para acceder a los aprendizajes. b) Origen interactivo de las NEAE. c) Carácter continuo y relativo de las NEAE. d) La respuesta a las NEAE debe incluir las ayudas pedagógicas precisas en el marco escolar menos restrictivo posible. Zagalaz y Cachón (2008b).

Las estrategias que pueden facilitar la participación activa y efectiva del alumnado con discapacidad en el ambiente natural de la clase de EF, según Ríos Hernández (2004, 2005, 2008), son la educación en actitudes y valores; el aprendizaje cooperativo y las actividades cooperativas; la enseñanza multinivel; la adaptación de las tareas; la compensación de las limitaciones en situaciones competitivas; compartir el deporte adaptado a las personas con discapacidad; y el asesoramiento y el apoyo.

El movimiento humano y las distintas formas en las que se manifiesta (actividades de la vida diaria, recreación, competición, rehabilitación y readaptación) afecta de modo particular a niños y jóvenes en edad escolar que presentan algún tipo de anomalía en su desarrollo motor.

La **Infraestructura Física** educativa deberá cumplir requisitos de calidad, seguridad, funcionalidad, oportunidad y equidad. Cuando, ni con adaptaciones más o menos significativas, el alumnado con NEAE pueda participar en las actividades deportivas habituales en el centro, se debe proceder a incluir en la planificación de actividades extraescolares, juegos y deportes específicos más asequibles a sus intereses y posibilidades.

Según Rodríguez Castellón (2009), hay que lograr que el alumno con NEAE, desarrolle en las mejores condiciones posibles los aprendizajes que forman parte de su currículo individual, tanto los que comparta con sus compañeros como los que han sido fruto de una decisión individualizada. Por ejemplo, situar a un alumno con dificultades de visión o audición a una determinada distancia de la pizarra o del profesor.

En definitiva, la infraestructura física es también determinante para la práctica de actividades en los centros educativos. Siendo importantes los planes acometidos por las instituciones públicas para facilitar el acceso a las aulas deportivas.

En este apartado hemos de hacer referencia al método de **Aprendizaje de otra lengua**, de gran importancia para evitar problemas de aprendizaje gracias a la EF. El método, denominado *Total Physical Response (TPR) o Respuesta Física Total*, fue desarrollado por el psicólogo Dr. James J. Asher y ha sido utilizado para enseñar desde Español hasta Japonés, incluyendo lenguaje de señas; y puede resultar una forma efectiva de acercarse a un idioma integrando la actividad física con los intercambios lingüísticos. TPR es un método pensado para la enseñanza de idiomas a través de la combinación de las habilidades verbales y motrices.

La enseñanza de la EF en EP debe fomentar la adquisición de capacidades que permitan reflexionar sobre los efectos de la actividad física y asumir actitudes y valores adecuados con referencia a la gestión del cuerpo y de la conducta motriz, creando hábitos de práctica saludable, regular y continuada a lo largo de la vida, así como a sentirse bien con el propio cuerpo, lo que constituye una valiosa ayuda en la mejora de la autoestima. Por otra parte, la inclusión de la vertiente lúdica y de experimentación de nuevas posibilidades motrices puede contribuir a establecer las bases de una adecuada educación para el ocio, facilitando la *integración escolar*.

Las relaciones interpersonales que se generan en esta materia y en las actividades que la desarrollan, permiten asumir valores como el respeto, la aceptación o la cooperación, transferibles al quehacer cotidiano, con la voluntad de encaminar al alumnado a establecer relaciones constructivas con las demás personas en situaciones de igualdad.

La relevancia social de los **Temas Transversales**, aconseja su estudio de manera independiente y, en nuestro caso, en relación con la EF, porque, según la legislación vigente, estos temas estarán presentes a través de las diferentes y correspondientes áreas a lo largo de la etapa. Recogen las características que componen la socialización del cuerpo y además se refieren a otras preocupaciones que tienen los seres humanos relacionadas con el mundo en el que viven de gran importancia en la transversalidad educativa, tales como el aspecto humanista de la educación, donde se incluye especialmente la *educación para la solidaridad* que sería el equivalente a lo que hoy conocemos por *multiculturalidad*, en relación directa con los movimientos migratorios que se están produciendo en la actualidad. Dichos temas oficialmente designados (Zagalaz y Cachón, 2008b), son:

1. Educación para la salud

2. Educación para la paz

3. Educación ambiental

4. Educación del consumidor

5. Educación para la igualdad entre hombres y mujeres

6. Educación vial

7. Otros temas transversales (TIC; Bilingüismo; Multiculturalidad; Cultura de la Comunidad Autónoma; Educación Ética y Moral).

3. Conclusiones

Como conclusiones, queremos hacer constar la importancia de incidir en las distintas perspectivas de la visión del cuerpo y su relación con las intervenciones docentes y especialmente la ventaja de fomentar las actividades físicas integradoras para la educación de los jóvenes.

Consideramos que la práctica de actividades físico-deportivas y el juego, facilitan la integración escolar y mejoran el clima relacional entre el alumnado que pertenece a ámbitos socio-culturales y económicos diferentes.

Creemos que la diversidad es un concepto que debería ocupar un espacio importante dentro de la formación del profesorado, tanto en materias como EF para alumnos con NEAE, que es la única que basa sus competencias en los aspectos esenciales de la motricidad, como en el resto de disciplinas del currículum oficial y en otra actuaciones fuera del entorno escolar y de los años de escolarización.

Desde la perspectiva de la formación del profesorado como transmisor de los valores educativos, con carácter general, podemos afirmar respetando la diferencia formaremos personas.

4. Referencias Bibliográficas

Arráez, J.M. (2001). Dificultades de un maestro especialista de EF ante la diversidad del alumnado. Inadaptados y marginados. En Giménez, F.J.; Sierra, A.; Tierra, J. y Díaz, J., *EF y Diversidad*, Universidad de Huelva, 11-25.

Booth, T., Aiscow, M. y Black-Hawkins, K. (2002). *Guía para la evaluación y mejora de la educación inclusiva. Desarrollando el aprendizaje y la participación en las escuelas*. Universidad Autónoma de Madrid: Consorcio universitario para la educación inclusiva.

Caus i Pertegaz, N. (2008). Alumnado que se escolariza tardíamente en el Sistema Educativo Español: Extranjeros (Cap. 9). En Zagalaz, M.L., Cachón, J. y Lara, A. *La EF en primaria a partir de la Ley Orgánica de Educación (LOE, 2006). Especial atención a la enseñanza por competencias.* Jaén: Logos. Jabalcuz.

Díaz-Aguado, M.J. (2002). Por una cultura de la convivencia democrática. *Revista Interuniversitaria de formación del Profesorado: Violencia y Convivencia Escolar,* Zaragoza, 44, 55-78.

Esquivel Ramos, R. (2001). El deporte y la diversidad en Cuba. En Giménez, F.J.; Sierra, A.; Tierra, J. y Díaz, J. *Educación Física y Diversidad,* Universidad de Huelva, 27-46.

Fernández, Ll. et al. (2004). Psicomotricidad y diversidad étnica. Propuesta modelo de programas interculturalidad del desarrollo sicomotor en población mapuche (Chile). *Actas del IV Congreso internacional de EF e Interculturalidad: El Deporte unión de culturas,* CD, Cancún (México).

Fernández-Balboa, J.M. y Muros Ruiz, B. (2004) ¿El deporte unión de culturas?, realidad o espejismo hegemónico: hacia una pedagogía crítica e intercultural de la educación física. *Actas del IV Congreso internacional de EF e Interculturalidad: El Deporte unión de culturas,* CD, Cancún (México).

García, C. y Puigvert, L. (2003). Sociología y currículo. En Fernández Palomares, F. (Coord.). *Sociología de la Educación.* Madrid: Pearson.

Guerrero-Morilla, R.; Cachón-Zagalaz, J.; Zagalaz-Sánchez, M.L. y Pérez-Rodríguez, J. (2010). El ayuno del Ramadán y sus consecuencias en alumnos musulmanes escolarizados en occidente. Análisis del la capacidad de concentración y resistencia a la fatiga. En *Actas al IX Congreso Internacional de Educación Física e Interculturalidad.* Universidad de Murcia.

Imbernón, F. (coord.) (1999). *La Educación en el siglo XXI. Los retos del futuro inmediato.* Barcelona: Graó.

Johnson, D.W., Johnson, R.T. y Holubec, E.J. (1999). *El aprendizaje cooperativo en el aula.* Barcelona: Paidós.

Ministerio de Educación (2002). *Ley Orgánica 10/2002, de 23 de diciembre, de Calidad de la Educación (LOCE).* BOE nº 307. Madrid.

Ministerio de Educación y Ciencia (2006). *Real Decreto 1513/2006, de 7 de diciembre, por el que se establecen las enseñanzas mínimas de la Educación Primaria.* BOE, 293, de 8 de diciembre: Madrid.

Ministerio de Educación (2007). *Real Decreto 1631/2006, de 29 de diciembre, por el que se establecen las enseñanzas mínimas de la Educación Secundaria.* BOE, 5, de 5 de enero.

Mosquera, M. J.; Sánchez, A.; Piñeiro, L. (2003). Educación para la "no violencia" a través del juego y el deporte: un modelo de curso-taller para adolescentes (poster). *Actas del II Congreso Mundial de CC de la actividad física y el deporte: deporte y calidad de vida,* CD, Granada.

Pantoja, A. y Díaz, M.A. (2008). Educación Física, Interculturalidad y Ciudadanía (Cap. 10). En Zagalaz, M.L., Cachón, J. y Lara, A. *La EF en primaria a partir de la Ley Orgánica de Educación (LOE, 2006). Especial atención a la enseñanza por competencias.* Jaén: Logos. Jabalcuz.

Ramírez Gómez, M.T. y Medina Domínguez, M.E. (2008). *Mujer y Deporte, una visión de género.* www.conade.gob.mx; www.inmujeres.gob.mx.

Ríos Hernández, M. (2008). La EF y la atención a la diversidad (Cap. 8). En Zagalaz, M.L., Cachón, J. y Lara, A. *La EF en primaria a partir de la Ley Orgánica de Educación (LOE, 2006). Especial atención a la enseñanza por competencias.* Jaén: Logos. Jabalcuz.

Ríos Hernández, M. (2004). La EF y la inclusión del alumnado con discapacidad. En *Actas del III Congreso Vasco del Deporte.* Vitoria: Diputación Foral de Álava.

Ríos Hernández, M. (2005). La EF como componente socializador en la inclusión del alumnado con discapacidad motriz. Estudio de casos en la etapa de EP. Tesis Doctoral. Barcelona: Universitat de Barcelona.

Rodríguez Castellón, J.J. (2009). La atención y tratamiento de las necesidades educativas especiales en los elementos de acceso al currículo y en los elementos básicos del mismo (objetivos, contenidos, criterios de evaluación y metodología) en EF. *Revista Digital de EF y Deportes,* nº 133. Junio. http://www.efdeportes.com/.

Silva, A., Maio, C., Guia, M.C. y Sardoeira, T. (2007). *Despertar para a igualdade. Mais desporto na escola.* En Cruz, I. y Botelho Gomes, P. (Coords.). Associação Portuguesa Mulheres E Desporto. Comissão para a Igualdade e para os Direitos das Mulheres. Presidência do Conselho de Ministros: Queijas (Portugal). www.mulheresdesporto.org.pt.

Zagalaz Sánchez, M.L. (2006). Interculturalidad, Educación Física y Deporte (Capítulo 6). En Pantoja, A. y Campoy, T. (Edit.) *Programas de intervención en Educación Intercultural.* Grupo Editorial Universitario: Granada.

Zagalaz, M.L. y Cachón, J. (2008a). El Currículum de la EF escolar (Cap. 1). En Zagalaz, M.L., Cachón, J. y Lara, A. *La EF en primaria a partir de la Ley Orgánica de Educación (LOE, 2006). Especial atención a la enseñanza por competencias.* Jaén: Logos. Jabalcuz.

Zagalaz, M.L. y Cachón, J. (2008b) Los temas transversales y otros elementos influyentes en la EF y el deporte escolar (Cap. 11). En Zagalaz, M.L., Cachón, J. y Lara, A. *La EF en primaria a partir de la Ley Orgánica de Educación (LOE, 2006). Especial atención a la enseñanza por competencias.* Jaén: Logos. Jabalcuz.

Zagalaz, M.L. y Romero, S. (2002). Deporte para la guerra versus deporte para la paz. Reflexiones sobre el carácter educativo del deporte. *Revista Electrónica Interuniversitaria de Formación del Profesorado,* 1-22.

Sitios web:

http://educacionfisicalajarcia.blogspot.com/2007/05/religin-y-deporte.html

http://www.mecd.es/muse: *Comisión de Educación del Programa de Desarrollo del Pueblo Gitano* (1999). *Programa de Enseñanza de Lengua Árabe y Cultura Marroquí. Programa MUS-E®.*

http://www.unhchr.ch: *Recomendaciones de la Haya.*

www.aulaintercultural.org.

www.elRincóndelMaestro.com.

LA FORMACIÓN EDUCATIVA DEL JOVEN DEPORTISTA A TRAVÉS DE LA INTEGRACIÓN DE PADRES Y TÉCNICOS

María Encarnación Garrido Guzmán
Gloria González Campos
Universidad de Sevilla

1. Fundamentación

La mayoría de las veces, para el niño deportista la iniciación a la práctica de los deportes, le supone una de las primeras experiencias en una serie de actividades que le dotarán de unas vivencias irrepetibles. Por ello, la importancia que asume hoy en día la labor de los agentes sociales en la práctica deportiva de los futuros niños deportistas es sumamente interesante.

Son diversos los autores que hablan de la existencia de un triángulo activo en la iniciación deportiva de los niños, formado por el entrenador, el deportista y los padres y madres (Cruz, 2001; Sánchez, 2001; Romero, 2004 y Ortín, 2009).

En este sentido, tanto los técnicos como los padres y madres (en adelante padres), que inscriben a sus hijos en prácticas deportivas, tienen un papel fundamental en la orientación y educación de los aprendices dentro de este ámbito. Según Roffé, Fenili y Giscafré (2003), a través del deporte, el niño logra múltiples aspectos en su desarrollo integral como son: la mejora de las destrezas y aprendizaje de habilidades, de la personalidad a través de la motivación para la competencia, el fortalecimiento de la autoestima en el respeto y la aceptación de sí mismo, de sus fortalezas y debilidades, el despliegue de habilidades sociales, el aprendizaje de su rol dentro de un equipo y reconocimiento del otro ya sea como compañero o rival, el aprender a aceptar un reglamento que es igual para todos y que lo lleva a aceptar posibilidades y límites y, por último, el desarrollo de los procesos de percepción, evaluación, decisión y acción.

Todos estos aspectos, son necesarios en el proceso de formación y aprendizaje del gesto deportivo y su aplicación en las distintas situaciones del juego y competencia. Además, según estos autores (Roffé et al., 2003), los beneficios de la práctica deportiva no son automáticamente transmitidos por la mera participación en el deporte, sino que deben ser cuidadosamente planificados y reforzados por los adultos, siendo esto posible cuando el entorno, incluido padres, respeta la maduración del niño, sus intereses y capacidades. De hecho, los grupos de deportistas apoyados por una actitud positiva de la familia con respecto al deporte, pueden tener un refuerzo positivo en el compromiso hacia el ejercicio (Latorre et al., 2009).

Pelegrín (2002), aporta que tanto padres, como entrenadores o directivos, forman el conjunto de todas las personas que dentro del contexto deportivo pueden aportar lo necesario para hacer del deporte un instrumento educativo que aporte valores y hábitos saludables generalizables a otros contextos.

Asimismo, uno de los objetivos a conseguir en el deporte infantil es el establecer una buena comunicación entre los agentes más implicados en la formación deportiva del niño: padres y técnicos deportivos.

Además, se recomienda a los padres mostrar una dedicación adecuada, interesándose por las experiencias deportivas de sus hijos, aceptando sus éxitos y fracasos y procurando no interferir en las funciones del entrenador.

Según Sánchez (1997), respecto al comportamiento de los padres, vemos como éstos interactúan en la práctica deportiva favoreciendo o perjudicando la aparición de actitudes positivas de la personalidad durante la misma. Concretamente, los padres juegan un papel muy importante en la formación de características personales del niño deportista (Cruz, Boixadós, Torregrosa y Mimbrero, 1996).

Por otro lado, existen también muchos beneficios psicológicos con la participación en los deportes juveniles como son el desarrollar destrezas de liderazgo, competitividad, capacidad de cooperación, deportividad, autorrealización y autoconfianza. Mediante la competición y la experiencia deportiva el niño aumenta su grado de autocontrol emocional, su autoconfianza y seguridad (Sánchez, 2001). Del mismo modo, el deporte puede ayudar a hacernos más correctamente sociables, pues se está llevando a la persona hacia una sociabilidad, ya que una actividad correctamente planteada fomenta la solidaridad, el trabajo en equipo, la igualdad y otros aspectos favorables para una madurez adecuada (Ortín, 2009).

La función de los padres es triple: informar, orientar y educar, pero, una vez que el niño se incorpora al desarrollo físico, técnico-táctico y psicológico de un deporte en concreto, es la función orientadora del técnico deportivo la que le abrirá el amplio abanico de posibilidades en su deporte elegido.

He aquí la exquisita importancia que desempeña el papel del técnico deportivo en el futuro de la carrera vital de un niño, ya que según Buceta (2004), las características que todo entrenador debe poseer en su formación y así obtener éxito en el entrenamiento con niños son las siguientes:

- Saber motivar.

- Conocimiento de los niños a su cargo.

- Tener un comportamiento correcto en todo momento.

- Aplicar la formación adecuada para cada edad.

- Percibir antes y durante la clase qué es lo que más desean y/o necesitan los niños ese día en cuanto a desenvolvimiento emocional y corporal.

- Evitar la imposición de un objetivo o contenido. Es mejor convencer de la importancia de los mismos.

- Provocar la creatividad y libre desenvolvimiento en los ejercicios durante la clase respetando las individualidades psicológicas, intelectuales y motoras de los niños.

- Dar a los niños durante la clase la posibilidad de sentirse profesores, de saberse conocedores de su deporte.
- Cuando no están cumpliendo correctamente con los ejercicios, no buscar la responsabilidad absoluta en ellos, sino analizar inmediatamente la metodología de la enseñanza.
- Evitar la irritación porque los alumnos estén desconcentrados o indisciplinados en la clase e incrementar la participación activa y aumentar la esencia lúdica.
- En los ejercicios que exigen una elevada manifestación de las cualidades volitivas, lo primero es estimular la conciencia del niño.
- Evitar llamar la atención de forma crítica y hacerlo más incentivando la ejercitación del discípulo.
- Comprender a los niños, las características de su edad y participar de sus chistes, bromas y ocurrencias durante la clase.

Por otro lado, Sánchez (2001), señala algunas de las responsabilidades de los padres en el deporte escolar:

- Confiar su hijo al entrenador: no presionar al niño que logre hacer algo que está más allá de su capacidad, ya que el niño no practica deporte para cumplir las ambiciones de los padres, sino por su propia diversión y beneficio. Los padres deben reconocer el valor y la importancia del entrenador que dedica su tiempo y esfuerzo en el entrenamiento del niño, algo que en ocasiones olvidan fácilmente los padres.
- Aceptar las propias limitaciones: los padres podrían enseñar al niño que el esfuerzo y la dedicación como equipo son más importantes que la victoria en sí misma.
- Aceptar los triunfos y las frustraciones: si los padres convirtiesen el fracaso en victoria enseñando a su hijo a trabajar para mejorar su actitud deportiva estarían fomentando un deporte de calidad. Los padres nunca deben menospreciar o gritar al niño por sus errores cometidos.
- Mostrar autocontrol a su hijo: los padres tendrían que aplaudir la actitud positiva y el esfuerzo de su hijo.
- Dedicarle tiempo a su hijo en la actividad realizada: este punto es muy interesante ya que la implicación del padre en la actividad deportiva del niño es primordial para una motivación constante hacia el deporte y para el logro de objetivos.
- Permitir que sus hijos tomen sus propias decisiones: así los padres están ayudando a la maduración de su hijo.

Del mismo modo, Ortín (2009) en su libro de guía para padres y madres destaca como un error muy común en los padres el que realicen las labores de entrenador con sus hijos. Aconsejan para ello el cuidar que las distintas referencias adultas no entren en contradicción.

Si las responsabilidades de los padres en el ámbito deportivo de sus hijos evolucionan sobre lo anteriormente expuesto: no presionar al niño más allá de su capacidad, intentar no cubrir las ambiciones o frustraciones propias de los padres, reforzar los valores del esfuerzo y la implicación, afrontar las victorias y aceptar las derrotas, evitar realizar la labor del entrenador y ayudar a sus hijos en el desarrollo de la capacidad de toma de decisiones, nos encontramos frente a frente con las funciones que expone el papel del técnico deportivo. Éstas son sumamente interesantes:

Sustituto paterno, jefe, líder, amigo, confidente, consejero, protector, creador de relaciones, buen comunicador, mediador de valores reconocidos por la sociedad y un abrumador largo etcétera, además naturalmente, de ser un buen conocedor de su deporte y de la ciencia y técnica del entrenamiento de tal actividad.

Con lo cual, implícitamente estamos obligando a esta figura a ser poseedor de unos rasgos psicopedagógicos que definen el modelo de personalidad ideal.

En definitiva, la labor del entrenador es tan compleja como amplia y abarca tantos roles como aspectos intrínsecos y amplitud de variables conlleva el proceso de Enseñanza – Aprendizaje. Es lo que autores como Muñoz (1997), han venido a llamar la actuación socioemocional del entrenador.

Como vemos, tanto padres como técnicos, convergen en determinadas funciones educativas en cuanto a sus hijos o jugadores, con lo cual, ambos están condenados a convivir en plena armonía con la intencionalidad de optimizar en la medida de lo posible el desarrollo de todas las facultades específicas del niño.

Debemos destacar, que si la interacción de los padres en el ámbito deportivo de sus hijos es ajustada a las demandas y se mantiene proclive a la cooperación y aportación positiva en la participación de éstos, estamos seguros de que la relación entre padres e hijos podría tener grandes beneficios psicológicos para ambos, llegando a desarrollar un vínculo afectivo lleno de valores y actitudes positivas en el ámbito familiar. De esta manera, podemos argumentar que una adecuada interacción padres – hijos a través del deporte, va a revertir positivamente en una relación personal en el seno de la familia.

No podemos pasar por alto que todos estos beneficios psicológicos que el aprendiz deportivo va adquiriendo, desarrollando y perfeccionando, están estrechamente relacionados con la función psicopedagógica que el técnico deportivo es capaz de ejercer sobre los mismos.

El entrenador desplegará dicha función sobre sus jugadores mediante la utilización de herramientas psicológicas y pedagógicas, tales como técnicas de control emocional o estrategias motivacionales. Pero, de igual forma, el orientador dispondrá de herramientas psicopedagógicas para conducir la labor parental para con sus hijos. De este modo, la dirección del comportamiento de los padres en el ámbito deportivo, será una compleja tarea, o en el menor de los casos, un tanto especial.

Si el entrenador no posee una formación amplia en estos aspectos, no puede quedarse una laguna al respecto y son muchos los autores que en la mayoría de sus trabajos recomiendan dar asesoramiento a los diferentes agentes sociales que influyen en la práctica deportiva de los niños (Cruz et al., 1996; Pallarés, 1998; Sánchez, 2001). Gimeno (2003), propone un programa de asesoramiento tanto a entrenadores como a padres en el que se trabajan una serie de reflexiones para evaluar si el comportamiento de estos agentes es el adecuado. Tal como exponen Cruz et al., (1996), este asesoramiento deberá ir destinado a mejorar la formación de los entrenadores, los árbitros y los organizadores de competiciones infantiles de niños en edad escolar, con la finalidad de que éstos puedan a su vez formar a los padres para el adecuado afrontamiento de la posible carrera deportiva de sus hijos.

Debe quedar claro que para que las competiciones deportivas formen parte del proceso educativo de futuros deportistas de manera eficaz, habría que fomentar el desarrollo de las cualidades ajustadas en cuanto a formación y comportamientos de los agentes educativos o entrenadores que beneficien a los aprendices desde su iniciación deportiva.

Por otro lado, si nos centramos en deportes concretos, vemos como existen modalidades en las que hay que tener especial cuidado para no reproducir comportamientos negativos del deporte espectáculo o de rendimiento. De hecho, el problema existiría cuando no se tuviesen claros los objetivos de los diferentes deportes que deben perseguir en edades tempranas, como son el deporte para todos o un deporte de diversión (Romero, 2004).

La experiencia personal en el deporte desde hace años, nos obliga a pensar cómo la actuación de los padres puede influir tanto de manera positiva como negativa en la práctica deportiva de sus hijos, y más aún en la competición.

Por ejemplo, el apoyo de los padres en edades tempranas es prácticamente inexistente en el fútbol femenino de manera organizada. Aún así, cuando las niñas acaban jugando en equipos organizados, las familias terminan apoyándolas (Llavona, 2006).

La mayoría de las veces, los padres inscriben a sus hijos en programas deportivos organizados para que pasen el rato, se diviertan y hagan ejercicio (Cruz, 2001). Sin embargo esto no evita que una vez que los niños participan en competiciones deportivas, el interés de los padres por ganar se eleva considerablemente.

Por lo tanto, si hablamos del ansia que pueden llegar a demostrar en mayor o menor medida los padres por la competición y por el hecho de que su hijo sea un campeón (algo que se conseguiría con la obtención de los mejores resultados), habría que tener cuidado con que los hijos no perciban esta presión por parte de sus padres.

2. Intervenciones Psico-Educativas

Una vez mostrada la importancia que tiene el trabajo conjunto e integrador entre padres y técnicos, sería conveniente establecer una intervención psico-educativa, coincidiendo con Prat y Soler (2009), en la importancia que tienen tales propuestas de intervención educativa.

Teniendo en cuenta además, que son varios los autores que en la mayoría de sus trabajos recomiendan la importancia de asesorar a los diferentes agentes sociales que influyen en la práctica deportiva de los niños (Cruz et al., 1996; Pallarés, 1998; Sánchez, 2001; Ruiz y García, 2003; Amenábar, Sistiaga y García, 2008; Romero, Garrido y Zagalaz, 2009), y que los padres cumplen una importante función como agentes de socialización de sus hijos desde edades tempranas promoviendo la participación de éstos en el deporte (Castillo, Balaguer y Tomás, 1997; González y Otero, 2005), nos preguntamos lo siguiente:

- ¿los padres disponen de una formación pedagógica y psicológica como para canalizar positivamente el futuro deportivo de sus hijos?
- ¿se da por hecho y se asume de manera incuestionable la adecuada formación del técnico deportivo?

Hay que tener presente, que la investigación corrobora fuertemente el hecho de que las conductas antideportivas en los niños son reforzadas y justificadas por la aprobación de dichas actitudes y comportamientos por los propios padres, entrenadores o compañeros (Cechinni, 2005). Por otro lado, los padres se constituyen en una de las influencias socializantes centrales en la vida de los niños y los adolescentes, así como sus comportamientos y conductas que son consideradas como positivas y animadoras han sido vinculadas a consecuencias afectivas favorables para los niños en el deporte (Amenabar et al., 2008).

Según Hernández (2005), la meta en lo que se refiere a la competición deportiva es conseguir que el niño disfrute realizando esa actividad deportiva independientemente del resultado, y ésta dista mucho de que los niños ganen siempre sus competiciones y de que los padres asocien esa diversión a la victoria. Es una labor indispensable que los padres disfruten con el deporte que practican los hijos, que los apoyen, aplaudan y animen cuando cometan errores, liberándolos así de la presión de hacerlo todo perfecto. Con todo ello, se podrá ganar una batalla muy importante para la permanencia de los niños en el mundo del deporte.

Por ello, autores como Gimeno (2003), presentan la construcción de un programa de habilidades sociales y de solución de problemas con padres y entrenadores, destacando la necesidad de que exista una mayor colaboración entre los agentes que influyen directamente en la formación de los niños deportistas. Del mismo modo, Ortín (2009) propone un trabajo con los padres, en el que trata de ver a qué atribuyen los éxitos o fracasos de sus hijos. De este modo, el autor trata de comprobar de qué manera las atribuciones de los padres pueden ayudar o por el contrario perjudicar la práctica deportiva de sus hijos.

Además, se considera necesario que los padres dispongan de tiempo para acompañar al niño a la actividad deportiva, ya que el apoyo de los padres es muy importante (Hernández, 2005).

Coincidimos con González y Otero (2005), en que la práctica de actividad física por parte de los otros significativos constituye uno de los predictores más potentes de la participación de los jóvenes, especialmente cuando se refiere a los padres. También concordamos con Torres (2005), en considerar que los padres deben procurar valorar más la constancia y el esfuerzo puestos en las tareas que los éxitos que se puedan alcanzar. Deben tratar que los hijos alcancen un buen nivel de autoestima, que disfruten de la práctica y que encuentren en el deporte un espacio-tiempo que fomente la amistad, la entrega, la cooperación y la solidaridad con sus compañeros de juego.

Pues bien, para que todo esto sea puesto en práctica habrá que comenzar por las siguientes consideraciones:

- Los padres deberán confiar a sus hijos a personal cualificado dentro del ámbito deportivo.
- Orientar a los padres para que desarrollen su labor educativa en el contexto deportivo con carácter beneficioso para sus hijos.
- Orientar a ambos agentes deportivos a través de expertos y especialistas en Psicología y Pedagogía deportiva.

Así, llevaremos a cabo una interrelación sincronizada entre técnicos, padres, jugadores y especialistas en Psicología del deporte.

Esta última figura será la coordinadora del triángulo deportivo fijando objetivos comunes. Para desarrollar su función utilizará una observación sistematizada, con recogida de información y análisis de la misma, tanto a entrenadores como padres, al mismo tiempo que incrementará sus datos con entrevistas personales. De esta forma, el especialista orientador determinará las demandas y las ayudas necesarias.

En cuanto al estudio comportamental del entrenador, es interesante la aplicación de alguna técnica de cumplimentación de autorregistro y algún cuestionario para saber qué opinan los niños respecto a su entrenador. También sería importante poner en práctica el proceso de retroalimentación conductual a través del Sistema de Evaluación Conductual del Entrenador (CBAS) de Smith, Smoll y Hunt (1977). Este instrumento de evaluación consiste en observar a los entrenadores durante aproximadamente dos semanas en los partidos y en los entrenamientos, y en función de doce categorías se va recabando la información sobre sus conductas reactivas (éstas van dirigidas hacia las ejecuciones deseables o aciertos, a los errores y a las conductas no deseables) y espontáneas (éstas van orientadas a las relacionadas con el juego y también irrelevantes al juego).

La obtención de estos registros conductuales del entrenador y el análisis de sus datos van a determinar la corrección de prácticas alejadas de la eficacia y a proporcionar la creación de un clima favorable para el desarrollo del deporte.

Pooley (1980), tras aplicar el CBAS en futbolistas de 10-12 años, observó la influencia que tiene el entrenador en sus jóvenes deportistas y pudo comprobar que muchos de ellos coincidían en que sus entrenadores no elogiaban, o no les daban instrucciones sobre errores cometidos, o que no les proporcionaban retroalimentación sobre sus progresos; otros apuntaban a que eran ignorados por sus entrenadores. La consecuencia de estas afirmaciones puede ser claramente, el abandono del jugador.

El especialista en Psicología del deporte debe trabajar y orientar al entrenador en su actuación para que ésta se base en lograr una adecuada comunicación con sus jugadores, para así enseñar mejor todo el procedimiento técnico-táctico, mejorar la autoconfianza de sus deportistas y conseguir que éstos se diviertan cada vez más en los entrenamientos y en las competiciones.

Así pues, según Boixadós y Cruz (1999), en sus estudios con aplicaciones de este instrumento a entrenadores de jóvenes futbolistas llegan a la conclusión de que es muy importante individualizar al máximo el asesoramiento psicológico en los entrenadores, pues la afectividad de la intervención queda siempre modulada por los conocimientos, experiencias, ideas, creencias y expectativas profesionales del entrenador.

Para obtener la información de la percepción de los futuros deportistas con respecto a la actuación del entrenador, el orientador en Psicología del deporte, elaborará unos breves cuestionarios que nos aporten dichos datos. Es conveniente recopilar detalles sobre el entrenador y sobre los entrenamientos tanto cuantitativa como cualitativamente.

Es muy interesante reflexionar sobre los valores, actitudes y conductas de los entrenadores orientadas al éxito en las competiciones, pues según Whitehead (1987), muchos entrenadores dicen que no dan importancia a la victoria, y sin embargo sus pupilos perciben que para sus entrenadores, ganar tiene la máxima importancia.

Una vez analizado el conjunto de variables existentes se procederá a la intervención psicopedagógica oportuna con el técnico deportivo. Se realizará un llamado adiestramiento con el entrenador, donde los técnicos puedan tener información sobre sus propios comportamientos y sean capaces de amplificar sus pretensiones de provocar ciertas consecuencias y no otras.

Según Smith, Smoll y Curtis (1978), los jugadores que entrenan con técnicos bien adiestrados, evalúan más positivamente tanto a su entrenador como al clima interpersonal del equipo al que pertenecen. También, estos jugadores coinciden que al ser dirigidos a través de refuerzos y consignas alentadoras, tienen niveles de autoestima significativamente altos. Además estos autores confirman que cuando un entrenador es capaz de lograr un ambiente positivo y de apoyo en un equipo, puede influir positivamente en el desarrollo de la personalidad de los niños.

Con respecto a los padres, es muy relevante ser conscientes de que en muchos casos es necesaria la aportación de un programa de habilidades sociales y de solución de problemas con ellos. Tal como propone Ortín (2009), es fundamental definir correctamente el objetivo a conseguir en el comportamiento de los padres como diseñar un plan para conseguirlo. El establecer unos objetivos adecuados es primordial, así como que las expectativas de los jóvenes deportistas coincidan con las de sus padres para conseguir un trabajo exitoso y equilibrado.

Es bien sabido que el papel de los progenitores es fundamental en la creación del hábito de la práctica deportiva y sobre todo, en la continuidad de la misma, pues éstos sirven como modelos y como moduladores de actitudes y conductas (Amenábar et al., 2008). No siempre los padres tienen claros los objetivos de la realización deportiva de sus hijos, ni las pautas de comportamiento adecuadas que deben manejar cuando asisten a entrenamientos o competiciones de los mismos. Con lo cual la figura del especialista en Psicología del deporte engendra un sustancial cometido en cuanto a la orientación de los padres, desarrollando conjuntamente la armonía entre entrenadores y éstos, pues la estructuración orientativa debe englobar la armónica interacción entre ambos.

El especialista en Psicología del deporte centrará su atención en algunos aspectos básicos para trabajar con los padres de niños deportistas y lograr los siguientes objetivos (Cruz, 2001):

- Favorecer la participación deportiva de sus hijos.
- Ayudar a sus hijos a que decidan cómo practicar el deporte.
- Tener en cuenta que cada hijo es diferente. Contemplar las características individuales de sus hijos.
- Facilitar la participación deportiva.
- Mostrar interés por las actividades deportivas de sus hijos.
- Asegurarse de que sus hijos practican deporte de manera saludable.

En definitiva, los padres deben ser preparados mediante un asesoramiento específico a través del cual adquieran las herramientas psicopedagógicas necesarias para con sus hijos.

Deberán aceptar el papel del entrenador, aceptar los éxitos y fracasos de sus hijos, mostrar dedicación e interés por las experiencias deportivas, ayudar a sus hijos a que tomen decisiones y ser un modelo de autocontrol para ellos. En este sentido, los padres deberán además de definir y medir los objetivos a conseguir con precisión, formularlos en positivo, hacerlos alcanzables, que dependa de él al cien por cien y que se apoyen en alguien en caso de necesitar ayuda, entre otros (Ortín, 2009).

Finalmente, la unión de padres y entrenadores propiciará el clima idóneo para el beneficio del futuro jugador, pues tanto técnicos como progenitores pertenecen al mismo equipo y aunque con diferentes funciones, ambas son complementarias.

3. Referencias Bibliográficas

Amenábar, B., Sistiaga, J.J. y García, E. (2008). Revisión de los distintos aspectos de la influencia de los padres y las madres en la práctica de la actividad física y el deporte. Apunts. Educación Física y Deportes, 93, 29-35.

Boixadós, M. y Cruz, J. (1999). Intervención conductual en entrenadores de futbolistas alevines. En F. Guillén (Ed.), La Psicología del deporte en España al final del milenio (pp. 423-431). Las Palmas de Gran Canaria: Servicio de Publicaciones de la Universidad de La Palmas de Gran Canaria.

Buceta, J.M. (2004). Estrategias psicológicas para entrenadores de deportistas jóvenes. Madrid: Dykinson, S.L.

Castillo, I., Balaguer, I. y Tomás, I. (1997). Predictores de la práctica de actividades físicas en niños y adolescentes. Anales de Psicología, 13 (2), 189-200.

Cruz, J., Boixadós, M., Torregrosa, M. y Mimbrero, J. (1996). ¿Existe un deporte educativo?: Papel de las competiciones deportivas en el proceso de socialización del niño. Revista de Psicología del Deporte, 9-10, 111-132.

Cruz, J. (2001). Factores motivacionales en el deporte infantil y asesoramiento psicológico a entrenadores y padres. En J. Cruz (Ed.), Psicología del Deporte (pp. 147-176). Madrid: Síntesis.

Gimeno, F. (2003). Entrenando a padres y madres... claves para una gestión eficaz de la relación con los padres y madres de jóvenes deportistas: guía de habilidades sociales para el entrenador. Zaragoza: Mira.

González, A.M. y Otero, M. (2005). Actitudes de los padres ante la promoción de la actividad física y deportiva de las chicas en edad escolar. Cuadernos de Psicología del Deporte, 5 (1 y 2), 173-195.

Hernández, E. (2005). Guía para Padres: Deporte Escolar. Padres-Hijos. Valencia: Fundación Deportiva Municipal.

Latorre, P.A., Gasco, F., García, M., Martínez, R.M., Quevedo, O., Carmona, F.J., Rascón, P.J., Romero, A., López, G.A. y Malo, J. (2009). Análisis de la influencia de los padres en la promoción deportiva de los niños. Journal of Sport and Health Research, 1, (1), 12-25.

Llavona, A. (2006). Influencia del entorno social y clima motivacional en el autoconcepto de las futbolistas asturianas, repercusión en la dimensión educativa del deporte-ocio. Tesis doctoral. E-libro. Oviedo: Universidad de Oviedo

Muñoz, A. (1997). Trastornos mentales en el deporte. Madrid: Tutor.

Ortín, F.J. 2009. Los padres y el deporte de sus hijos. Madrid: Pirámide.

Pallarés, J. (1998). Los agentes psicosociales como modulares de la motivación en deportistas jóvenes orientados al rendimiento: un modelo causal. Revista de Psicología del Deporte, 2 (7), 275-281.

Pelegrín, A. (2002). Conducta agresiva y deporte. Cuadernos de Psicología del Deporte, 2 (1), 39-56.

Pooley, J.C. (1980). Drop outs. Coaching Review, 3, 36-38.

Prat, M. y Soler, S. (2009). El espectáculo deportivo, ¿un contexto educativo? Análisis de las actitudes de los adolescentes como espectadores. Cultura y Educación, 21 (1), 43-54.

Roffé, M., Fenili, A. y Giscafré, N. (2003). Mi hijo el campeón. Las presiones de los padres y el entorno. Buenos Aires: Lugar Editorial.

Romero, S. (2004). Padres, Deporte y Educación. Conferencia en 3 Congreso Nacional de Deporte en Edad Escolar: Deporte y Educación. Sevilla: Excmo. Ayuntamiento de Dos Hermanas. Patronato Municipal de Deportes.

Romero, S., Garrido, M.E. y Zagalaz, M.L. (2009). El comportamiento de los padres en el deporte. Retos. Nuevas tendencias en Educación Física. Deporte y Recreación, 15, 29-34.

Ruiz, F. y García, M.E. (2003). Tiempo libre, ocio y actividad física en los adolescentes. La influencia de los padres. Retos. Nuevas tendencias en Educación Física, Deporte y Recreación, 6, 13-20.

Sánchez, M.J. (1997). Personalidad y Deporte. Ensayos. Revista de Estudios de la Escuela Universitaria de Magisterio de Albacete, 12, 273-280.

Sánchez, D.L. (2001). Influencia de la familia en el deporte escolar. Revista Digital. Buenos Aires, 40. Disponible a: http://www.efdeportes.com/efd40/familia.htm

Smith, R.E., Smoll, F.L. y Hunt, E.B. (1977). A system for the behavioral assesment of athletic coaches. Research Quarterly, 48, 401-407.

Smith, R. E., Smoll, F. L., y Curtis, B. (1978). Coaching behaviors in little league baseball. En F. L. Smoll y R. E. Smith (Eds.), Psychological perspectives in youth sports (pp. 173-201). Washington, DC: Hemisphere.

Torres, J. (2005). Principales Conclusiones. I Congreso de Deporte en Edad Escolar: Propuestas para un nuevo modelo. Valencia 27-29 octubre 2005.

Whitehead, J. (1987). Why children take part?. ISCIS Journal, 1 (1), 23-31.

IMPACTO DE UN PROGRAMA FÍSICO-DEPORTIVO PARA EDUCAR EN VALORES. ESTUDIO DE CASO EN UNA "ESCUELA DE CONTINUACIÓN"

Rodrigo Pardo
Universidad Camilo José Cela
Noemí García-Arjona
Universidad Politécnica de Madrid

1. Introducción

El trabajo de investigación que aquí se presenta tiene como propósito evaluar el impacto de un programa físico-deportivo de 10 semanas de duración basado en el Modelo de Responsabilidad en un grupo de 23 estudiantes de entre 15 y 18 años de una Escuela de Continuación de Los Ángeles (Estados Unidos). Los alumnos de esta escuela pueden ser considerados como jóvenes socialmente desfavorecidos dadas las circunstancias sociales, económicas e incluso raciales en las que se encontraban. Además, muchos de ellos presentaban problemas de conducta, comportamiento y/o falta de motivación hacia el entorno educativo que hicieron necesario su traslado desde su escuela de origen a centros educativos más especializados, como son las llamadas Escuelas de Continuación.

El programa físico-deportivo en el que participaron estos jóvenes viene encuadrado dentro de la asignatura de Educación Física que se impartía en *Riverside Continuation High School*[6]. Durante el tiempo en el que se realizó esta investigación, se desarrolló un programa específico orientado al trabajo en valores a través de la actividad física y el deporte.

Para la elaboración de dicho programa se ha utilizado el Modelo de Responsabilidad creado por Donald Hellison (2003). Este modelo establece la metodología y las diferentes estrategias para trabajar valores tales como autocontrol, respeto, participación, autoestima, esfuerzo, auto-dirección o liderazgo, a través de la actividad física y el deporte. El Modelo de Responsabilidad está específicamente ideado para trabajar con jóvenes desfavorecidos, por lo que resulta el marco ideal para encuadrar esta investigación.

La metodología escogida para la realización de esta investigación ha sido la cualitativa, en concreto el estudio de casos. Los datos obtenidos se dividen entre notas de campo, diarios y cuestionarios escritos por los alumnos y entrevistas realizadas al final del programa con cada uno de los participantes y con la directora de la escuela.

2. "Escuelas de Continuación" y jóvenes socialmente desfavorecidos

Los estudios relacionados con la transmisión de valores a través de la actividad física y el deporte, si bien han aumentado en estos últimos años, son aún escasos, máxime cuando se

---

[6] Para mantener el anonimato tanto de la escuela como de los alumnos participantes, se han utilizado pseudónimos.

hace referencia a los que están dirigidos al trabajo en valores con jóvenes socialmente desfavorecidos.

La situación social que se vive a comienzos del siglo XXI, "ha provocado la aparición de nuevos colectivos cuyas necesidades reclaman una atención especial y diversificada, así como una correcta planificación para responder a sus necesidades" (Gutiérrez, 2003, p. 132). Entre estos nuevos colectivos aparecen los denominados jóvenes desfavorecidos.

Hoy en día, el número de jóvenes que viven en situaciones de pobreza, marginación, inseguridad, insuficiente apoyo institucional, falta de adecuados roles personales y conductas de alto riesgo para la salud (drogadicción, alcoholismo, etc.) está aumentando drásticamente (Grunbaum, et al., 2004; Kallusky, 2000). El término 'jóvenes desfavorecidos' hace referencia a aquellos adolescentes que combinan, en mayor o menor medida, alguna de las condiciones anteriormente expuestas (Stiehl, 2000).

La expresión 'joven desfavorecido' proviene del término inglés *underserved youth*. Este término es el que actualmente se viene empleando en la mayoría de publicaciones de habla inglesa para referirse a estos jóvenes, superando al utilizado en las últimas décadas de 'joven en riesgo' (*youth at-risk*) (Hartmann, 2001; Hellison, 1990a; Kallusky, 1997), debido a que esta expresión no conlleva una denotación negativa para dicha población (Galvan, 2004; Martinek, 1997; Martinek y Hellison, 1997).

Por otro lado, muchos de estos jóvenes se encuentran estudiando en las denominadas "Escuelas de Continuación" (*Continuation High Schools*). En relación al sistema educativo español, las Escuelas de Continuación pueden ser equiparadas a la Garantía Social o a programas educativos de características similares. Los jóvenes que estudian en estos centros presentan problemas de conducta, comportamiento además de, en algunos casos, falta de motivación hacia el entorno educativo, lo que hace necesario el traslado de estos alumnos desde su escuela de origen (escuela regular) a centros educativos más especializados.

El propósito de este tipo de centros es ofrecer una segunda oportunidad a los jóvenes que no han tenido éxito en su instituto de origen. Por esta razón son más centros pequeños en donde los alumnos reciben una educación más individualizada, por lo que pueden tener más éxito para acabar sus estudios y poder obtener el título de Graduado Escolar.

3. El Modelo de Responsabilidad. Componentes básicos

El Modelo de Responsabilidad fue creado por Donald Hellison en los años 70 en los Estados Unidos. Este modelo, aunque puede ser utilizado con toda clase de poblaciones, fue originariamente ideado como herramienta para trabajar en valores a través de la actividad física y el deporte con jóvenes socialmente desfavorecidos (Hellison, 1973, 1985, 1990b, 1991, 1993, 1995). Estos jóvenes, normalmente procedían de áreas urbanas económicamente deprimidas con altas tasas de inseguridad y escasa alfabetización.

Este modelo resulta un marco ideal para trabajar en el desarrollo de valores personales y sociales con jóvenes. En él, se incluyen los objetivos, las estrategias y la metodología necesaria para desarrollar actitudes más responsables tanto a nivel personal como social a través de la práctica deportiva.

Hellison (2003) propone cinco niveles (ver Tabla 1) a través de los cuales los jóvenes aprenden a "tomar responsabilidad para su propio desarrollo y contribuir al bienestar de los demás" (p. 25), siendo la actividad física y el deporte el medio para alcanzar tal fin.

Nivel I	*Respeto de los derechos y sentimientos de los demás.* Aunque el estudiante no participe en la actividad propuesta, al menos es capaz de respetar las mínimas normas de convivencia como para no interferir en la marcha normal de la clase. Este nivel está orientado hacia dos aspectos: autocontrol y resolución de conflictos.
Nivel II	*Participación y esfuerzo.* La motivación es un componente básico de este nivel. Intentar las nuevas tareas propuestas y persistir en ellas son también parte esencial de esta fase, aunque siempre bajo la supervisión del profesor. Finalmente es importante establecer una definición personal de lo que supone el éxito.
Nivel III	*Autonomía personal.* El principal propósito en este nivel es el de ofrecer distintas alternativas a los jóvenes, siendo ellos mismos los que elijan. Es importante que los estudiantes aprendan a diferenciar entre cuáles son sus necesidades y sus intereses. Al final es necesaria una reflexión para reforzar todos estos aspectos. En este nivel no sólo hay que mostrar respeto y participación, sino que es necesario trabajar sin la supervisión directa del profesor.
Nivel IV	*Ayuda a los demás y liderazgo.* La clave para este nivel es la empatía. Los estudiantes tienen que ayudar a los demás y empezar a ser líderes sin esperar ninguna recompensa extrínseca por ello.
Nivel V	*Transferencia (fuera del gimnasio).* Se trata de poner en práctica los cuatro niveles anteriores una vez acabada la clase o sesión. Por ejemplo: en el patio de recreo, en las demás clases, en casa, en la calle, etc. En definitiva, ser un ejemplo para los demás.

Tabla 1. Niveles de responsabilidad. Fuente: Hellison (1985, 2003).

4. El estudio

Objetivo del estudio

El propósito de esta investigación es evaluar el impacto de un programa físico-deportivo basado en el Modelo de Responsabilidad que se desarrolló durante las clases de Educación Física en una Escuela de Continuación de Los Ángeles (Estados Unidos). Los estudiantes participaron en clases de 50 minutos que se realizaban dos veces por semana durante un total de 10 semanas. En concreto, se han analizado las diferencias encontradas por los participantes entre el programa basado en el Modelo de Responsabilidad y previas experiencias en otras clases de Educación Física.

Relevancia del estudio

Múltiples estudios han examinado el impacto que los programas físico-deportivos basados en el Modelo de Responsabilidad pueden tener sobre jóvenes desfavorecidos, mostrando evidencias del desarrollo de la responsabilidad personal y social en los mismos (véase

Hellison y Walsh, 2002). Sin embargo, pocos estudios han examinado el impacto del Modelo de Responsabilidad en la educación física escolar con jóvenes desfavorecidos. La mayoría de estos programas se llevaron a cabo en escenarios extraescolares, donde existe la posibilidad de una mayor flexibilidad en la programación, en comparación con la educación física escolar que está más estructurada (Cutforth y Puckett, 1999; Hellison y Wright, 2003; Martinek, Schilling y Johnson, 2001).

Diseño de la investigación

Para la realización de este estudio se ha escogido la metodología cualitativa dada la naturaleza de la investigación y el propósito que se persigue. De hecho, la mayoría de los estudios realizados con el Modelo de Responsabilidad han utilizado este tipo de metodología de manera exclusiva (DeBusk y Hellison, 1989; Galvan, 2004; Schilling, 2001), o en combinación con otras técnicas cuantitativas (Cutforth y Puckett, 1999; Hellison y Wright, 2003; Martinek, et al., 2001). Esto es debido a que este tipo de metodología resulta la más efectiva y la que mejor se adapta a las necesidades de este Modelo.

En el presente estudio, el caso evaluado será el programa de actividad física basado en el Modelo de Responsabilidad. Esta investigación se ajusta la metodología de estudio de casos porque el programa es analizado en su conjunto (es decir, los participantes y las actividades realizadas), sin tener un grupo control equivalente.

El estudio de caso es particularmente eficaz cuando se utiliza para estudiar las situaciones concretas que tienen el potencial de cambiar con el tiempo, por lo tanto, facilitan un conocimiento profundo de la realidad en estudio (Vázquez Gómez, 2002). Esta es quizás una de las principales razones que los programas de educación física basados en el Modelo de Responsabilidad con frecuencia han sido examinados a través de este enfoque de investigación. Hellison y Walsh (2002) mostraron que 21 de los 26 programas físico-deportivos que utilizaron el Modelo de Responsabilidad con jóvenes utilizaron el estudio de caso como enfoque metodológico.

Participantes

En un principio, un total de 26 alumnos (13 chicos y 13 chicas) de entre 15 y 18 años fueron seleccionados por la directora de la escuela para participar en el programa. Para seleccionar a los alumnos se tuvo en cuenta a aquellos que no tenían los créditos de Educación Física necesarios para obtener el título de Graduado Escolar. De estos 26 alumnos, 5 (3 chicos y 2 chicas) no pudieron finalizar el programa dado a que abandonaron la escuela o no pudieron asistir a las clases por razones académicas. La directora de la escuela también participó en este estudio a través de una entrevista que se le realizó al finalizar el programa.

Procedimiento

El programa se puso en práctica una vez obtenida la autorización por parte de la Escuela de Continuación *Riverside* y por el Consejo Institucional de Revisión (*Institutional Review Board*) de la *California State University – Los Ángeles*.

Una vez empezado el estudio, el investigador actuó como profesor de Educación Física en *Riverside*, poniendo en práctica el programa físico-deportivo basado en el Modelo de Responsabilidad que había elaborado. Durante 18 sesiones de clase de 50 minutos cada una, el investigador interactuó de forma directa con los participantes a través de las actividades y estrategias basadas en este modelo durante las 10 semanas en que se desarrolló dicho programa.

De esta forma, el investigador tomó el rol de observador participante, formando parte activa de la propia escena a estudio (Adler y Adler, 1998). Esta situación permite tener un completo acceso a toda la información que otros roles, que el observador no participante o semiparticipante, no pueden tener.

Recogida de datos

Una de las grandes dificultades con las que se encuentra cualquier investigación que esté relacionada con el trabajo en valores es su evaluación (Bolívar, 1999). Se debe saber diferenciar entre valores (creencias que transcienden los objetos o situaciones específicas) y actitudes (se focalizan en objetos, personas o situaciones concretas). Por tanto, la evaluación de valores "se tiene que centrar en las actitudes, que es donde se manifiestan y realizan" (Gutiérrez, 1995, p. 105).

Se trata, por tanto, de ofrecer un gran número de técnicas e instrumentos de medida que recojan estas actitudes para, de este modo, lograr la validez y fiabilidad buscadas. De esta forma, se han empleado una variada fuente de datos para determinar el impacto que tuvo el programa físico-deportivo en los participantes. Para ello se utilizaron los datos obtenidos a partir de diarios y cuestionarios escritos por los alumnos, entrevistas individuales con cada uno de ellos y con la directora, y notas de campo tomadas por el propio investigador.

Análisis de datos

Según plantea Pérez Serrano (1994), "el sentido del análisis de datos en la investigación cualitativa consiste en reducir, categorizar, clarificar, sintetizar y comparar la información con el fin de obtener una visión lo más completa posible de la realidad objeto de estudio" (p. 102). Sin embargo, y dada la naturaleza de la investigación cualitativa, el análisis de dichos datos no se puede llevar a cabo bajo unas directrices fijas y concretas, sino que requiere cierta flexibilidad en sus enfoques y orientaciones. El análisis de datos en la investigación cualitativa es un proceso continuo y cíclico en el que hay una relación muy estrecha entre los datos que se van obteniendo y la evolución de la investigación. Autores como Miles y Huberman (1994), afirman que esta relación enriquece el objeto de estudio ya que van surgiendo nuevas preguntas y se van descartando otras de cara a ir abarcando de manera más completa la realidad que se estudia.

De esta forma, nos encontramos con tres fases a la hora de realizar un correcto análisis de los datos dentro de una investigación cualitativa. Al principio es necesario recoger toda la información en el "propio terreno" de estudio. Seguidamente hay que recopilarla, organizarla y reducirla para quedarse con lo que resulte más esencial. Esta organización sistemática de los datos surge a partir del propio proceso de análisis de los mismos, por lo que se realiza de forma inductiva. Por último, el investigador examina la lógica y la relación entre los datos para extraer conclusiones. En palabras de Pérez Serrano (1994), todo este proceso "exige un gran rigor ... con el fin de ir justificando cada uno de los pasos de la investigación" (p. 115). Sin embargo, y siguiendo con las palabras de esta autora, "lo más importante es no quedarse en la mera descripción de los datos, sino llegar a su interpretación y a la utilización de los resultados para la toma de decisiones" (p. 115).

5. Resultados

Los participantes expresaron en sus diarios, cuestionarios y entrevistas diferentes percepciones de este programa en comparación con sus anteriores experiencias en Educación Física escolar. Tras analizar los datos, surgieron seis temas principales: 1) número de estudiantes, 2) contenido del programa, 3) métodos de enseñanza, 4) rigurosidad del profesor, 5) estrategias de reflexión, y 6) oportunidad para el liderazgo.

Número de estudiantes

La primera diferencia que varios de los participantes observaron fue el reducido número de alumnos que había en clase. El número rondaba las 20 personas en cada sesión, situación completamente diferente a la que tenían en sus anteriores institutos, "donde hay clases [de Educación Física] de entre 65 a 80 alumnos", tal y como explicaba la directora. Un alumno llamado José hacía hincapié en este aspecto al añadir que, "puedes trabajar más con la gente, es un grupo más pequeño, por lo que puedes trabajar más con ellos".

La propia directora comentaba que al hacer un grupo tan reducido (en comparación a como son los grupos normales de Educación Física), se les podía dar más responsabilidad a los alumnos, haciéndoles en mayor medida partícipes de la clase y mejorando las posibilidades de interactuar entre ellos.

Contenido del programa

Hay dos aspectos claves que surgieron en relación a los contenidos utilizados. Por un lado, la realización de actividades que no conocían o que no habían practicado, y por otro, la variación sistemática de los contenidos en cada sesión.

Actividades novedosas

La gran mayoría de los participantes resaltaron como algo muy positivo la realización de nuevas actividades. En respuesta a la pregunta: "¿has visto alguna diferencia entre esta clase de Educación Física y otras clases que hayas tenido antes?", nos encontramos con respuestas muy interesantes. Jennifer explicaba, "tú [profesor/investigador] enseñas diferente que los de mi otra escuela (...). Por ejemplo, lo que hemos hecho hoy [juegos cooperativos], yo nunca había hecho eso en mi otra escuela. Nunca jugué a cosas como esa, deportes como ese...". Después sigue añadiendo, "me gustó tomarla [la clase de Educación Física], fue mejor que en mi otra escuela... por alguna de las cosas que hicimos, por las actividades que hicimos..., los deportes que jugamos". Por su parte, Ben también notó diferencias en este aspecto, "aquí [en referencia a este programa] fue como... más juegos, diferentes tipos de juegos, tú sabes. Allí [en referencia a su anterior instituto], es simplemente el mismo juego... lo de siempre". Michael señalaba, "sí, me gusta [el programa], en mis otras clases de Educación Física era aburrido, hacer las mismas cosas que llevábamos haciendo desde primaria y eso...". Jessica, afirmó, "intenté nuevos deportes que nunca había intentado antes y pienso que son interesantes". Lo mismo apuntaba Stephanie, una de las chicas más conflictivas por su falta de motivación hacia la actividad física; ella dijo, "estuvo bien [la clase de Educación Física], me divertí, hubo juegos a los que nunca había jugado antes". Entre los contenidos más novedosos, resaltaron por encima de todos las actividades cooperativas, el tamburello, el balonmano[7], el frisbee, las cuerdas y los juegos de persecución que se hacían en el calentamiento

Variación de los contenidos

En el cuestionario del último día de clase se pidió a los participantes que pensaran si preferían hacer un deporte nuevo en cada sesión o dedicar más tiempo a cada deporte. Por otro lado, en la entrevista, se les planteó de forma abierta qué pensaban acerca de utilizar un nuevo deporte cada vez que tenían clase. Este punto resulta muy importante en esta investigación ya que se trata de una característica muy específica de este programa, pues programas regulares de Educación Física o basados con el Modelo de Responsabilidad, suelen utilizar muy poca variedad de deportes.

De esta forma, los resultados arrojaron que una gran mayoría de los alumnos prefirió cambiar de actividad de forma sistemática en vez de repetir un mismo deporte durante más sesiones. Además, apuntaron este cambio de actividades como una de las mayores diferencias que veían entre este programa y previas experiencias en clases de Educación Física. Ashley, una de las chicas más participativas, lo explicaba de este modo, "aquí, teníamos diferentes actividades cada semana. Me gusta eso. Prefiero eso en lugar de trabajar en la misma cosa todo el tiempo porque, quiero decir, a veces no te gusta algún deporte...". Para Arlene, en su anterior escuela, la Educación Física era muy rutinaria, "la misma cosa todos los días". Ben señalaba que, "es bueno encontrarse con nuevos juegos cada semana, es divertido, sí". KC comentó, "nosotros teníamos que adivinar lo que íbamos a hacer y todo eso...". Siguiendo en esta línea, el profesor escribió en sus notas:

"Los estudiantes tienen una gran expectación con la clase porque cada día cambiamos de actividad, por lo que no saben lo que vamos a hacer... La primera cosa que me preguntan cuando me ven es: '¿qué es lo que vamos a hacer, profe?" (5ª semana).

---

[7] El balonmano tal y como lo entendemos en la cultura europea no tiene mucho arraigo en la cultura norteamericana. De hecho, con el nombre de *handball* entienden al juego de 'pelota mano' o 'frontón'. Se debe añadir la acepción *team handball* para que comprendan la idea de balonmano tal y como la entendemos nosotros.

Dentro de los participantes que opinaban que querían hacer distintos deportes, la razón más generalizada era "lo aburrido que resultaba hacer una misma actividad mucho tiempo seguido". Ante la pregunta, "¿qué piensas sobre utilizar un deporte diferente cada vez que teníamos clase?"; Jessica exponía que, "pienso que fue divertido [hacer distintas actividades], porque te aburres en Educación Física haciendo las mismas cosas una y otra vez (…), prefiero jugar a diferentes deportes". También José era de esta opinión, "me gusta hacer diferentes deportes…, porque si tú dices sólo uno te aburres". Arlene, por su parte, opinaba que, "oh, está bien, a mí sí me gusta así, porque se puede hacer aburrido, después de un tiempo se aburre uno". Donald, por su parte, daba otra respuesta al afirmar que, "es bueno, porque (…) algunas personas ya saben qué es el fútbol [americano] o cómo jugar al frisbee o algo así, por lo que es bueno jugar en clase a diferentes deportes cada día".

Sin embargo, no se pueden obviar aquellas opiniones que van en sentido contrario, pues alguno de ellos hubiese preferido dedicar más tiempo a cada deporte. Dentro de este reducido grupo de opinión, la razón más generalizada era debido a que querían "ganar más destreza" o "ser mejores". Parish lo exponía así: "yo realmente quiero mejorar en alguno de ellos [deportes], por lo que tenemos que tener [más] días para aprender. [Prefiero] dedicar más tiempo a un [deporte] para poder llegar a ser mejor en él". Lage también hubiese preferido "dedicar más tiempo a mejorar mis habilidades en un solo juego, pues la práctica hace la perfección", tal y como escribía en su cuestionario del último día. En ese mismo cuestionario, María decía: "preferiría dedicar un poco más de tiempo intentado comprender el deporte".

Metodología de enseñanza

Si bien una pequeña minoría de alumnos no notó ninguna diferencia en la forma de enseñar del profesor afirmando que "es casi igual" o "no veo la diferencia"; nos encontramos que muchos de ellos hicieron referencia al hecho de que el profesor les resultaba más cercano. Jessica apuntó, "el profesor trató de conocer más a los estudiantes, más que los de una clase normal que sólo te dicen lo que tienes que hacer. Tú [investigador/profesor] realmente te preocupaste por saber lo que pensábamos". María también afirma que, "aquí era más atento el maestro con nosotros que en otras clases". En la misma línea, Parish comentaba que, "en mi otra escuela tuve Educación Física y ellos [los profesores] nunca realmente nos enseñaron. El profesor no explicaba demasiado y simplemente nos dejaba solos para hacerlo por nosotros mismos, pero tú nos enseñaste cómo jugar y aprender. Estuvo genial". Para Donald, "tú [investigador/profesor] trataste a todos realmente bien, no les trataste como basura o algo así". Lage por su parte dice que "otros profesores en otras escuelas que hemos tenido fueron más agresivos, algo así como 'agáchate y haz tu trabajo, ¡flexiones!'". Marisol expuso su opinión de la siguiente manera:

"No estamos tan estresados como en otras clases que hemos tenido antes (…). Aquí si lo intentas está bien. Y en las otras clases, como en las otras escuelas, tú tenías que estar ahí y aquí es bueno porque al menos tú lo intentas lo mejor que puedes…, tú participas y en otras escuelas, oh no, allí estaba basado en las notas. Ellos te hacían un examen y cómo lo hiciste en baloncesto y así, y si no le hiciste una cierta cantidad de puntos, no aprobabas. Tú tenías que hacerlo… Eso es cierto, si es que quieres aprobar la clase. Y aquí no está basado en eso, está basado en tu participación y en intentarlo, y eso es por lo que pienso que fue diferente y fue mejor. Me gusta más y no tuvimos la presión".

Rigurosidad del profesor

Casi la mitad de los participantes coincidieron al afirmar que el profesor debería haber sido "un poco más estricto" o autoritario a la hora de dirigir la clase. Algunos alumnos sugirieron que se debía de haber expulsado a aquellos alumnos cuyo comportamiento era problemático y dificultaba el desarrollo normal de la clase. María, Arlene y Michale fueron muy claros al respecto:

"Como ellos [los alumnos más problemáticos] querían hacer lo que querían y no lo que el maestro les pedía, yo diría… como hacerlos que hagan el programa o que se salgan del programa" (María).

"Pienso que usted tiene paciencia, tiene paciencia con los estudiantes porque ya ve cómo muchos estudiantes son inmaduros, y… tiene que ser como un poquito más…, este…, más estricto para que le obedezcan más. Sí, más estricto, porque muchos se aprovechan de usted (…). Sí, son muy… muy caraduras, se pueden aprovechar, por eso tiene que ser más estricto" (Arlene).

"Muchos de los estudiantes no prestaban atención…, si no prestaban atención entonces ellos, sabes…, [hay] que ser un poco más duro… pero no darles una patada en el culo o lo que sea…, simplemente [decir] si no vas a prestar atención no tomes esta clase o algo así" (Michael).

En esta línea, fue sorprendente escuchar a un alumno como Juan. Este chico, con sólo 15 años era el estudiante más joven de toda la escuela debido a sus continuos problemas con los alumnos de los otros centros en donde había estudiado. Este hecho, había acelerado su traslado a una Escuela de Continuación como *Riverside*. Incluso, Juan había tenido serios problemas con pandillas rivales que le habían llegado incluso a amenazar de muerte, estando involucrado en varios tiroteos. Pues bien, Juan comentaba en relación a la figura del profesor que:

"Por una parte tiene que ser estricto y ayudarnos y decirnos cosas que tenemos que hacer porque le debemos respeto a usted [investigador/profesor] (…) porque usted es el profesor de Educación Física y si no es serio con nosotros, nosotros no vamos a serlo con usted, lo vamos a tener como un chiste (…). Algunos alumnos no le hacían caso y usted no, no hacía nada. Por parte de usted tenía que como, como contestarles y no gritarles, pero hacerles entender que le hicieran caso".

De esta forma, durante las 10 semanas que duró el programa, ningún alumno fue expulsado de la clase aunque la directora dejó carta blanca al profesor para poder enviarla a su despacho a cualquier alumno que plantease algún problema de conducta o comportamiento.

Estrategias de reflexión

Diarios

Los diarios fueron uno de los aspectos más comentados por los participantes, tanto por su novedad como por su utilidad. De esta forma, encontramos dos líneas en los comentarios que hicieron los alumnos. Por un lado, la oportunidad que suponía el hecho de expresar su opinión y por otro lado, lo positivo de dedicar un momento de reflexión al final de cada sesión. Ambos aspectos (opinión y reflexión) resultan claves en el Modelo de Responsabilidad.

Como comentaba KC, "pienso que están bien [los diarios], es bastante bueno, algo diferente. Nunca he hecho algo como eso en la escuela regular, es algo nuevo. Mola mucho y pienso que es útil". Michael afirmaba, "pienso que está muy bien saber si nos gustaban o no [las actividades], en lugar de hacer lo que…, tu sabes, los profesores van cada día y no preguntan". María explicó que, "estaba bien porque podíamos decirle al maestro la opinión que teníamos de la clase, cómo es la clase y lo que nos gustó y lo que no nos gustó". Ashley explicaba que, "si quieres contarle [al profesor] algo en persona, te avergüenza decir lo que estás haciendo. Nosotros podemos contar cómo nos sentimos, cómo está enseñando y si piensas que él [el profesor] debería cambiar algo, o algo estaba bien". Lage, además de apuntar la importancia de poder dar su opinión, señalaba que también era una buena oportunidad para opinar acerca de "lo próximo que se puede hacer [en clase] en lugar de que el profesor esté al cargo todo el tiempo". Del mismo modo Parish pensaba que "es bueno [el diario] porque cada uno puede dar su opinión, cómo se siente (…) y escribir lo que debería ser mejor, lo que le gusta, lo que no le gusta. De esta manera, el profesor puede saber".

Por otro lado, también los diarios propiciaron un momento para que los alumnos reflexionaran acerca de lo que se había trabajado durante la sesión y de cómo fue su actitud al respecto. Por ejemplo, Arlene comentó: "veía lo que hacía, dónde estaba, cómo hice la clase y (…) voy a darme cuenta de qué no hice bien y qué sí hice bien". Para Stephanie era muy útil porque suponía cada día un momento para pensar en la clase. En la misma línea, Jeremi y Monic coincidían al apuntar que el diario les permitía "pensar en lo que hicieron ese día"; y como decía Jennifer, "mantener la pista de lo que hacían a lo largo del tiempo que estaban participando en la clase".

También los diarios resultaron una manera de tener un contacto más personal con cada uno de los chicos ya que el profesor siempre escribía comentarios en los márgenes para, de esta forma, demostrar a los alumnos que leía los diarios y que tomaba en cuenta sus consideraciones.

Es necesario añadir que un par de alumnos señalaron que los diarios les resultaron aburridos o sistemáticamente no los contestaban. José comenta que aunque alguna vez le gustó, "la mayoría de las veces me resultó aburrido". Óscar era de los que no le gustaba escribir ni dar su opinión. Esta actitud, si bien en un principio fue más corriente, a lo largo del programa fue cambiando. Las notas del investigador así lo confirmaban, "estoy muy impresionado por cómo respetan los diarios. Aunque alguno no dedique mucho tiempo en él, todo el mundo espera hasta que le doy su diario. Incluso cuando dejan la clase para beber agua o ir al baño, ellos regresan para rellenarlo" (8ª semana).

Colores

También los colores que se utilizaron en los diarios a modo de autoevaluación fueron aceptados muy positivamente. Marisol los definía como "algo diferente, algo divertido de hacer". Jessica opinaba que, "me gustaban, me recordaban al jardín de infancia cuando teníamos que sentarnos para poner el color (…). Me gustaba porque era la oportunidad para los estudiantes de poner lo que ellos querían…, si habían sido buenos o malos". Jennifer continúa en esta dirección, "[los colores] nos daban la oportunidad de pensar realmente si lo hicimos bien o no tan bien (…), dando nuestra opinión acerca de cómo pensábamos que habíamos trabajado (…). Nunca habíamos hecho eso en otra clase". Donald fue más lejos al afirmar que:

"En la mayoría de los sitios si tú estás haciendo un buen trabajo y les preguntas por qué, es como… si nadie realmente tratase de ayudarte (…). Si tienes un problema, sabes qué cambiar, qué hacer o qué no hacer porque tú puedes alcanzar ese color, por eso es una buena cosa".

Otro aspecto muy positivo de los colores era que posibilitaba tener una visión personal de la evolución de cada alumno a lo largo del programa. Óscar opinaba que, "es útil [el color]…, era mostrarte [al profesor/investigador] cómo lo estás haciendo y si estás mejorando o no. Sí, pienso que ayudaba". Al mismo tiempo, Marisol hacía referencia a que "respetaba tu privacidad", ya que los demás compañeros no tenían acceso a comparar sus colores con el resto ya que las carpetas estaban individualizadas y se entregaban al profesor una vez que se habían rellenado los diarios.

Por otro lado, hay que apuntar que si bien la mayoría entendió perfectamente cuál era el propósito de los mismos, nos encontramos que hubo alguno de ellos que no. Por ejemplo, Charles explicó que "yo todavía no entiendo el trabajo con los colores". En la misma línea, Lage exponía, "yo no veo ningún propósito en los colores". Otros, como Juan o Parish, relacionaban los colores con su estado de ánimo en lugar de relacionarlos con su comportamiento y participación durante la sesión.

Angélica, por su parte, comentaba que "a mí no me gustan los colores. Pienso que mucha gente se daban a sí mismos colores que no se merecían". Sin embargo, ella misma consideraba que era honesta a la hora de autoevaluarse. La misma situación ocurre con la mayoría de ellos cuando se les preguntaba si decían la verdad o eran honestos cuando tenían que rellenar los colores. José admitía que él no había sido muy honesto con los colores al principio del programa, pero a medida que iba avanzando esta situación mejoraba.

Oportunidad para el liderazgo

El hecho de dar la oportunidad para que los propios alumnos fueran los que dirigieran alguna sesión o los calentamientos también fue algo señalado. Resultó interesante observar cómo casi la mitad de los estudiantes (todos ellos entre 15 y 18 años) no había tenido la posibilidad de experimentar posiciones de liderazgo y de responsabilidad en otras clases de Educación Física. Expresiones como "nunca he tenido la oportunidad de ser un líder", pudieron escucharse de boca de Monic u Óscar, aunque fue común en varios de ellos.

El caso de Donald, uno de los alumnos que más veces se ofreció como voluntario para dirigir el calentamiento, resulta especialmente interesante. Él nos comentaba, "es realmente bueno [dirigir los calentamientos] porque en otras escuelas no nos permitían hacer eso (…) es bueno para los estudiantes porque podemos interactuar entre nosotros y tener más confianza en nosotros mismos". De hecho, Donald consideraba que lo más importante que había aprendido durante esta clase de Educación Física, tal y como escribió en el cuestionario, fue, "autoconfianza y tener experiencias con diferentes personas". En el caso de Donald, este hecho resulta especialmente importante ya que presentaba ciertos complejos físicos por una cicatriz que tenía en la cara.

Jessica también nos comentaba que, "yo nunca lo había hecho antes [dirigir un calentamiento o la clase], es la primera vez que lo hago. Realmente, nunca me ha gustado dirigir la clase, decir al profesor qué hacer (…), pero pienso que fue interesante porque el profesor nunca había solicitado ayuda antes". El hecho de ayudar al profesor es algo a lo que algunos alumnos hicieron referencia, ya que de alguna manera les hacía sentirse más útiles y participativos.

6. Conclusiones

Tal y como se ha señalado, uno de los aspectos más novedosos del programa ha sido el uso de diferentes actividades físico-deportivas en cada sesión. Utilizamos el término 'actividades físico-deportivas' en lugar de 'deportes' en referencia a los contenidos que se desarrollaron durante el programa ya que normalmente por 'deporte' se entiende a la modalidad reglada de alguna disciplina deportiva específica. Sin embargo, con los alumnos se utilizaba el término 'deporte', ya que era una palabra que les resultaba más cercana y motivante pues hacían una clara y rápida asociación de ideas, sería más correcto utilizar la expresión 'actividad físico-deportiva'. Durante el programa, pocas fueron las veces en las que se desarrollaron 'deportes' propiamente dichos, con la carga reglamentaria y técnica que llevan consigo. Lo que sí se utilizaron fueron las adaptaciones de estos deportes. De esta forma, los deportes sirvieron como excusa para trabajar otras cuestiones más relacionadas con aspectos afectivos y actitudinales que con aspectos cognitivos y procedimentales.

Ahora bien, después de analizar los datos obtenidos, se puede comprobar que la estrategia de utilizar una gran cantidad de contenidos ha supuesto un éxito considerable. Conviene recordar que el objetivo último de este programa es el desarrollo de la responsabilidad tanto personal como social en sus participantes, por lo que la mejora de las capacidades físicas pasa a un segundo término. De esta forma, el hecho de cambiar continuamente de actividad contribuyó decisivamente a este objetivo, pues mantenía a los alumnos en un estado de continua expectación por la siguiente actividad que iban a realizar y evitaba situaciones de posible monotonía o aburrimiento. Además, con aquellos deportes hacia los que estaban menos motivados, resultaba más fácil animarles a que lo intentaran, ya que se les podía decir, "piensa que el próximo día vamos a hacer otra cosa y a lo mejor te gusta más".

Siguiendo con los contenidos, resultó muy interesante comprobar cómo aquellas actividades físico-deportivas más novedosas (frisbee, tamburello, cuerdas, etc.) resultaron muy efectivas a la hora de trabajar en valores. Si en un principio deportes más tradicionales y populares como el fútbol americano, el béisbol o el baloncesto resultan más motivantes para una gran mayoría de los alumnos (principalmente los que tienen más desarrolladas sus habilidades motrices), pueden resultar contraproducentes desde el punto de vista del trabajo en valores. Cuando los alumnos practican estos deportes, tienden a reproducir actitudes y comportamientos procedentes del modelo profesional que, en su gran mayoría, están centrados en aspectos tan poco educativos como el exceso de competitividad (entendido como el 'ganar por encima de todo') o la discriminación por razones de sexo (resulta difícil ver en los medios de comunicación a mujeres participando en ciertos deportes muy populares). De este modo, se aboga por plantear un equilibrio entre ambas modalidades físico-deportivas ya que parece la manera más efectiva de tener motivados a la mayoría de alumnos.

Otro aspecto decisivo en esta investigación fue la figura del profesor. Tras analizar los datos cabe pensar que el profesor pudo ser algo permisivo al tolerar ciertas actitudes en los alumnos. No obstante, se trata de una postura bien meditada y que tiene su fundamento en dar más oportunidades a aquellos que más las necesitan. Se tiene que tener en cuenta que los alumnos que asisten a una escuela como *Riverside*, ya han sido expulsados o transferidos de un anterior centro educativo que se vio incapaz de dar respuesta a las necesidades que planteaban estos alumnos. De esta forma, si estos alumnos vuelven a ser expulsados y no encuentran su lugar en las Escuelas de Continuación, no les quedan más alternativas que quedarse en casa o estar en la calle. Por tanto, hay que tener en cuenta dos puntos fundamentales:

1. No se debe seguir incidiendo en los mismos aspectos en los que el alumno, a lo largo de sus al menos 10 años de educación, no ha tenido éxito.
2. Darles mayores oportunidades ya que para muchos de ellos estas escuelas son su 'última oportunidad' de estar en contacto con el ámbito educativo.

De esta forma, si no se tiene en cuenta estos aspectos, se puede caer en el error de seguir desplazando de la sociedad aún más a aquellos que más lo necesitan. Por estas razones, cuando el profesor se vio en la tesitura de expulsar a alguno de sus alumnos, acabó optando por darles más oportunidades. Con esto, el profesor era consciente de que la totalidad de la clase se podía ver afectada por la actitud de estos alumnos y que supeditando el bienestar de muchos en función de unos pocos podía acarrear otros problemas. No nos atrevemos a juzgar si se trató de una decisión correcta o no, ya que toda decisión siempre conlleva una consecuencia. El caso es que valorando la situación concreta, si los alumnos más conflictivos hubiesen abandonado el programa, quizá se habrían perdido la última oportunidad de tener un acercamiento al mundo de la actividad física y el deporte de una manera distinta a la que habían tenido con anterioridad; y lo que es más importante, la posibilidad de trabajar aspectos relacionados con la responsabilidad personal y social en los que se encontraban extremadamente necesitados. No obstante, como lo reflejaba el profesor en sus notas, resulta muy difícil mantener un equilibrio entre estas dos posturas:

"Una de las claves para ser un buen profesor (incluso más con estos chicos), es saber dónde está la línea que divide el ser demasiado estricto de ser demasiado permisivo. Cada día siento que aprendo más acerca de esta línea y de las ventajas y desventajas de situarse en uno [u otro] extremo" (notas de campo, 6ª semana).

Por ejemplo, es obvio que no es permisible el uso de aparatos electrónicos durante la clase. Sin embargo, en vez de prohibirlos radicalmente y quitárselos de las manos en cuanto se los veamos, consideramos que es mejor enseñarles a que hagan un uso correcto de los mismos. Si al final se consigue que no los utilicen aunque lo tengan en el bolsillo, se habrá conseguido mucho más que simplemente quitándoselo. De esta forma, plantear actividades más motivantes y tratar de involucrar más a los alumnos en la clase dándoles mayor responsabilidad, pueden resultar (y de hecho resultaron) excelentes formas para que se olviden de estos aparatos (móviles, música, etc.) y aprendan a utilizarlos en los momentos adecuados.

Por último, y como bien dice Pérez Serrano (1994b), "no basta con describir lo que se va obteniendo, debe pretenderse comprender la realidad para transformarla" (p. 191). Precisamente 'transformación' es lo que ha intentado, en última instancia, esta investigación. 'Transformación' de las situaciones en la que estaban escuelas de Continuación como *Riverside*, y lo que es más importante, los alumnos que en ellas se encuentran. Por desgracia esta situación no es exclusiva de ciudades como Los Ángeles. Cada vez más, nos vemos inmersos en una vorágine de cambios sociales en la que los más desfavorecidos acaban siendo los que menos tienen, los perdedores de una sociedad que no compensa lo suficiente las desigualdades de origen de ciertos colectivos avocados a una situación de injusticia social permanente. Ello explica que una escuela, en donde por problemas de disciplina o fracaso escolar son derivados los alumnos expulsados de otros colegios, no cuente con los medios humanos y materiales necesarios para dar una educación de calidad a sus alumnos y tratar de reconducirlos socialmente. Aspectos fundamentales para la formación de una persona como la Educación Física, pasan a un segundo plano por problemas presupuestarios, ya que disponer de un profesor acreditado, material deportivo, instalaciones cubiertas o taquillas es sólo posible en las escuelas regulares de donde estos chicos han sido expulsados. Sin embargo, a estos mismos chicos se les pide no sólo que saquen sus estudios adelante, sino que cambien su actitud y que sean mejores personas. ¿Cómo somos capaces de pedirles algo así si ni siquiera les damos, ya no mejores, sino al menos iguales medios para lograrlo? Sin embargo, la Educación Física, que podría ser una herramienta privilegiada para conseguir tales fines, es sistemáticamente maltratada en el sistema escolar.

Es de esperar que estudios como el que hemos presentado favorezcan una mayor implicación social y educativa para una mejor socialización de los jóvenes desfavorecidos, así como el papel fundamental que la Educación Física tiene en este proceso.

7. Referencias Bibliográficas

Adler, P. A. y Adler, P. (1998). Observational techniques. En N. K. Denzin y Y. S. Lincoln (Eds.), *Collecting and interpreting qualitative materials* (pp. 79-109). Thousand Oaks, CA: Sage.

Bolívar, A. (1999). *La evaluación de valores y actitudes* (4ª ed.). Madrid: Anaya.

Cutforth, N. y Puckett, K. M. (1999). An investigation into the organization, challenges, and impact of an urban apprentice teacher program. *The Urban Review, 31*(2), 153-172.

DeBusk, M. y Hellison, D. (1989). Implementing a physical education self-responsibility model for delinquency-prone youth. *Journal of Teaching in Physical Education, 8*(2), 104-112.

Galvan, C. (2004). *Investigating the impact of a service-learning course of teacher candidates and underserved youth.* Unpublished Tesis doctoral, University of Northern Colorado, Greeley.

Grunbaum, J. A., Kann, L., Kinchen, S., Ross, J., Hawkins, J., Lowry, R., et al. (2004). *Youth risk behavior surveillance - United States 2003*: Center for Disease Control and Prevention.

Gutiérrez, M. (1995). *Valores sociales y deporte. La actividad física y el deporte como transmisores de valores sociales y personales.* Madrid: Gymnos.

Gutiérrez, M. (2003). *Manual sobre valores en la educación física y el deporte.* Barcelona: Paidós.

Hartmann, D. (2001). Notes of midnight basketball and the cultural politics of recretation, race and at-risk urban youth. *Journal of Sport and Social Issues, 25*(4), 339-371.

Hellison, D. (1973). *Humanistic physical education.* Englewood Cliffs, NJ: Prentice-Hall.

Hellison, D. (1985). *Goals and strategies for teaching physical education.* Champaign, IL: Human Kinetics.

Hellison, D. (1990a). Making a difference - Reflections on teaching urban at-risk youth. *Journal of Physical Education, Recreation and Dance, 61*(6), 44-45.

Hellison, D. (1990b). Teaching PE to at-risk youth in Chicago - A model. *Journal of Physical Education, Recreation and Dance, 61*(6), 38-39.

Hellison, D. (1991). The whole person in physical education scholarship: Toward integration. *Quest, 43*(3), 307-318.

Hellison, D. (1993). The Coaching Club: Teaching responsibility to inner-city students. *Journal of Physical Education, Recreation and Dance, 64*(5), 66-70.

Hellison, D. (1995). *Teaching responsibility through physical activity* (1st ed.). Champaign, IL: Human Kinetics.

Hellison, D. (2003). *Teaching responsibility through physical activity* (2nd ed.). Champaign, IL: Human Kinetics.

Hellison, D. y Walsh, D. (2002). Responsibility-based youth programs evaluation: Investigating the investigations. *Quest, 54*, 292-307.

Hellison, D. y Wright, P. M. (2003). Retention in an urban extended day program: A process-based assessment. *Journal of Teaching in Physical Education, 22*(4), 369-381.

Kallusky, J. (1997). *Constructing an urban sanctuary for at-risk youth in physical education: An artistically crafted action research project in an inner-city high school.* Unpublished Tesis doctoral, University of Northern Colorado, Greeley.

Kallusky, J. (2000). In-school programs. En D. Hellison, N. Cutforth, J. Kallusky, T. Martinek, M. Parker y J. Stiehl (Eds.), *Youth development and physical activity: Linking universities and communities* (pp. 87-114). Champaign, IL: Human Kinetics.

Martinek, T. (1997). Serving underserved youth through physical activity. *Quest, 49*, 3-7.

Martinek, T. y Hellison, D. (1997). Fostering resiliency in underserved youth through physical activity. *Quest, 49*, 34-49.

Martinek, T., Schilling, T. y Johnson, D. (2001). Transferring personal and social responsibility of underserved youth to the classroom. *The Urban Review, 33*(1), 29-45.

Miles, M. B. y Huberman, A. M. (1994). *Qualitative data analysis: An expanded sourcebook* (2nd ed.). Thousand Oaks, CA: Sage.

Pérez Serrano, G. (1994). *Investigación cualitativa. Retos e interrogantes* (Vol. II. Técnicas y análisis de datos). Madrid: La Muralla.

Schilling, T. (2001). An investigation of commitment among participants in an extended day physical activity program. *Research Quarterly for Exercise and Sport, 72*(4), 355-365.

Stiehl, J. (2000). The way it is. En D. Hellison, N. Cutforth, J. Kallusky, T. J. Martinek, M. Parker y J. Stiehl (Eds.), *Youth development and physical activity: Linking universities and communities* (pp. 3-16). Champaign, IL: Human Kinetics.

Vázquez Gómez, G. (2002). El estudio de casos: El diseño de caso único. En G. Vázquez Gómez, J. Sarramona, M. J. Fernández Díaz y E. López López (Eds.), *Formación de profesores en educación secundaria* (pp. 593-604). Madrid: ICE - Universidad Complutense.

PUESTA EN PRÁCTICA DE PROGRAMAS FÍSICO-DEPORTIVOS DE EDUCACIÓN EN VALORES EN HORARIO EXTRAESCOLAR. RETOS Y DIFICULTADES

Yannick Hernández Bourlon-Buon
Universidad Politécnica de Madrid

1. Introducción

Las actividades físico-deportivas han sido objeto de numerosos programas para educar en valores en contextos de intervención social y de investigaciones científicas. El texto que se presenta recoge las reflexiones y conclusiones de tres investigaciones que trataban de desarrollar programas multideporte en horario extraescolar basados en el Programa de Responsabilidad Personal y Social (PRPS) de Hellison (2003) en diferentes contextos (Tabla 1).

CONTEXTO	POBLACIÓN	PAÍS	DURACIÓN	DIFICULTAD
Investigador en asociación de una residencia infantil	Menores con tutela administrativa en acogimiento residencial	España	Investigación de 5 meses (continúa intervención social)	Obtención de permisos de la administración de tutela
Investigador en Instituto de Secundaria	Alumnos desfavorecidos de 12 a 14 años	España	11 semanas	3 participantes de 12 seleccionados
Investigador en Instituto de Secundaria	Todos los alumnos priorizando desfavorecidos de 12 a 14 años	Francia	No se pudo realizar	Disponibilidad de horario y material para la actividad

Tabla 1: Investigaciones realizadas en torno a programas físico-deportivos para educar en valores.

Las tres experiencias ponen de manifiesto dos formas principales de plantear el comienzo de un programa: planificándolo entorno a una realidad, como era la residencia, o seleccionando unas condiciones determinadas en función de las necesidades del programa en cuestión, como sucedió en las dos experiencias de los institutos de secundaria. La consecución de los programas puso de manifiesto la importancia de analizar previamente la viabilidad del proyecto en el contexto de intervención ya que en el caso de Francia el proyecto resultó finalmente irrealizable. El análisis de la realidad aporta información importante para estudiar los recursos, organizar los objetivos y poner en práctica el programa siendo parte esencial de la intervención social (Charrier y Jourdan, 2005; Rubio y Varas, 2004). En este capítulo se presentan reflexiones derivadas de las experiencias antes descritas dando lugar a conclusiones contrastadas con otros autores. El carácter extraescolar de las actividades y su peculiaridad por desarrollarse fuera del horario lectivo estará presente. Conviene destacar que las actividades extraescolares son muy heterogéneas en su organización y tipología aportando a los jóvenes formas diferentes de socialización dependiendo de varios elementos: el lugar de la actividad, la entidad organizadora, la estructuración o no de la misma y los adultos responsables (Gutiérrez, 2003).

Los estudios evaluativos de programas extraescolares indican dos objetivos primordiales de las actividades extraescolares (Alonso, 2008; Hellison, 1993; Kahne, et al., 2001): aportar un ambiente agradable y seguro para los jóvenes alejándolos de situaciones de riesgo y favorecer la adquisición de habilidades, recursos y conocimientos de utilidad en su paso a la edad adulta. No obstante, es importante ser cautos ante los beneficios aportados por las actividades físico-deportivas extraescolares destacando la probabilidad de que pueden ser frente a la afirmación incondicional de que son siempre beneficiosas (Bailey, 2006). En los siguientes apartados se muestran recomendaciones a la hora de abordar un nuevo programa físico-deportivo para educar en valores aportando soluciones a dificultades que pueden encontrase en la planificación, en su puesta en práctica y en su evaluación.

2. Selección de la institución y recursos disponibles

Como se ha mencionado anteriormente, mientras algunos programas se adaptan al contexto en el que se establecen, otros lo buscan a partir de las condiciones que precisa el proyecto global. Esas condiciones puede estar relacionadas, por ejemplo, con la población, las actividades o el horario deseado pero en cualquiera de los casos el programa deberá ubicarse en una institución que configurará su contexto (Santos Pastor y Sicilia Camacho, 1998; Sicilia Camacho, 2005).

Uno de los factores de los que en mayor medida depende la selección de la institución es en lo referente a una población determinada. Lo primero de todo es conocer esa población y los lugares donde habitualmente están presentes. Esto se puede conseguir a través tanto de una inmersión en el terreno como de una buena revisión bibliográfica específica sobre el tema. Al trabajar con población desfavorecida, por ejemplo, una de las principales características es que se encuentran en barrios con nivel socioeconómico medio-bajo aportando información de interés para la selección del lugar y de la institución (Hellison, 2003; Jiménez Martín, 2008). Otros elementos a tener en cuenta al seleccionar el contexto es la edad de la población y el lugar donde se encuentren. En función de nuestros intereses podrá realizarse en colegios de primaria, en institutos de secundaria, en clubes deportivos, en la calle o en centros especializados como residencias de acogida de menores, centros de reforma, etc. El programa puede hacerse a través de un organismo concreto ya existente como una asociación, club deportivo, etc. o a título individual pudiendo, en ambos casos, adscribirse a alguna institución concreta. En ambos casos, es recomendable que los objetivos y finalidades del programa que se desean desarrollar estén en consonancia con el organismo y la institución de la cual formará parte (Hernández y Velázquez, 1996; Sicilia Camacho, 2005). En caso contrario, las dificultades se verían incrementadas en el plano organizativo (aceptación y desarrollo del programa) y educativo (objetivos, apoyo institucional y e implicación de los profesionales). En el caso de realizar el programa a título individual, es importante conocer la titulación necesaria que permita dirigir la actividad en condiciones legales adscritos a ciertas instituciones, asociaciones o clubes deportivos (Sicilia Camacho, 2005).

Teniendo bien definidas las condiciones que se buscan para desarrollar el programa físico-deportivo, es preciso buscar datos que nos ayuden a seleccionar el contexto general del programa. Por ejemplo, buscando información sobre la ubicación de una población, sobre barrios, zonas o incluso ciudades concretas que respondan a nuestros intereses visitando las páginas web o las oficinas del Instituto Nacional de Estadística del país (p. ej., el INE en España o el INSEE en Francia), de administraciones públicas (Ministerios, Comunidades Autónomas o Ayuntamientos), de asociaciones, de clubes deportivos o de centros educativos. En la selección de la institución, hay que tener en cuenta los contactos profesionales y personales que puedan ayudarnos en este proceso: en ocasiones, cuando alguien prevé comenzar un programa, conoce personas relacionadas con centros educativos o asociaciones que pueden servir de enlace con alguna institución. Sin escatimar los esfuerzos personales en la elaboración del programa, tampoco debemos menospreciar la ayuda que puedan ofrecernos siempre que resulte beneficiosa para el proyecto. También es importante mantener un vínculo respetuoso con la institución al concluir el programa compartiendo con ellos los resultados obtenidos de modo que valoren su utilidad y se de continuidad a futuros estudios.

Un elemento importante en los programas físico-deportivos son los recursos necesarios para desarrollar las actividades adecuadamente. A partir de las experiencias desarrolladas, se extraen tres aspectos fundamentales que deberían prevalecer en el proceso de selección: 1) la seguridad de los participantes, 2) la disponibilidad de la institución en cubrir las necesidades del programa y 3) el margen de adaptabilidad del mismo. Al primer punto se refiere Kahne (2001), especialmente al tratarse de poblaciones desfavorecidas, se trata de que el entorno esté libre de peligro para los participantes tanto por las instalaciones como por el entorno social. Los recursos disponibles de la institución, como puede ser un instituto, se refiere a tres elementos relacionados entre sí: la disponibilidad de los alumnos, los horarios para realizar la actividad y los recursos materiales (instalaciones y material lúdico-deportivo u otro). Es preciso saber si hay alumnos de las características que buscamos y, en caso de que así sea, confirmar que su horario habitual les permite realizar la actividad con las instalaciones y el material adecuados. La adaptabilidad del programa hace referencia a la posibilidad de realizar las actividades previstas o modificarlas según los recursos del centro sin que en su conjunto sufra alteraciones importantes: puede ser en lo referido a las actividades, a la programación educativa o a los horarios y equipamiento para la actividad. El horario específico para realizar el programa se configura teniendo en cuenta esos aspectos recomendando una duración ideal de las sesiones de una hora y media y como mínimo de 1 hora.

En relación a los horarios, lo más habitual es que el programa físico-deportivo se desarrolle al mismo tiempo que otras actividades extraescolares ocasionando en casos extremos competencia con ellas e incluso con las personas encargadas. Esto puede dificultar la incorporación de los alumnos a nuestra actividad o crear descontento con otras actividades ya presentes en el centro, lo cual habría que evitar. De las investigaciones desarrolladas en los tres contextos se concluye que es fundamental dar identidad al programa físico-deportivo destacando su carácter prioritariamente educativo. Ya que se trata de programas para educar en valores a través del deporte, la vertiente educativa tendría que formar parte de la identidad de la actividad extraescolar siendo fuente de promoción hacia los docentes y familiares (Hellison, 2003; Jiménez Martín, 2008). La identidad del programa, en consonancia con la identidad educativa de la institución, favorece que la actividad sea percibida como parte la misma por sus profesionales (Santos Pastor y Sicilia Camacho, 1998). No obstante, dar identidad al programa físico-deportivo para educar en valores no significa menospreciar las demás actividades extraescolares y la labor realizada por otros profesionales pues podría provocar un conflicto de intereses innecesario (Charrier y Jourdan, 2005).

Al realizar proyectos en contextos desconocidos todos estos elementos deben estar perfectamente estudiados de antemano y reforzar las soluciones a eventuales problemas.

3. Selección de los participantes

Escogida la institución, hay que seleccionar los participantes en el programa. Este proceso ya se ve facilitado si los aspectos mencionados en el apartado anterior se han realizado ya que la institución que acoja nuestro programa contaría con parte de la población buscada. Por otro lado, a pesar de escoger un contexto con las condiciones esperadas, la población presente puede ser aún heterogénea para nuestro programa necesitando sujetos con unas características más concretas. La selección de la población es especialmente importante si se trata de un programa desarrollado para una investigación. Tras los estudios realizados en diferentes contextos, varios aspectos merecen la atención en la selección de la población participante en el programa.

Un primer elemento es el de la edad de los participantes y el período académico en el que se encuentran. En las instituciones con niños y jóvenes menores es habitual diferenciarlos por grupos de edad y en los centros educativos concretamente, se diferencian por edades con la etapa y curso escolar. Al tener en cuenta estos aspectos somos conscientes de que un alumno puede tener una edad mayor al curso al que pertenece por haber repetido alguno. Ciertos alumnos de las últimas etapas, pueden incluso ser mayores de edad. Las dificultades a tener en cuenta recaen en la selección de alumnos cuyas edades están en el límite de etapa dificultando el proceso de selección cuando ésta depende de sus características sociales, escolares y personales. Esto se debe a la reciente incorporación de estos alumnos, por ejemplo, de aquellos de primero de la ESO, y la escasa información por parte de la nueva institución a la que llegan y de sus profesionales; siguiendo este mismo ejemplo: el Instituto de Secundaria y sus tutores o profesores. Estas edades de cambio de etapa resultan, no obstante, interesantes para la realización de programas debido a los cambios que suponen el nuevo entorno para estos alumnos y su adecuada adaptación al mismo (Jiménez Martín, 2008; Ruiz, et al., 2006). La utilización de informes provenientes de los centros anteriores, del Colegio de Primaria en el ejemplo, ayudan a solventar esta dificultad. En cualquiera de los casos, el uso de informes de la institución anterior facilita la selección de alumnos de reciente incorporación a alguna institución. Los plazos fijados para el comienzo del programa han de tener en cuenta este proceso de selección resultando más complejo cuando se buscan poblaciones muy concretas de entre los alumnos de reciente incorporación.

Otro aspecto importante a contemplar en la selección de los participantes es el número de alumnos que conformará el grupo del programa físico-deportivo así como las características de los participantes. En relación al grupo, Hellison (1993, 2003) y Jiménez Martín (2008) consideran que los grupos reducidos favorecen la adquisición de valores mediante actividades físico-deportivas. Con jóvenes desfavorecidos, por ejemplo, la literatura recomienda grupos de 12 a 15 sin superar los 20 participantes y se encuentran estudios de sólo 10 participantes (Debusk y Hellison, 1989; Hellison y Wright, 2003). Las experiencias realizadas destacan que un número excesivamente reducido, p.e. de sólo 3 alumnos, dificulta el desarrollo del programa por las condiciones del grupo.

Según los estudios que se realizaron, la excesiva homogeneización del grupo puede ser uno de los motivos que pongan en riesgo el número de participantes. En los programas con grupos de población específicos es habitual seleccionar únicamente participantes con esas características limitando el acceso a otros por omisión principalmente (Cutforth, 1997; Lee y Martinek, 2009). La detección de la población escogida y el acceso a los mismos no siempre es evidente, lo que puede condicionar el éxito del programa en términos de participación. Además de los problemas para detectar las características de los alumnos recién llegados ya mencionado anteriormente, existen limitaciones legales en el acceso de la información cuando se trata de menores de edad pudiendo ralentizar el proceso de selección. Al tratarse de una investigación, la recogida de datos de los menores debe realizarse tras obtener el consentimiento informado de sus tutores legales (Sandín, 2003). Este procedimiento puede resultar muy complejo con menores de tutela administrativa por los motivos burocráticos que supone impidiendo la adecuada recogida de datos.

Aún obteniendo los consentimientos informados pertinentes, la asiduidad de los participantes seleccionados durante la intervención es imprevisible. La presentación del programa y la implicación de su entorno destacan como aspectos importantes para que ésta sea continuada. Ante estas dificultades, se recomienda la selección de grupos heterogéneos de población adaptando la metodología de la investigación en la selección de la muestra consecuentemente. Con ello se favorece un aspecto fundamental de la educación en valores que es la integración del todo el alumnado evitando cualquier tipo de distinción (positiva o negativa) que pueda estigmatizar al grupo seleccionado (Jiménez Martín, 2008). Además se asegura tener alumnos en horario extraescolar, caracterizado en ocasiones por la participación voluntaria (Hellison y Cutforth, 2000).

4. Selección y elaboración del programa

En las experiencias llevadas a cabo, las instituciones disponían de páginas web y trípticos informativos sobre sus finalidades educativas. Su consulta y las entrevistas con profesores y directivos, permiten escoger el centro adecuadamente ajustando la programación físico-deportiva para educar en valores con su línea educativa. Con este ajuste se trata también de cubrir necesidades que desde el centro resultan complejas de abordar.

Todo programa físico-deportivo necesita unos objetivos, metodología y estrategias oportunas para promocionar valores positivos ya que éstos no se transmiten de forma automática durante la práctica físico-deportiva "tan sólo se ponen de manifiesto aquellos que ya estaban afirmados en la persona que la realiza" (Jiménez Martín, 2008, p. 59). Por ello, la implicación del educador es fundamental durante la elaboración de la programación, preparando estrategias concretas, asociadas a las actividades y concretando técnicas de evaluación que permitan hacer un seguimiento de los participantes y de la actividad en general. En el momento de diseñar el programa, los autores recomiendan seleccionar pocos valores, sencillos y concisos para que los alumnos los recuerden y puedan ponerlos en práctica (Gutiérrez, 2006; Hellison, 2003; Jiménez Martín, 2008). Relacionar estos valores con los propios de la institución y las directrices educativas oficiales evitarán que el programa represente una acción aislada.

Las estrategias se encuentran en los manuales específicos y dependen en ocasiones del modelo o perspectiva adoptada para educar en valores mediante actividades físico-deportivas (Cecchini, Fernández Losa, González, y Arruza, 2008; Gutiérrez, 2003; Hellison, 2003; Jiménez Martín, 2008). Actualmente existen cinco corrientes principales en la promoción de valores a través de actividades físico-deportivas recogidas por Jiménez Martín (2008) en su manual (Tabla 2).

CORRIENTE	DESCRIPCIÓN
Desarrollo de la autoestima	Fomento de valores que mejoren el autoconcepto, la autoestima y el sentimiento de competencia personal.
Educación del carácter (aprendizaje social de Bandura)	La moralidad de los individuos depende de la conformidad hacia las normas sociales y el aprendizaje de valores por convención social. Estrategias: refuerzos, castigos, imitación de modelos y de personas significativas.
Clarificación de valores	Los participantes deben decidir los valores que son importantes para ellos valorando las alternativas y consecuencias de cada uno de ellos. Estrategias: reflexión en pequeños grupos de discusión.

CORRIENTE	DESCRIPCIÓN
Desarrollo cognitivo-estructural (Piaget y Kohlberg)	Desarrollo del razonamiento moral. Estrategias: los participantes han de justificar su decisión ante historias con valores en conflicto: los dilemas morales El análisis de los argumentos es lo más importante.
Refuerzo del alumno en la responsabilidad social	Utilización de herramientas eficaces de las corrientes anteriores y con estrategias prácticas destinadas al desarrollo de las actividades.

Tabla 2: Corrientes principales en la promoción de valores a través de actividades físico-deportivas.

La elección de la corriente o modelo para educar en valores orientará nuestra programación educativa y la metodología empleada durante las actividades. Actualmente, la educación del carácter y el desarrollo cognitivo son las corrientes más presentes en programas físico-deportivos mientras que las primeras intervenciones se centraban en la búsqueda del desarrollo de la autoestima (Jiménez Martín, 2008). Algunos de estos programas tienen su origen con población desfavorecida y otros con población no desfavorecida lo que resulta un elemento a tener en cuenta al escoger la corriente para la programación (Gutiérrez, 2003). El PRPS de Hellison destaca entre los programas estructurados con población desfavorecida y se fundamenta en la última corriente.

Al elaborar el programa, cabe preguntarse el alcance que se pretende obtener en la educación de los jóvenes teniendo en cuenta que "cada juego o deporte, a diferentes niveles, genera su propia atmósfera moral, posee su propio razonamiento en el juego, lo cual influye en el razonamiento moral, en la acción moral y en el desarrollo de ciertos valores" (Gutiérrez, 2006, p.123). La educación en valores, por tanto, podrá promocionarse únicamente en un contexto deportivo determinado o transferirse a todos los ámbitos de la vida cotidiana . Dado que esta transferencia no se produce de forma automática, la implicación por parte de los responsables de estos programas de intervención es imprescindible incorporando estrategias concretas con este fin (Gómez Lecumberri, Puig Barata, y Maza Gutiérrez, 2009; Gutiérrez, 2003; Pardo y Bodin, 2010; Perrenoud, 1997). En definitiva, se trataría de formar buenas personas y no sólo buenos deportistas (Pardo y Bodin, 2010). Algunas de las estrategias utilizadas por los autores para favorecer la transferencia son: la reflexión crítica en pequeños grupos con ejemplos de la vida cotidiana o con vídeos concretos en forma de cinefórum; la aplicación de técnicas relacionadas con la clarificación de valores y los dilemas morales; la incorporación de mentores aumentando el seguimiento de los alumnos o la utilización de modelos ecológicos que contemplen a toda la comunidad en relación con los participantes (Gutiérrez, 2003; Hellison, 2003; Jiménez Martín, 2008; Martinek y Parker, 2000; Martinek, Ruiz, y Aparicio García-Molina, 2009; Ruiz, et al., 2006). Por su parte, Cecchini, et al. (2008) incorporan en la estructura de las sesiones del programa Delfos una fase específica para la transferencia al comienzo y al final de las sesiones físico-deportivas. Según Hellison y Walsh, (2002) la eficacia de la transferencia depende del número de participantes en el programa obteniendo mejores resultados con grupos reducidos. De las experiencias realizadas se concluye que el tiempo dificulta la aplicación de estrategias concretas para la transferencia, apreciando en las Tecnologías de la Información y de la Comunicación recursos interesantes (García Preciado, 2005).

En la elaboración de los programas físico-deportivos para educar en valores encontramos dos aspectos fundamentales que han de articularse con coherencia: las actividades o tareas físico-deportivas y la programación educativa en relación con actitudes y valores. La redacción escrita de la programación debe ser adecuada con el entorno en el que se presentará facilitando su comprensión por las personas que lo leerán sin excederse en el número de páginas (no más de 30 aproximadamente). Los programas extraescolares deberían reflejar mayor flexibilidad de horarios y un clima más distendido respecto a las clases de Educación Física (Hellison, 1993, 2003; Jiménez Martín, 2008). Además, las actividades deben ser atractivas y con gran componente lúdico; tal y como lo expresa Hellison (2003) al hablar de los programas extraescolares con el PRPS que denomina Coaching Club: "cualquier actividad funcionará. La clave es elegir algo que atraiga a los chicos que quieres que vengan al club" (p. 138).

5. Selección de las actividades

Un aspecto importante en los programas físico-deportivos es la elección de actividades y su secuenciación. Los estudios consultados en horario extraescolar para educar en valores se centran en su mayoría en un único deporte como el baloncesto, el fútbol, la danza o las artes marciales (Cecchini, et al., 2008; Hellison y Wright, 2003; Jaramillo Echeverry y Murcia Peña, 1998). La utilización de una sola actividad físico-deportiva puede favorecer la participación y asiduidad de los jóvenes por su afinidad hacia esa práctica. El elemento competitivo de los deportes o su carácter novedoso también es importante con participantes de una determinada edad. Las experiencias desarrolladas pusieron de manifiesto la dificultad de comenzar programas multideporte nuevos por el desconocimiento de los alumnos ante las prácticas desarrolladas resultando, no obstante, muy satisfactorias para ellos a medida que lo experimentaban. Este tipo de programas multideporte estructurados adecuadamente para educar en valores, es decir, con variedad de actividades físico-deportivas que incluyen talleres u otras actividades complementarias, son más habituales en las clases de Educación Física escolar encontrándolas en menor medida en horario extraescolar (Cutforth, 1997; Ruiz, et al., 2006). Destacan las siguientes ventajas de los programas multideporte: la variedad de actividades no exclusivamente competitivas permite experimentar a los parttcipantes diferentes ambientes relacionados con el éxito y el fracaso tanto personal como en grupo; pueden aprender nuevas actividades hasta entonces desconocidas y pueden sentirse protagonistas en aquéllas que ya dominan (Escartí Carbonell, Pascual Baños, y Gutiérrez Sanmartín, 2005; Gutiérrez, 2003). Los programas multideporte facilitan la inclusión de un público variado al contener actividades del agrado de todos en algún momento repercutiendo positivamente en la participación (Hernández y Velázquez, 1996).

Independientemente de la selección de una actividad o varias, éstas deben estar complementadas con reflexiones y estrategias educativas durante la práctica en función de los objetivos deseados o de la corriente específica del programa escogido. Plantear estrategias novedosas durante el juego utilizando su dinámica interna o modificándola concienzudamente permite adaptar la actividad en cuestión hacia la adquisición de determinadas actitudes y valores (Jiménez Martín, 2008). Crear nuevos ambientes con invitados especialistas o salidas exteriores resulta interesante por varios aspectos aunque también conlleva ciertas dificultades (Jiménez Martín, 2006). Los estudios que se realizaron confirman que aumenta la participación en presencia de invitados y al tratarse de mujeres especialistas favorece la coeducación: en una sesión de judo asistió una mujer judoka invitada (Jiménez Martín, 2008). Sin embargo, las personas invitadas pueden sufrir contratiempos y no asistir siendo necesario adaptar la actividad. Además, es importante que las personas invitadas estén informadas del programa desarrollado evitando acciones o comentarios inapropiados que interfieran en el objetivo educativo programado de la sesión. Otro aspecto para generar nuevos ambientes es el de realizar las actividades en lugares diferentes al habitual (Jiménez Martín, 2006). Este elemento es muy interesante en aquellos programas realizados en centros especializados cuya población está interna (Mantecón, et al., 2006). Sin embargo, existe el inconveniente de obtener ciertos permisos de los tutores legales al tratarse de menores. También debe contarse con los recursos humanos y materiales necesarios para que las salidas del centro sean viables evitando hacer de grandes expectativas fracasos por falta de planificación y realismo (Hernández y Velázquez, 1996). Estas actividades realizadas fuera del entorno habitual, además de resultar muy motivantes para los participantes, permiten trabajar la transferencia de una forma natural y en contacto con la realidad además de potenciar su integración en la sociedad al tomar contacto con otros jóvenes del exterior (Jiménez Martín, 2006).

En la selección de las actividades, al realizar el programa físico-deportivo es interesante mantener cierta flexibilidad para incorporar propuestas de los propios alumnos y poder adaptar a tiempo las actividades por los imprevistos climatológicos u otras circunstancias (Jiménez Martín, 2008). La modificación en alguna sesión origina un cambio en el conjunto de la programación que puede afectar al horario, al equipamiento deportivo para las actividades y a la organización de objetivos y contenidos. Lo más aconsejable en estos casos es consultar las recomendaciones de los autores del programa específico escogido y adaptar las sesiones dando prioridad a la coherencia educativa sin menospreciar el componente lúdico de las mismas.

6. Aceptación y promoción del programa

Comenzar un nuevo programa en una institución es una experiencia ilusionante que comporta retos para el educador y conlleva novedades para las personas del centro (profesionales y participantes) y la organización interna del mismo. Una buena presentación y promoción del programa hacia las personas implicadas favorece el éxito del proyecto. Presentamos algunas recomendaciones fruto de las dificultades que se observaron en las experiencias llevadas a cabo. El orden recomendado para tomar el primer contacto y presentar el programa es: 1) directivos y profesionales que trabajan en las instituciones; 2) las familias y 3) los participantes. Teniendo en cuenta que existen en la mayoría de proyectos unos plazos que cumplir, especialmente al tratarse de una investigación, es recomendable realizar un cronograma visual con los tiempos previstos. La aceptación de algunos programas deben pasar por una asamblea o consejo lo cual hay a prever.

En caso de seleccionar la institución por conocimiento de un contacto vinculado a la misma se preguntará el procedimiento oportuno para establecer el primer contacto. En este primer paso, resulta conveniente respetar el orden jerárquico de la institución comenzando con una carta o llamada telefónica dirigida al máximo representante si estuviera accesible en la que se solicite una entrevista personal. Contar con algún tipo de apoyo (contacto de enlace, la Universidad, etc.) es interesante para agilizar el proceso y favorecer la aceptación del programa. Siendo aceptado el proyecto, se seguirá presentando el programa a los demás profesionales relacionados (educación física, deportes, actividades extraescolares, tiempo libre, promoción deportiva, etc.) siguiendo el orden indicado por la persona de contacto. Dependiendo de la institución, la gestión de las actividades deportivas y extraescolares será diferente en cada caso, lo que hay que tener en cuenta (Santos Pastor y Sicilia Camacho, 1998; Sicilia Camacho, 2005). También conviene hablar con las personas que gestionan el material y las instalaciones ajustando adecuadamente las actividades. Si el programa se desarrolla con un grupo de población concreta, se solicitará al primer contacto la persona con la que se debe hablar para seleccionarlo teniendo en cuenta los aspectos que se mencionaron en el apartado correspondiente a la selección de participantes. Estos profesionales suelen ser educadores, profesores, psicólogos o médicos dependiendo de las características de la población en cuestión. El primer contacto con los participantes menores de edad y sus familias debe evitarse completamente antes de obtener una autorización expresa por parte de la institución. Dependiendo de la organización de la actividad por parte de la institución, se conocerá primero a los participantes o a las familias pero en investigación siempre será en primer lugar las familias o tutores legales. En investigación, la precaución por la protección de los datos de los menores, incluidos los de sus familias, será fundamental pudiendo ralentizar el primer contacto con ellos. Si los participantes fueron seleccionados se recomienda llamar a las familias una primera vez explicándoles el proyecto, los objetivos educativos del mismo y la importancia de firmar un consentimiento informado imprescindible para que participen (Sandín, 2003). Si no es un estudio, la autorización para participar en la actividad dependerá de las normas de la institución. Las reuniones informativas serán interesantes para promocionar el programa al comienzo y durante el curso y para hacer el seguimiento de sus hijos (Martinek, Ruiz y Aparicio García-Molina, 2009).

La primera presentación realizada a los profesionales y las familias (o tutores) de los alumnos se recomienda que sea por medio de una reunión por separado con apoyo de documentos y diapositivas explicativas. Para mejorar la comprensión del programa, la información transmitida (oral y escrita) debe ser breve, suficientemente clara y explicativa para ser entendida. Conviene ser respetuosos en el uso de la terminología y la descripción de la población. Se trata de presentar la vertiente educativa del programa e identificarles con sus fundamentos haciéndoles sujetos activos en el mismo con el fin de aumentar su interés e implicación en el proceso (Gutiérrez, 2003). Esto, en grupos seleccionados, repercute en una mayor participación de alumnos y mejora de la transferencia (Gutiérrez, 2003). Una estrategia para presentar a familias y profesionales estos programas es mostrarles un iceberg de modo que lo que está en la superficie, lo que se ve, es lo lúdico y la diversión esencial para los jóvenes, pero lo más importante y de mayor densidad, oculto bajo el agua, es lo educativo. Como complemento a estas reuniones formales y de forma periódica, pueden establecerse conversaciones directas y personalizadas con los profesionales y las familias.

El primer contacto con los alumnos, tras la autorización de los directivos del centro, podrá ser entregando la carta con el consentimiento informado para sus padres el primer día de la actividad programado o reuniéndose previamente con ellos. Si el grupo de alumnos participantes depende de la inscripción de los mismos es probable que su motivación sea mayor y la actividad pueda comenzarse desde el primer día programado (Hellison y Cutforth, 2000). Previamente, se podrán poner carteles informativos en el centro, entregar folletos a todos los jóvenes o que los profesionales lo promocionen. Si los participantes son expresamente seleccionados para acudir al programa es más oportuno realizar una reunión informativa con ellos antes de la primer día de actividad. En este caso la utilización de carteles es más complicado al limitar la actividad a ciertos alumnos concretos, no así el reparto de folletos informativos a los alumnos escogidos. En la reuniones organizadas con ellos se puede promocionar la actividad resaltando su carácter lúdico a través de vídeos explicativos u otros recursos digitales llamativos. Si en la promoción de los profesionales y las familias se incidía en el carácter educativo mediante el símil de la superficie sumergida de un iceberg, con los alumnos ha de predominar el elemento lúdico y el papel protagonista de los jóvenes en la actividad llamando su atención, sobre todo, en los grupos seleccionados. En el caso de que se desarrolle una investigación, es importante tratar de explicar a los jóvenes en qué consistirá el estudio de manera que lo entiendan evitando el rechazo directo al programa por miedos o dudas asociadas al significado de la palabra "investigación" o similares.

Para que el programa tenga éxito de participación y educativo es fundamental que cada uno lo sienta como propio desde su perspectiva personal aumentando la implicación de todos.

7. Las sesiones físico-deportivas

Ciertas decisiones por parte de los directivos, la ausencia numerosa de los alumnos por diferentes motivos, las enfermedades del educador o incluso los malentendidos pueden provocar cambios en la programación por la imposibilidad de realizar ciertas sesiones planteadas a priori. A pesar de prever un determinado número de alumnos en el programa la realidad puede ser diferente y resultar un problema si no se cumple el mínimo esperado para determinadas sesiones. Tras las experiencias realizadas, el bajo número de participantes reduce la interacción entre los participantes y la dificultad de fomentar valores potenciales de las tareas en grupo. Otra situación que puede desencadenar la baja participación es el aumento de comportamientos desafiantes por parte de algunos alumnos al considerarse imprescindibles. Además, el educador puede encontrar mayores dificultades en la elaboración de recursos lúdicos y educativos repercutiendo, a su vez, en el clima motivacional del grupo (Escartí Carbonell, Pascual Baños, y Gutiérrez Sanmartín, 2005; Hellison, 2003). La preocupación del educador puede surgir ante la dificultad de continuar la programación en los plazos establecidos o la imposibilidad de realizar actividades y estrategias preparadas para ese mismo día. Ante estos inconvenientes lo más adecuado parece ser la adaptación a la nueva situación con originalidad haciendo alarde de una de las características de las actividades extraescolares: su flexibilidad (Hellison, 2003).

En las primeras sesiones del programa, el elemento lúdico es fundamental para mantener un nivel de participación y un clima motivacional adecuado con actividades que favorezcan la creación de vínculos afectivos y un ambiente distendido, agradable y seguro (Hellison, 1993; Jiménez MArtín, 2008). Desde el día de la presentación se les hará partícipes de la actividad recogiendo sus propuestas, contemplando sus habilidades e insistiendo en el protagonismo que tienen en el programa. Hay entornos educativos especialmente complejos (por ejemplo los centros especializados con población interna) en que los jóvenes rechazan todo tipo de actividad exterior que venga impuesta y que, por tanto, que no pueden elegir ellos mostrando conductas desafiantes al inicio. En estos casos, generar un clima positivo y de confianza desde el comienzo es la principal meta. Destacar que, a pesar de los enfados que puedan tener los alumnos en ocasiones con casos extremos de abandono de la actividad, el educador mantenga la confianza de cuanto hace siempre que en sus decisiones prime la coherencia educativa que se precisa: más vale finalizar un programa con sólo 2 o 3 alumnos que con una multitud en ausencia de rigor educativo.

Avanzadas las primeras sesiones se incorporarán escalonadamente los elementos educativos siguiendo el modelo escogido, a la vez que se refuerza la identidad del grupo mediante la elección de un nombre para el grupo, un logotipo/eslogan y, en caso de hacer uso de ello, la configuración de un espacio en internet. Se trata de generar un sentimiento de grupo con identidad propia aunque no sectaria fidelizando a los jóvenes a una práctica que deben sentir suya, para lo cual el horario extraescolar resulta excelente (Gutiérrez, 2003; Hellison y Cutforth, 2000). Para ello se tomarán decisiones conjuntas de forma democrática y dialogada que beneficien al grupo fomentando el compromiso por el mismo (Jiménez Martín, 2008). En las últimas sesiones es interesante concluir el programa con una actividad que permita poner de manifiesto al conjunto de la comunidad educativa el potencial de todos los alumnos y sus aprendizajes. Con ello también se promocionará la actividad si fuera a repetirse de nuevo. Estas actividades en las sesiones finales son interesantes para recapitular los aprendizajes realizados durante el curso y hacer hincapié en la transferencia: p.e. exhibiciones, actuaciones, partidos especiales, vídeos de la actividad, etc. (Jiménez Martín, 2006).

Durante el transcurso de las actividades el educador es un guía y un referente para los alumnos que debe reconocer las fortalezas y potenciales de los jóvenes evitando estigmatizar a los alumnos por opiniones provenientes de su entorno (compañeros, profesionales, familias) o por sus características personales y sociales (Hellison, 2003; Jiménez Martín, 2008). Como señala Hellison (2003) "nunca he conocido un chico que le guste ser reconocido como una categoría" (p. 21). Ciertas cualidades del educador durante las sesiones para mantener un buen trato con los jóvenes, según Hellison (2003) y Jiménez Martín (2008), mejorarán las relaciones con ellos: ser paciente, escuchar a los alumnos y reflexionar con ellos, conocer a los jóvenes, suavizar la figura de autoridad, cumplir con lo que dice o crear su propio recetario de estrategias para ponerlas en práctica. Es importante incidir en la implicación del educador para que se dé una verdadera educación en valores a través de las actividades físico-deportivas, más aún si pretendemos que exista una transferencia en todos los ámbitos de la vida cotidiana. Hay que tener presente que, a diferencia de lo que a veces se piensa, la indiferencia es una forma de posicionarse ante una situación determinada. Destaca Jiménez Martín (2008) como "el trabajo sobre los valores debe empezar por uno mismo" (p. 71) destacando dos términos: *coherencia* y *predicar con el ejemplo.* Durante las sesiones, determinados jóvenes pueden ser especialmente conflictivos ejerciendo de líderes negativos en el grupo. Además de las estrategias pedagógicas ante tales casos, como el establecimiento de límites desde el comienzo y el uso de la empatía, resulta interesante transformar ese liderazgo negativo en liderazgo positivo destacándoles las tareas realizadas correctamente (refuerzo positivo) o distribuyendo tareas con las cuales responsabilizarse (Hellison, 2003; Jiménez Martín, 2008; Prat y Soler, 2003). En este sentido, detectar los jóvenes más conflictivos y entablar una buena relación con ellos permite mejorar el ambiente de las sesiones y del grupo (Jiménez Martín, 2008). La distribución de responsabilidades con todos los participantes es una buena estrategia educativa para que se impliquen en tareas comunes desde el comienzo comprometiéndose a realizarlas adecuadamente (Hellison, 2003). Un handicap puede encontrarse, sin embargo, en la selección de esas responsabilidades pues el que un alumno coja las llaves para entrar al gimnasio puede no estar permitido por la normativa del centro y por tanto debe respetarse. Las responsabilidades deben ser viables y alcanzables para los jóvenes en función de sus capacidades y deberían respetar las normas del contexto en el que se desarrolla el programa.

FASES	CARACTERÍSTICA	RECOMENDACIONES
1) Tiempo de consejo	Establecer relación afectiva con cada participante en cualquier parte de la sesión	A veces se menosprecia explicando directamente el objetivo o la actividad.
2) Toma de conciencia y transferencia	Presentar los objetivos de la sesión. A veces se evalúa la transferencia de la sesión anterior	Confirmar que los alumnos comprenden lo que se quiere que pongan en práctica posteriormente.
3) Responsabilidad en acción	Poner en práctica durante la práctica físico-deportiva el objetivo planteado previamente	Reflexiones durante y entre las actividades permiten recordar los objetivos de la sesión a los alumnos
4) Encuentro de grupo y transferencia	Reflexionar al final sobre: objetivos, experiencias, conflictos, inquietudes de los alumnos y sobre la transferencia.	Hacer partícipes a los alumnos evita que se dispersen, pierdan la atención y alboroten: que moderen la reunión, preguntarles, etc.
5) Autoevaluación de la sesión y de la transferencia	Los alumnos autovaloran su comportamiento según el objetivo de la sesión y su transferencia.	Hacerla original favorece su aceptación en un contexto más distendido: el extraescolar.

Tabla 3: Fases y recomendaciones de sesiones físico-deportivas para educar en valores.

Las fases de las sesiones de los programas de educación en valores (tabla 3) reproducen las fases habituales de actividad física y deporte (fase inicial, desarrollo y vuelta a la calma) pero también a nivel psicológico mediante períodos de reflexión lo que permite poner a los participantes en disposición de aprender (Escartí Carbonell, Pascual Baños, y Gutiérrez Sanmartín, 2005). Una dificultad reside cuando por motivos de tiempo se realizan inadecuadamente las reflexiones durante la sesión; para evitarlo es adecuado preparar guiones que los orienten (Jiménez Martín, 2008).

TÉCNICAS	EXPLICACIÓN	TIPOS	RECOMENDACIÓN
Observaciones y notas de campo	Registros de información para evaluar actitudes de los alumnos, actividad docente y otros aspectos relevantes.	Cuantitativos (registros), cualitativos (preguntas abiertas o esquemas). Participante (el educador) o no participante (otros).	Observaciones e interpretaciones recogidas por separado, utilización de grabaciones en vídeo.
Entrevistas	Se obtiene información de los participantes y de su entorno mediante la palabra oral siendo más agradable y distendido.	Estructuradas (guías cerradas) o semiestructuradas (guías con preguntas más flexible)	Grabar en audio y analizar con ralentizador, obtener consentimiento informado, realizar calendario y toma de contacto entrevistados. Utilizar guía orientativa.
Análisis de documentos	Información de los alumnos donde se expresan ellos mismos.	Diarios de clase, autoinformes, buzones o autoevaluaciones	Original y divertido con escasa escritura (dibujos, gráficos). Adaptarlas al objetivo educativo (p.e. expresión de la cara si el objetivo son las emociones).
Análisis del discurso y técnicas de resolución de problemas	Información del razonamiento moral de los alumnos en reflexiones realizadas durante la sesión	Al expresarse libremente, al atoevaluarse, al hacer sociodramas, dilemas morales o al resolver problemas.	Hojas de moderación para que rellene un alumno responsable o grabar en voz las reflexiones realizadas. Favorecer la naturalidad.
Cuestionarios	Información según el tipo de respuesta emitida y el tipo de cuestionario elaborado. A veces incluyen alguna escala validada o no validada	Preguntas cerradas (cuantitativa), abiertas (cualitativa), categorías etc. Realizar uno antes (pre) y otro tras programa (post) valorando evolución	Comprobar adecuación metodológica. Control del tiempo de rellenado y programar sesiones de aplicación correspondientes
Escalas y tests específicos	Escalas de medición existentes en la literatura científica de carácter cuantitativo.	Test sociométrico: mide rechazo-agrado en grupos. Perfil de polaridad (Osgood, Suci y Tannebaum): impresión significativa palabras por dicotomías. Tipo Likert: valoración de actitudes.	Las escalas Likert destacan por su sencillez y posible adaptación al contexto: colores, símbolos, dibujos. Preferible número par evitando indiferencia de puntos intermedios. Permite evaluar el estado anímico en las sesiones.

Tabla 4: Explicación y recomendaciones de algunas técnicas de evaluación utilizadas en los programas

8. Evaluación e investigación del programa

La evaluación del programa físico-deportivo es fundamental para conocer la evolución de los alumnos, valorar la consecución de los objetivos y detectar posibles errores del educador que permitan corregirlos (Gutiérrez, 2003; Jiménez Martín, 2008). Ésta se realiza desde el comienzo del programa haciendo un seguimiento completo para mejorarlo.

Ha de precisarse que la evaluación de actitudes y valores es un aspecto no exento de dificultad en las Ciencias Sociales por la gran gama de técnicas existentes y la subjetividad inherente a estos dos conceptos (Gutiérrez, 2003). De esta forma, los autores generan nuevas estrategias de evaluación desde la vertiente cualitativa y cuantitativa que se adapten mejor a los programas. Los modelos de intervención para educar en valores y la literatura científica al respecto recogen varias técnicas de evaluación (tabla 4) que deberán adecuarse al contexto extraescolar en el que se desarrolle el programa y a los objetivos y planteamientos metodológicos de la investigación científica en cuestión (Jiménez Martín, 2008; Rubio y Varas, 2004)

Como dificultades generales que pueden encontrarse en la evaluación e investigación se destaca de las experiencias la necesidad de planificar con antelación la implementación de las técnicas en unos plazos establecidos y la obtención de los consentimientos informados para la recogida de datos permitiendo posteriormente publicar los resultados. Se recomienda adecuar las técnicas de recogida de datos a la metodología de investigación y al número de participantes barajando la utilización de metodología mixta cuantitativa y cualitativa, especialmente con bajo número de participantes. El tipo de investigación realizado habitualmente con estos programas es el de la investigación-acción y el estudio de caso (Hellison y Walsh, 2002). Finalmente, parece interesante innovar en las formas de evaluación siempre que se cumplan los requisitos mínimos que aseguren la credibilidad de la información obtenida, especialmente en investigaciones científicas.

9. Conclusión

Los recursos que ofrece la literatura sobre la educación en valores mediante actividades físico-deportivas es amplia. A lo largo de este texto se ha intentado dar respuesta a algunas dudas y dificultades que pueden encontrarse en el desarrollo de este tipo de proyectos. Por una parte, la previsión de todo tipo de contratiempo permitirá resolver las dificultades con antelación convirtiendo los imprevistos en adaptaciones que guarden consonancia con los objetivos educativos y el contexto en el que se desarrolla el programa.

La correcta utilización de las Tecnologías de la Información y la Comunicación (TIC), especialmente de internet (anonimato y confidencialidad de los datos), permite gestionar mejor los tiempos, facilitar la búsqueda de información (selección de institución y población), favorece la comunicación entre la comunidad educativa y ofrece nuevas estrategias, metodologías y técnicas de evaluación alternativas e innovadoras.

10. Referencias Bibliográficas

Alonso, M. (2008). Actividades extraescolares y salud mental: estudio de su relación en población escolar de primaria. Tesis doctoral. Universitat Autónoma de Barcelona.

Bailey, R. (2006). Physical education and sport in schools: A review of benefits and outcomes. Journal of School Health, 76(8), 397-401.

Cecchini, J. A., Fernández Losa, J., González, C., y Arruza, J. A. (2008). Repercusiones del Programa Delfos de educación en valores a través del deporte en jóvenes en escolares. Revista de Educación, *346*, 167-186.

Charrier, D., y Jourdan, J. (2005). Pratiques sportives et jeunes en difficulté: 20 ans d'innovations et d'illusions... et des acquis a capitaliser. En M. Falcoz y M. Koebel (Eds.), Intégration par le sport: représentations et réalités (pp. 17-37). Paris: L'Harmattan.

Cutforth, N. (1997). What's worth doing?: Reflections on an after-school program in a Denver elementary school. Quest, 49(1), 130-139.

DeBusk, M., y Hellison, D. (1989). Implementing a Physical Education Self-Responsibility Model for Delinquency-Prone Youth. Journal of Teaching in Physical Education, 8(2), 104-112.

Escartí Carbonell, A., Pascual Baños, M. y Gutiérrez Sanmartín, M. (2005). Responsabilidad personal y social a través de la educación física y el deporte (Vol. 219). Barcelona: Graó.

García Preciado, V. (2005). Las Nuevas Tecnologías de la Información y de la Comunicación y la Educación en valores a través del deporte. En M. Vizuete Carrizosa (Ed.), Valores del deporte en la educación : (año europeo de la educación a través del deporte) (pp. 63-75). Madrid: Instituto Superior de Formación del Profesorado. Ministerio de Educación, Cultura y Deportes, Secretaría General Técnica.

Gómez Lecumberri, C., Puig Barata, N., y Maza Gutiérrez, G. (2009). Deporte e integración social. Guía de *intervención educativa a través del deporte*. Barcelona: INDE.

Gutiérrez, M. (2003). Manual sobre valores en la educación física y el deporte. Barcelona: Paidós.

Gutiérrez, M. (2006). Desarrollo de valores sociales y personales a través del deporte. En E. Gamero Casado, J. Giménez Fuentes-Guerra, M. Díaz Trillo, P. Sáenz-López Buñuel y J. Castillo Algarra (Eds.), Violencia, Deporte y reinserción social (Vol. 47, pp. 113-135). Madrid: Ministerio de Educación y Ciencia. Consejo Superior de Deportes.

Hellison, D. (1993). The Coaching Club. Teaching Responsability to Inner-City Students. Journal of Physical Education, Recreation & Dance, 64(5), 66-70.

Hellison, D. (2003). Teaching responsibility through Physical Activity (2^a ed.). Champaign, Illinois: Human Kinetics.

Hellison, D., y Cutforth, N. (2000). Extended Day Clubs Youth development and physical activity: Linking Universities and Comunities (pp. 115-134). Champaing: Kinetics.

Hellison, D., y Walsh, D. (2002). Responsability-based youth program evaluation: investigating the investigations. Quest, 4(54), 292-307.

Hellison, D., y Wright, P. (2003). Retention in an urban extended day program: A process-based assessment. Journal of Teaching in Physical Education, 22(4), 369-381.

Hernández, J. L., y Velázquez, R. (1996). La actividad física y deportiva extraescolar en los centros educativos. Madrid: MEC.

Jaramillo Echeverry, L. G., y Murcia Peña, N. (1998). La danza, factor de promoción ético-moral en adolescentes marginales. Apunts, 54, 12-20.

Jiménez Martín, P. J. (2006). Modelos de intervención para prevenir violencia a través de la actividad física y el deporte: modelo de Donald Hellison. En J. Durán (Ed.), Valores en movimiento: la actividad física y el deporte como medio de educación en valores (pp. 45-65). Madrid: Consejo Superior de Deportes.

Jiménez Martín, P. J. (2008). Manual de estrategias de intervención en actividad física, deporte y valores. Madrid: Editorial Síntesis.

Kahne, J., Nagaoka, J., Brown, A., O'Brien, J., Quinn, T., y Thiede, K. (2001). Assessing after-school programs as contexts for youth development. Youth & Society, 32(4), 421-446.

Lee, O., y Martinek, T. (2009). Navigating two cultures: An investigation of cultures of a responsibility-based physical activity program and school. Research Quarterly for Exercise and Sport, 80(2), 230-240.

Mantecón, L., Sainz, B., Talegón, J., Arribas, H., de las Heras, A., Blas, D., et al. (2006). Actividad física con menores internados: un proceso de responsabilidad compartida. Revisión de cinco años de experiencia. En E. Gamero Casado, J. Giménez Fuentes-Guerra, M. Díaz Trillo, P. Sáenz-López Buñuel y J. Castillo Algarra (Eds.), Violencia, Deporte y reinserción social (Vol. 47, pp. 195-215). Madrid: Ministerio de Educación y Ciencia. Consejo Superior de Deportes.

Martinek, T., y Parker, M. (2000). Mentor programs. En D. Hellison, N. Cutforth, J. Kallusky, J. Martinek, M. Parker y J. Stiehl (Eds.), Youth Development and Physical Activity: Linking Universities and Comunities (pp. 155-178). Champaing: Kinetics.

Martinek, T., Ruiz, L., y Aparicio García-Molina, V. A. (2009). Deporte, responsabilidad y grupos marginales: el papel de la investigación centrada en la comunidad. En J. A. Moreno Murcia y D. González-Cutre Coll (Eds.), Deporte, Intervención y transformación social (pp. 307-334). Rio de Janeiro: Shape Editora.

Pardo, R., y Bodin, D. (2010). La actividad físico-deportiva como ámbito privilegiado para la integración de jóvenes socialmente desfavorcidos. El caso de los inmigrados. En F.

Checa y Olmos, A. Argona Garrido y J. Checa Olmos (Eds.), Transitar por espacios comunes. Inmigración, salud y ocio (pp. 201-230). Barcelona: Icaria.

Perrenoud, P. (1997). Vers des pratiques pédagogiques favorisant le transfert des acquis scolaires hors de l'école. Pédagogie collégiale, 10(3), 5-16.

Prat, M., y Soler, S. (2003). Actitudes, valores y normas en la Educación Física y el Deporte. Barcelona: INDE.

Rubio, M. J., y Varas, J. (2004). El análisis de la realidad en la intervención social (3ª ed.). Madrid: Editorial CCS.

Ruiz, L. M., Rodríguez, P., Martinek, T., Schilling, T., Durán, L. J., y Jiménez, P. (2006). El Proyecto Esfuerzo: un modelo para el desarrollo de la responsabilidad personal y social a través del deporte. Revista de Educación, 341, 933-958.

Sandín, M. P. (2003). Investigación cualitativa en educación: fundamentos y tradiciones Madrid: McGraw-Hill.

Santos Pastor, M., y Sicilia Camacho, A. (1998). Actividades físicas extraescolares: Una propuesta alternativa. Barcelona: INDE.

Sicilia Camacho, A. (2005). Los centros escolares y las actividades físicas extraescolares. Retos y posibilidades para el profesorado. En N. J. Bores Calle (Ed.), La formación de los educadores de las Actividades Físico-Deportivas Extraescolares (pp. 67-94). Palencia: Patronato Municipal de Deportes.

LA COEDUCACIÓN COMO INSTRUMENTO PARA LA INTEGRACIÓN EN LA ACTIVIDAD FÍSICA Y EL DEPORTE

Pedro Ángel Valdivia Moral
Grupo de Investigación HUM 653
David Molero López-Barajas
Tomás Campoy Aranda
Amador Jesús Lara Sánchez
Universidad de Jaén

1. Introducción

A lo largo de la geografía e historia de los pueblos y naciones, varones y mujeres han sido sometidos a un proceso de socialización diferencial que los destinaba a tareas de vida y biografías enfrentadas y excluyentes (Lillo, Brotons y Simón, 2006). Son muchos los factores en los que se han establecido estos roles: familia, mundo laboral, medios de comunicación, deporte, etc. En estos ámbitos se aprende qué es lícito e ilícito sentir, pensar y hacer en función del sexo. La socialización llevada a cabo, fomenta modelos de interrelación personal entre los sexos que perjudica a mujeres (situándolas en posiciones de dependencia) y a los varones (suprimiendo su potencial emotivo y cuidador) como consideran Freixas, García, Jiménez, Sánchez y Santos (1993). La coeducación es un proceso intencional para evitar discriminación, llevando a cabo acciones positivas que tampoco supongan un acto de discriminación hacia el sexo contrario (Freixas et al. 1993).

A pesar de la unión entre Educación Física (de ahora en adelante EF) y coeducación, a través de este capítulo se pretende mostrar como la coeducación trasciende de las aulas y polideportivos de los centros escolares y se puede trabajar en otros ámbitos de la Actividad Física (en adelante AF) y del deporte. La coeducación puede favorecer su presencia en el ámbito deportivo mediante la práctica de deportes alternativos que permitan la práctica conjunta del mismo en ambos géneros. También tiene un peso importante dentro de las actividades físicas en la naturaleza, como son las actividades en la naturaleza (senderismo, orientación, etc.). Así mismo, encontramos espacios como las escuelas municipales multideportivas, donde chicos y chicas durante la infancia se inician en la práctica de diferentes deportes de una forma conjunta mediante el trabajo de la Educación Física de Base. Dentro de las edades adultas, también es importante la coeducación ya que son estas personas quienes tienen más asentados los estereotipos de género, así, en estas edades se puede comprobar que la mayoría de practicantes de actividades rítmicas, como aerobic o bailes tradicionales, son mujeres. A llegar a la vejez y dentro de los programas de AF para mayores, también podemos comprobar que la mayoría de participantes son del género femenino, comprobando así el peso de los estereotipos de género.

Por tanto, las pautas metodológicas que se pueden derivar de la lectura de este capítulo, no solo van dirigidas al profesorado de EF. También están enfocadas para los docentes deportivos, monitores y monitoras de tiempo libre, profesionales de la animación turística de actividades en el medio natural y responsables de actividades rítmicas y/o geronto-gimnasía.

Cabe señalar que a lo largo del texto se tratarán los términos "sexo" y "género", desde el punto de vista sociológico el término sexo es entendido como característica biológica que distingue al varón de la mujer. Género, hará referencia a la forma en que estas diferencias biológicas se interpretan y se traducen en comportamientos, actitudes, valores, expectativas sociales, etc., propias de hombres y mujeres (Freixas et al. 1993; Mosquera y Puig, 1998; Lillo et al., 2006; Martínez-Galindo, 2006).

2. Antecedentes Históricos

En Grecia ya se prohibía la participación de las mujeres en los Juegos Olímpicos y en la edad moderna es conocida la oposición de Pierre de Coubertain a la participación de las mismas (Vázquez, 2002; González-Boto, Salguero, Tuero y Márquez, 2003).

Según Freixas et al. (1993), el discurso social generado en el siglo XVIII con los planteamientos sobre la igualdad de los individuos constituye el comienzo de la argumentación a favor del derecho a la educación de la mujer. Sin embargo, ya desde entonces se plantea una contradicción entre las ideas y la realidad que aún no ha sido superada totalmente (Freixas et al., 1993). Durante el siglo XIX, existía una fuerte polarización de lo masculino y lo femenino, estableciéndose prescripciones muy concretas respecto a las actividades físicas que las mujeres podrían realizar, no encontrándose el deporte inicialmente, al ser considerada una práctica virilizante contraria a la condición femenina, ya que suponía romper con la imagen de mujer ideal: delicada, frágil sensible, dependiente y obediente (Llorente, 2002).

Durante el primer tercio del S.XX la EF femenina tenía contenidos diferenciados a la masculina, trabajando la danza, gimnasia rítmica y sueca, por otro lado, la masculina desarrollaba un modelo deportivo y para militar (Zagalaz et al., 2000). Según Llorente (2002) durante las dos primeras décadas la presencia de la mujer en el mundo deportivo fue muy escasa, limitándose la participación a hacer acto de presencia. En 1928 la mujer participa en las Olimpiadas de Ámsterdam, en contra de la opinión del Barón de Coubertain, que hizo saber su contrariedad pidiendo que fueran excluidas por serle perjudicial a los juegos.

Ya en el régimen franquista en cuanto a la práctica de deportes para la mujer, se recomendó que practicaran aquellos que no exigían esfuerzos grandes ni movimientos bruscos, estos eran, el baloncesto, balonmano, voleibol y en segundo plano la natación, tenis, esquí y montañismo (Llorente, 2002). Además, la misma autora indica que otros como el boxeo, ciclismo y ciertas pruebas de atletismo fueron prohibidos para la mujer, de modo que no se incorporaron hasta 1962. Respecto a la literatura deportiva de la época se destinaba al varón. Tan solo, en algunos casos tenían un pequeño apartado para la mujer, tratando los límites, riesgos y adaptaciones necesarias. Los libros de gimnasia iban destinados para ellas y aludían a los beneficios de ésta para conseguir la feminidad, por lo tanto el deporte eran un gran creador de estereotipos de género.

En los años 80, se promulgó la Ley de Cultura Física y Deporte, que reorganizó las competencias en materia de deporte escolar, asumiendo los gobiernos autónomos plenos poderes en EF y Deporte, de modo que cada comunidad autónoma orientaba sus políticas deportivas.

A comienzos del siglo XXI la situación y el estatus social de las mujeres son uno de los indicadores más expresivos de los cambios y de progreso en las sociedades avanzadas. Situación que, sin embargo, se ve constantemente amenazada sobre todo por la incorporación a estas sociedades de representantes de otras culturas que no comparten los mismos puntos de vista al respecto (Vázquez y Alfaro, 2006). La participación de la mujer en el deporte va cambiando a medida que lo hace su rol social, aunque la participación del género femenino se ha visto frenada por los mitos que describe Vázquez (2002):

- El deporte masculiniza a las mujeres.
- Es peligroso para su salud.
- Las mujeres no tiene capacidades para el deporte.
- Las mujeres no tienen interés por el deporte.

Actualmente, estos mitos están siendo socialmente desterrados, junto con las diferencias encontradas en diversos trabajos de investigación que demuestran que estas afirmaciones no son ciertas. Sin embargo, aunque la mujer practica multitud de deportes, siguen encontrando barreras en muchos de ellos.

3. La Coeducación en las Actividades Físico-Deportivas

Llegados a este punto se hace necesario aclarar que se entiende por coeducación. Según Martínez-Galindo (2006), coeducar significa enseñar a valorar, tanto a chicos como a chicas los rasgos de carácter positivo de los modelos femenino y masculino haciendo entender a ambos que no se trata de eliminar formas de comportamiento femeninas, sino de hacer participar a los chicos de las ventajas que contienen las formas de conducta que hasta ahora han sido consideradas exclusivamente propias de mujeres, es decir, valorar el modelo femenino al igual que ha sido valorado hasta ahora el masculino. En esta misma línea Lillo, Brotons y Simón (2006), indican que se debe cuestionar tanto el modelo tradicional masculino como el tradicional femenino ya que ambos son insuficientes y limitan el desarrollo personal. Tal y como indican Valdivia, Sánchez, Alonso y Zagalaz (2010), la coeducación atiende a factores importantes en la formación de los individuos, como son, la afectividad, emociones y valores morales.

Desde la pedagogía y la EF son varios los autores (Subirats y Brullet, 1988; Vázquez, 1990; Castillo, Martínez-López y Zagalaz, 2010) que identifican las diferencias entre educación mixta y coeducación, no aceptando que la educación mixta conseguida con la

Ley General de 1970 aportara consigo la coeducación. Siguiendo este acertado planteamiento se indica que la educación mixta es una organización formal que resulta de la coexistencia de alumnos y alumnas en el mismo centro compartiendo el mismo curriculum, y que deberá conllevar un trato de igualdad entre unos y otras. Sin embargo, la mera reunión de chicos y chicas en una misma clase y sometidos a un mismo programa de EF no resuelve el problema de la discriminación por sexo. De hecho, a supuesto la incorporación de las alumnas al modelo educativo masculino considerado como universal, lo que constituye una discriminación y negación del modelo femenino que existía entonces (Vázquez, 1990).

Las consecuencias que se extraen de la interacción motriz de ambos sexos se pueden comprobar en diversas investigaciones. En esta línea, Fasting (1989) pone de manifiesto lo siguiente:

- Los chicos monopolizan el juego en deportes de equipo y en los juegos colectivos privan a las chicas de la oportunidad de acceder a la práctica.
- Los chicos ignoran o molestan a las chicas y les limitan el comportamiento y ridiculizan a menudos sus esfuerzos sometiéndolas a un acoso verbal, emocional y físico.
- Los chicos dominan los papeles de líderes y desprecian a las chicas, y éstas asumen de subordinadas y se infravaloran en las situaciones mixtas.
- Las chicas están menos implicadas activamente y logran menos resultados en las situaciones mixtas que en las de un solo sexo.
- Las chicas y los chicos interactúan según los modelos tradicionales estereotipados.

Por lo tanto, entender la coeducación como una reunión de chicos y chicas en un mismo espacio y animarlas a ellas a que participen en igualdad en las actividades físicas y deportivas no sólo no ayuda a superar la discriminación en las relaciones de género, sino que contribuye a potenciarla. La instrucción coeducativa implica educar conjuntamente a las chicas y chicos procurando que se den las condiciones para que tengan una igualdad de oportunidades real, a través del respeto y la valoración de las características de ambos grupos y de cada persona en particular (Valdivia, 2010). Se entiende por situaciones que favorecen la coeducación todas aquellas que son críticas con los estereotipos sexistas y favorecen unas relaciones de género simétricas.

Cabe indicar que la práctica de AF acusa un retraso respecto a la EF en el campo de la coeducación. Como se ha podido comprobar la práctica mixta de EF no conlleva coeducación. Por lo tanto, la práctica conjunta de AF no conlleva unas relaciones de igualdad entre sexos. Así, se puede afirmar que las actividades físico-deportivas están más alejadas de la coeducación que la EF, ya que si en los centros escolares se permite la práctica conjunta, el caso de la AF no es así. Como veremos posteriormente, existen pocos deportes que permitan una práctica conjunta dentro de su reglamento, así como con otras actividades que siguen un camino similar.

3.1. Qué es y qué no es coeducación

Una vez expuesta la situación actual, es necesario realizar un análisis de *qué es* la coeducación *qué no es*, para posteriormente establecer diferentes estrategias dentro del campo de la AF. El instructor debe guiar sus acciones para poder conseguir la coeducación. La convivencia mixta en un ambiente de enseñanza no significa que se consiga la coeducación. En primer lugar abordaremos qué no es coeducación según las características que marcan Freixas et al. (1993):

- La coeducación no es solamente la enseñanza mixta, es decir, la práctica que consiste en que el alumnado comparta el espacio, reciba el mismo tipo de instrucción y se sometan a las mismas exigencias. Otra cosa es que sea imprescindible la enseñanza mixta para que exista un planteamiento coeducativo.

- La coeducación no es enseñanza uniforme. No se trata de que todo el mundo sea igual, sino de que cada persona sea quien desea ser, desde la vivencia de su propio sexo y una positiva comunicación con la otra persona. La coeducación no persigue la indiferenciación sexual, sino la igualdad de derechos de hombres y mujeres.

- La coeducación no es solamente la igualdad de oportunidades, ya que añade cuestiones relativas a la dimensión psicológica del desarrollo: autoconcepto, dinámica de la convivencia entre los dos sexos, comunicación interpersonal, ética relacional, etc.

Veamos ahora que se entiende por coeducación siguiendo a Freixas et al. (1993):

- La coeducación supone y exige una intervención explícita e intencionada que ha de partir de la revisión de las pautas sexistas de la sociedad y de las instituciones en que se desarrolla la vida de los individuos, especialmente de las instituciones vinculadas a la tarea de la educación, ya que desde ellas se construyen y transmiten los estereotipos de los masculino y lo femenino.

- Se incide sobre las actitudes, los discursos y los comportamientos no solo del alumnado, sino también del profesorado ya que la educación es un proceso de comunicación.

- La coeducación parte de la aceptación del propio sexo y de la asunción social de su identidad, de tal modo que cada individuo pueda construir su identidad social desde un autoconcepto sexual positivo y saludable, desde el principio de no discriminación.

- Supone y exige situaciones de igualdad real de oportunidades académicas, profesionales y sociales, de tal modo que nadie parta de una situación de desventaja o tenga que superar especiales dificultades para llegar a los mismos objetivos.

- La coeducación propicia una comunicación entre los sexos basada en el respeto mutuo, el conocimiento acertado, en la aceptación convivencial y el dialogo creativo. La búsqueda de la convivencia enriquecedora e igualitaria sólo puede hacerse efectiva desde una acción solidaria y no antagónica.

Pautas para trabajar la coeducación	
Descubrir:	-Las diferencias entre igualdad formal y real.
	-Las barreras que impiden la equidad entre sexos.
	-Las diferencias entre sexo y género social.
	-Los estereotipos que limitan el crecimiento personal.
Proponer:	-La visión transversal de género para entender la realidad.
	-La correspondencia como norma.
	-Soluciones a la discriminación mediante acción positiva.
Adquirir:	-Una actitud de rechazo frente a los comportamientos sexistas.
	-Habilidades para la prevención y resolución pacífica de los conflictos de convivencia.
Reforzar:	-Los derechos y deberes equivalentes para mujeres y varones.
	-Los valores propios de la igualdad de oportunidades.
	-Las habilidades necesarias para la autonomía personal.
Practicar:	-La escucha activa y toma de la palabra.
	-La expresión de opiniones sin agresión o temor.
	-La empatía y otras capacidades afectivas.

Tabla 1. Pautas para trabajar la coeducación (Fuente: Lillo, Brotons y Simón, 2006).

Una vez clarificadas las características que inciden en la coeducación, siguiendo a Lillo, Brotons y Simón (2006), destacamos las principales pautas para desarrollarla en la Tabla 1. Según Soler (2006), es necesario analizar la actividad física desde dos perspectivas simultáneamente: a) como espacio de reproducción y perpetuación de los modelos tradicionales de género, y; b) como espacios de resistencia y cambio de estos modelos hegemónicos. Las diversas situaciones que pueden resultar se pueden dar simultáneamente y son las siguientes (Soler, 2006):

1. Contradicción entre las creencias, discursos y actuaciones del instructor. El instructor manifiesta verbalmente una postura favorable a los planteamientos coeducativos, de la igualdad de oportunidades entre niños y niñas, y de la ruptura de los estereotipos tradicionales. Sin embargo, su práctica diaria y sus creencias (curriculum oculto) no va en consonancia.

2. Comportamientos e interacciones de los niños y niñas dispares. Dentro del grupo se encuentran sujetos con una forma de actuar y relacionarse muy diversa. En algunos casos mostrando actitudes y comportamientos favorables al cambio y al

respeto mutuo, y en otros mostrando gestos y acciones que suponen una auténtica presión e incluso exclusión de la actividad.

3. Resistencia a cambiar el modelo tradicional: conflicto I-A (Instructor/a-Alumnado). Situación en que el instructor pretende favorecer el cambio, pero la mayoría del grupo tiende a la reproducción, resistiéndose a un cambio del modelo tradicional de esa práctica. Esta resistencia conlleva un conflicto entre instructor y alumnado. Por ejemplo en juegos tradicionales se asignan diversos roles por tradición y no se es consciente de las transmisión de estereotipos de género que se producen.

4. Resistencia a aceptar el modelo tradicional. Situación en la que parte del alumnado se resiste a adoptar el modelo tradicional de la práctica en cuestión. Esta resistencia conlleva también un conflicto entre alumnado e instructor si éste persiste en el modelo tradicional. En este caso, Soler (2006) indica que resistencias pueden ser tanto las oposiciones frontales a la tarea como aquellas que llevan al alumnado a la frustración, oposición o abstención de la tarea. Por ejemplo la oposición de ciertos padres a que sus hijas practiquen deportes como el fútbol.

5. Situación desfavorable al cambio. Situación en la que tanto el instructor como el alumnado reproducen uniformemente las pautas culturales de género tradicionales. Por ejemplo, cuando tanto el reglamento como el alumnado se oponen a realizar competiciones en equipos mixtos.

6. Situación favorable al cambio. Situación en la que tanto el instructor como el alumnado tienden a superar y cambiar las pautas culturales de género tradicionales. Por ejemplo, cuando varón mayor accede a practicar bailes de salón.

3.2. Pautas de promoción de actividad física desde la coeducación

En la actualidad, a pesar de los avances siguen presentes algunos obstáculos para la participación de las mujeres en el deporte (Vázquez, 2002). Por ejemplo, el mayor peso de las tareas domesticas sigue recayendo sobre la mujer, lo que hace que tenga menor tiempo libre (Valdivia, 2010). Por su parte, Hargreaves (1993) indicaba como el mundo del deporte ponía de manifiesto otros problemas subyacentes de la mujer derivados del ocio y del trabajo. Como ejemplo podemos citar a Soler (2006), que indica que se pone en evidencia la distinta valoración del tipo de juegos, ya que el fútbol -considerado una actividad masculina- tiene una consideración social mucho más alta que, por ejemplo, saltar a la cuerda, considerada como una actividad femenina.

Como vemos en la Tabla 2, Miranda y Antúnez (2006), a partir de diversos autores, realizan una clasificación de diversas cualidades físicas y deportes relacionados con un sexo u otro, condicionados en muchos casos por influencias sociales.

Clasificación de Cualidades Físicas y Deportes			
CUALIDADES FÍSICAS		DEPORTES	
MUJERES	HOMBRES	MUJERES	HOMBRES
Motricidad Fina	Motricidad Gruesa	Gimnasia	Fútbol
Coordinación	Fuerza	Natación	Boxeo
Flexibilidad	Velocidad	Patinaje	Lucha Grecorromana
Equilibrio	Masa Muscular	Tenis	Rugby
Creatividad		Baloncesto	Halterofilia
		Atletismo	Ciclismo
		Golf	Baloncesto
		Danza	Balonmano

Tabla 2. Clasificación de Cualidades Físicas y Deportes (Miranda y Antúnez, 2006).

Existe una coincidencia general en ambos sexos de que los chicos realizan más actividad física que las chicas (Blández, Fernández y Sierra, 2007). Por otro lado, a medida que se incrementa la edad son más las mujeres que dejan de practicar actividad física. En la etapa universitaria existe un incremento del número de mujeres que abandonan la práctica de actividad física (Douthitt, 1994; Jaffee y Richer, 1993). Por lo tanto es necesario que siguiendo el estudio de Fernández et al. (2006), se extraigan las líneas de intervención como aplicaciones al fomento de la actividad física tanto en mujeres como en hombres jóvenes. Las líneas propuestas por estos autores son las siguientes:

I. Los programas de promoción de actividad física dirigidos a adolescentes en su conjunto, han de integrar actuaciones específicas adecuadas a los diferentes perfiles del adolescente. Se debe considerar aspectos como la edad, la vinculación con la práctica, el modelo deportivo, concediendo prioridad a los jóvenes que se encuentran en períodos de transición (adolescencia temprana y tardía), a las chicas inactivas y a aquellas enroladas en un modelo de competición, para prevenir el abandono.

II. Debe favorecerse la toma de conciencia por parte de los instructores y los responsables de la institución deportiva. Así se promueve el desarrollo e implementación de propuestas que palien la intensificación de las desigualdades de género que se produce en estas edades en relación con la práctica de actividades-físico-deportivas. Un primer paso se orienta a incorporar esta problemática dentro de las acciones de formación inicial y permanente de monitores y profesores.

III. Realizar una revisión crítica del curriculum de EF escolar, tanto en su fase de diseño como en su desarrollo, de forma que se incorporen de forma efectiva los intereses y preocupaciones de las jóvenes respecto a la actividad física, explorando e indagando las posibilidades que ofrecen distintas acciones de EF dirigidas específicamente a las chicas.

IV. Orientar las propuestas de intervención con los adolescentes también hacia el desarrollo de la competencia motriz. Fundamentalmente en el caso de aquellos inactivos y/o menos hábiles, de forma que puedan proporcionarse y vivenciarse experiencias de éxito vinculadas al disfrute con la actividad física. Actitud ésta que se configura como clave para lograr una relación estable y duradera con la práctica.

V. Incorporar en los programas como estrategia de intervención con los adolescentes, una amplia variedad de actividades que permitan atender las diferentes necesidades individuales tanto de chicos como de chicas, así como la heterogeneidad en sus niveles de habilidad.

VI. Fomentar en los adolescentes la adquisición de una progresiva autonomía, tanto en el diseño como en la puesta en práctica de sus propios planes de actividad física. Se debe integrar a su vez estrategias para la autoplanificación del tiempo libre, entre las que se incluya la realización de ejercicio físico regular como componente de un estilo de vida físicamente activo.

VII. Impulsar también la orientación hacia el logro como un valor fundamental a desarrollar en los programas de promoción de actividad física. Incluso dentro del modelo deportivo recreativo, aspecto éste que podría relacionarse con el dominio de la tarea y la orientación de la competición desde una perspectiva de excelencia (competición consigo mismo - autosuperación).

VIII. Implementar estrategias efectivas para lograr que las chicas cuenten con el apoyo social necesario para la práctica de actividad física, incorporando, además de actuaciones dirigidas a los padres, propuestas específicas orientadas a la mejora del apoyo social del grupo de amigas. Este último grupo de propuestas han de incidir en el fomento de la capacidad de liderazgo y la promoción de modelos de vida activa entre las jóvenes.

IX. Incluir dentro de estas intervenciones y a partir de su relación con la actividad física como eje clave, otros aspectos vinculados con la adopción de un estilo de vida saludable y que son críticos en esta etapa. El fomento de la autoestima, el desarrollo de una imagen corporal positiva y la adopción de hábitos de nutrición saludables.

X. Establecer los cauces apropiados para coordinar las actuaciones implementadas en estos programas con la oferta de actividades físico-deportivas de la comunidad y las infraestructuras y recursos deportivos que existen. Se trata de una forma de aunar los esfuerzos en la misma dirección en lo referido a la problemática de la práctica de actividad física mixta en la adolescencia.

El desarrollo de programas específicos que sigan estas pautas no se ha abordado aún en España aunque se reconoce su importancia (Fernández et al., 2006). Existen programas de intervención a nivel local o regional que promocionan la actividad física de una manera general y en edad escolar (Fernández et al., 2006), un buen ejemplo son los programas de "Deporte en la escuela" que se desarrollan en centros escolares en horario no lectivo. Según Floyd (2008), el deporte extraescolar incrementa la autoconfianza de las chicas y especialmente los que se realizan a diario aportan muchas oportunidades de practicar deporte al alumnado.

Por último se debe además destacar las diferentes formas de discriminación que existen en la actividad física hacia la mujer. Siguiendo a Zagalaz (2005), se destacan las siguientes formas de discriminación:

a) Negación a un acceso equitativo a las instalaciones deportivas.

b) Financiamiento de eventos deportivos relacionados con la mujer.

c) Dificultades para la práctica deportiva en edades que sobrepasen los 40 años.

d) Menor difusión de los éxitos deportivos femeninos en los espacios de periodismo deportivo.

4. Actividades que fomentan la participación de ambos sexos en la actividad física y el deporte.

Son muchas las actividades que fomentan la participación motriz conjunta entre ambos sexos. Entre ellas, se destacan las clases de EF, las escuelas multideportivas y actividades en el medio natural como pueden ser los campamentos. Ello requiere un análisis pormenorizado de cada una de ellas para conocer su influencia en las relaciones entre ambos sexos dentro de la actividad física y deportiva. Sin embargo, existen otras actividades que también fomentan las relaciones entre sexos y que dado su actual auge en España merecen una mención aparte. Nos referimos a juegos y deportes alternativos que recogen en su reglamento una práctica conjunta. Las chicas muestran gran interés y motivación en este tipo de deportes (Lara, Zagalaz, Martínez y Berdejo, 2010), que son de gran utilidad para facilitar su integración en las actividades físico-deportivas.

Aunque estos deportes sean mixtos, ello no quiere decir que se trabaje la coeducación. Para conseguir un trabajo coeducativo se deben llevar a cabo estrategias metodológicas por parte de los docentes como se ha visto anteriormente. Se describen brevemente los siguientes deportes: *Ultimate*, *Kinball* y *Balonkorf*; los cuales se presentan a continuación.

4.1. Ultimate

El *Ultimate* es un deporte integrado que abarca habilidades de otros deportes (Tejada, 2010). Este deporte trabaja cualidades físicas y diferentes habilidades motrices para manejar la recepción y lanzamiento del móvil. Además es un deporte en el que la agresividad está controlada ya que no está permitido el contacto físico entre jugadores, ni arrebatar el disco a un jugador una vez lo tiene en sus manos.

En este deporte se enfrentan dos equipos que luchan por un móvil, el *frisbee*. Para conseguir un punto, un equipo debe hacer que uno de sus jugadores reciba un pase dentro de la zona delimitada para tal efecto. Una de las características de este deporte es la ausencia de árbitros, por lo que se fomenta el espíritu de juego y respeto mediante el autoarbitraje (Tejada, 2010). Además, es imprescindible que sus equipos sean mixtos (Cidoncha y Díaz, 2009). El reglamento del ultimate se puede consultar en la página Web de la Federación Internacional del Disco Volador (www.wfdf.org). Su expansión en España está en pleno auge siendo 17 los clubes integrados en la Federación Española del Disco Volador.

4.2. Kinball

El *Kinball* es un deporte procedente de Canadá, donde se creó en 1986 por Mario Demers (Lara et al., 2010). Este deporte, creado bajo las premisas de la competitividad, trabajo en equipo y salud, es jugado simultáneamente por tres equipos mixtos de 4 jugadores en un mismo espacio de juego. Destaca la dimensión del balón que posee 1,22 m. de diámetro. Este deporte facilita la integración de los sujetos menos hábiles mediante la inteligencia táctica y el "*fair play*". Por lo tanto, es un deporte a tener en cuenta no solo desde el punto de vista del género, sino dentro del grado de desarrollo motriz que pueden mostrar los distintos practicantes.

Coincidimos con Lara et al. (2010) en afirmar que este deporte muestra múltiples ventajas físicas, psicológicas y sociales, además se aumenta la variedad de actividades que se ofertan a ambos sexos para su práctica. Para conocer el desarrollo de este deporte y su reglamento se recomienda visitar la página *Web* de la Federación Internacional de Kinball (www.kin-ball.com).

4.3. Balonkorf

En este deporte al igual que el baloncesto, se enfrentan dos equipos que intentan encestar más veces la pelota que el equipo contrario. El balonkorf equilibra las diferencias físicas del alumnado de ambos sexos en cuanto a la aptitud física se refiere (Rodríguez, Quintana, Lindell, Barrera y Gómez, 2007). Es un deporte de cooperación-oposición donde los jugadores van cambiado de rol, así mismo, fomenta el trabajo de la táctica mediante la ocupación de espacios libres (Cumellas y González, 2000). El aspecto diferenciador del balonkorf que encontramos en su reglamento además de competir dos equipos mixtos, es la imposibilidad de que un jugador pueda emparejarse defensivamente con alguien de diferente sexo (Rodríguez et al., 2007).

Es un deporte en el que las reglas favorecen la colaboración entre los miembros del equipo donde la participación de ambos sexos se hace en igualdad de condiciones, además la agresividad está muy controlada mediante la regla del "defendido" (Rodríguez et al., 2007). Para conocer las características técnicas de este deporte se recomienda consultar el reglamento oficial de la International Korfball Federation.

5. Referencias Bibliográficas

Blández, J., Fernández, E. y Sierra, M. A. (2007). Estereotipos de género, actividad física y escuela: La perspectiva del alumnado. *Profesorado. Revista de Curriculum y Formación del profesorado, 11*(2), 1-21. . Extraído el 7 de febrero de 2011 de: http://www.ugr.es/~recfpro/rev112ART5.pdf

Castillo, M. A., Martínez-López, E. J. y Zagalaz, M. L. (2010). Analysis of the physical education teachers opinion from the Lakes Region (Chile) about the classes based on a mixed modality. *Journal of Sport and Health Research, 2*(2), 77-94.

Cidoncha, V. y Díaz, E. (2009). Un deporte de competición: El ultimate. *Lecturas: Educación Física y Deportes/Revista Digital,* 130. Extraído el 7 de febrero de 2011 de http://www.efdeportes.com

Cumellas, M. y López, J. (2000). El korfbal, un deporte ideal para practicar en los centros de enseñanza. *Lecturas: Educación Física y Deportes/Revista Digital,* 25. Extraído el 7 de febrero de 2011 de http://www.efdeportes.com

Douthitt, V. L. (1994). Psychological determinants for adolescent exercise adherence. *Adolescence, 115,* 711-722.

Fasting, K. (1989). Women's Lives – Consequences for Leisure and Sport. *Nytt om Kvinneforskning, 13*(4), 18-26.

Fernández, E., Vázquez, B., Camacho, M. J., Sánchez Bañuelos, F., Martínez de Quel, O., Rodríguez, I., Rubia, A. y Aznar, S. (2006). La inclusión de la actividad física y el deporte en las mujeres adolescentes: estudio de los factores clave y pautas de intervención. En B. Vázquez (Coord.), *Las mujeres jóvenes y las actividades físico-deportivas* (pp. 19-64). Madrid: Consejo Superior de Deportes.

Floyd, P. (2008). A feminist investigation of sixth grade girls perceived confidence and competence as they move from a gender integrated to a gender segregated physical education class. Tesis Doctoral. University of South Carolina: Columbia.

Freixas, A., García, E., Jiménez, J. R., Sánchez, J. L. y Santos, M. A. (1993). *La coeducación, un compromiso social.* Sevilla: Instituto Andaluz de la Mujer.

González-Boto, R., Salguero, A., Tuero, C. y Márquez, S. (2003). La coeducación en Educación Física como reto para superar la discriminación por razón de sexo: Condicionantes históricos e indicadores actuales. *Actas del V Congreso de Educación Física y Deporte Escolar. "Dimensión Europea de la educación física y el deporte escolar. Hacia un espacio europeo de educación superior".* Valladolid: AVAPEF, 391-395.

Hargreaves, J. (1993). *Problemas en el ocio y los deportes femeninos.* Madrid: La Piqueta.

Jaffee, L. y Ricker, S. (1993). Physical activity and self-esteem in girls: The teen years. Melpomene. *Journal for Women's Health Research, 12,* 19-26.

Lara, A., Zagalaz, M. L., Martínez, E. J. y Berdejo, D. (2010). Non-Traditional Sports at school. Benefits for Physical and motor development. *Journal of Physical Education and Sport, 29*(4), 47-51.

Lillo, J., Brotons, P. y Simón, M. N. (2006). Teoría y Práctica de la Coeducación. Alicante: Diputación Provincial de Alicante.

Llorente, B. (2002). La coeducación en el deporte en la edad escolar. *Jornadas de deporte escolar*. Bilbao.

Martínez-Galindo, C. (2006). *Motivación, coeducación y disciplina en estudiantes de Educación Física*. Tesis Doctoral. Universidad de Murcia: Murcia.

Miranda, N. E. y Antúnez, M. S. (2006). Los Estereotipos de Género en la Prácticas de Actividades Físicas y Deportivas. En *Anais de VII Seminario Fazendo Gênero*. Florianópolis: Universidade de Santa Catarina.

Mosquera, M. J. y Puig, N. (1998). Género y edad en el deporte. En M. García-Ferrand, N. Puig y F. Lagardera (Eds.), *Sociología del deporte*. Madrid: Alianza Editorial.

Rodríguez, M, Quintana, R., Lindell, O., Barrera, A. y Gómez, A. (2007). El balonkorf: Un deporte mixto para el fomento de la coeducación. Una propuesta didáctica. *Lecturas: Educación Física y Deportes/Revista Digital, 104*. Extraído el 7 de febrero de 2011 de http://www.efdeportes.com

Soler, S. (2006). Actitudes y relaciones de niñas y niños ante contenidos de la educación física en primaria estereotipados por el género: el caso del fútbol. En *Las mujeres jóvenes y las actividades físico deportivas* (pp. 119-150). En Vázquez, B. (Coord.). Madrid: Consejo Superior de Deportes.

Subirats, M. y Brullet, C., (1988). *Rosa y azul. La transmisión de los géneros en la escuela mixta*. Madrid: Instituto de la Mujer. Ministerio de Cultura.

Tejada, C. (2010). *Ultimate Frisbee. Cartilla Guía*. Universidad de Antioquia: Medellín.

Valdivia, P. A. (2010). *La coeducación en el sistema educativo español. Un análisis desde la Educación Física*. Jaén: Asociación Didáctica Andalucía.

Valdivia, P. A., Sánchez, A., Alonso, J. I. y Zagalaz, M. L. (2010). La coeducación en el área de Educación Física en España: una reseña histórica. *Cultura, Ciencia y Deporte, 14*(5), 77-83.

Vázquez, B. (1990). La coeducación en Educación Física. Algunas reflexiones. En: *Cursos Emakunde. Primer postgrado de coeducación. Hacia una escuela coeducadora*. Álava: UPV, p. 291 - 297.

Vázquez, B. (2002). La mujer en ámbitos competitivos: el ámbito deportivo. *Faisca: Revista de altas capacidades*, 9, 56-69.

Vázquez, B. y Alfaro, E. (2006). Presentación. En *Las mujeres jóvenes y las actividades físico deportivas*. En B. Vázquez (Coord.), *Las mujeres jóvenes y las actividades físico-deportivas* (pp. 9-18). Madrid: Consejo Superior de Deportes.

Zagalaz, M. L. (2005). Discriminación de la mujer en el deporte. En M. L. Zagalaz, E. J. Martínez-López y P. A. Latorre (Eds.), *Respuestas a la demanda social de actividad física* (pp.55-64). Madrid: Gymnos.

Zagalaz, M. L., Arteaga, M., Cepero, M., Martos, M. M., Moreno, R. y Rodrigo, M. (2000). Los temas transversales, interdisciplinariedad y Curriculum oculto en Educación Física. En M. L. Zagalaz y M. Cepero (Eds.), *Educación Física y su Didáctica. Manual para el maestro generalista* (pp. 293-318). Jaén: Jabalcuz.

BILINGÜISMO: FACILITAR EL APRENDIZAJE DE OTRA LENGUA A TRAVÉS DE LA EDUCACIÓN FÍSICA Y EL DEPORTE

Javier Gutiérrez de Castro
David Molero López-Barajas
Javier Cachón Zagalaz
Mª Luisa Zagalaz Sánchez
Universidad de Jaén

1. Introducción

En este capítulo vamos a tratar la importancia de la Educación Física (EF) para el aprendizaje o adquisición de una lengua distinta a la materna o de origen.

Hemos hecho algunos trabajos en la UJA sobre temas lingüísticos, tales como la edición del libro Trovapaz (2009), que es un canto a la paz por medio de poesías escritas por poetas de reconocido prestigio[8], o un trabajo de EF y literatura que ganó el premio CAL de la Consejería de Cultura de la Junta de Andalucía (Zagalaz & Sancho, 2005), por eso siguiendo esa línea de jugar con las palabras, lo mismo que jugamos con las actividades físicas, hemos convenido que uniendo ambas cuestiones sería posible favorecer el aprendizaje de otra lengua en las clases de EF. Eso es lo que trataremos de evidenciar en este capítulo.

Para ello comenzamos con una revisión inicial de la literatura para conocer el valor de la práctica deportiva en la actualidad y los distintos objetivos que se pueden alcanzar con su realización. Además nos adentramos en la EF como materia escolar y como área instrumental para la obtención de los objetivos distintos a los específicos de esta asignatura, como es la adquisición o domino de una lengua extranjera.

Vamos a considerar todo el marco legal que rodea a la enseñanza bilingüe así como las aportaciones y posibilidades entorno a la EF relacionada con la enseñanza de un nuevo idioma.

En definitiva lo que buscamos con este capítulo, es demostrar que la EF como área de conocimiento y como práctica deportiva es una herramienta bastante útil para el aprendizaje o mejora de una lengua extranjera y que ha de ser utilizada no sólo para fines físicos si no también cognitivos.

---

[8] Para este proyecto se reunieron cinco grandes poetas; cuatro de distintas partes de la Península y representan a las cuatro lenguas mayoritarias del país (castellano, catalán, gallego y euskera). A ellos se han añadido otros de habla árabe, inglesa y china. Juan Kruzt Igerabide, Miquel Desclot, Antonio García Teijeiro, Ana María Romero Yebra y Abdul Hadi Saadoun se intercambian y ponen voz a sus poemas, tres de cada uno, traducidos a las cuatro lenguas restantes.

2. Desarrollo: La Educación Física, el deporte y el bilingüismo

En la actualidad, la mayoría de la población mundial le dedica algún tiempo al deporte, en mayor o menor medida. Existen varios motivos generales para ejercer la actividad física, a parte de aquellos específicos y personales de cada uno, y se pueden agrupar como sigue:

- Se practica actividad física porque es una buena manera de aprovechar el tiempo libre y escapar a los problemas cotidianos.
- Hay deportistas profesionales que se dedican íntegramente a la práctica de sus especialidades.
- Otros sujetos hacen deporte por afán de competir y vencer.
- Algunos porque directamente los médicos aconsejan su práctica regular.
- Y por último porque la EF está también incluida en las materias obligatorias en la Educación Primaria y Secundaria.

Por lo que no cabe duda que el deporte es una parte indispensable estilo de vida establecido en la sociedad actual y que el inglés ha entrado a formar parte de nuestro vocabulario en mayor o menor medida, sobre todo en el argot deportivo.

Por otra parte, la lengua es un medio de comunicación común para más de seis mil millones de habitantes de la Tierra. Sin embargo, son diferentes los usos del idioma en ciertos sectores.

Si hablamos del lenguaje deportivo, uno de sus rasgos característicos es la alta presencia de voces extranjeras, la mayoría provenientes del inglés, tales como adrenalina, ace, bádminton, birdie, club, coach, chut, derbi, dopar, fairplay, fan, gol, handicap, jockey, lider, open, penalty, polo, rally, ring, rugby, sprint, team, tenis, tie break, water polo y un largo etc.

El predominio de esta lengua tiene varias razones. En Inglaterra nacieron muchos deportes modernos, por lo que eran los ingleses los que establecieron sus reglas y crearon las primeras organizaciones deportivas. Además el propio carácter del idioma inglés, específicamente su importancia en el mundo, su creatividad y adaptabilidad, le facilitan la penetración al sector deportivo.

Otras lenguas no son tan potentes como la inglesa, aunque tienen las mismas raíces que el castellano, por ejemplo el francés, cuyas palabras también salpican nuestro idioma, como tournée, surmenage, portedrapeau, debacle, chance, affaire; e italianas como libero, catenacio o maglia rosa. En las modalidades de lucha encontramos palabras del japonés, tales como sambo, obi, kimono, kendo o ken. El latín ha resistido el tiempo de los siglos y conservado unos pocos vocablos como exaequo, criterium, junior, senior.

Si nos adentramos en el mundo de la educación y atendemos a Alcaraz & Moody (1983), el objetivo fundamental de las lenguas extranjeras, es la formación de personas bilingües, es decir, capaces de dominar a parte de su lengua de origen otras distintas, y que por tanto se pueda comunicar utilizando cualquiera de ellas.

En las últimas décadas se ha producido un auge de modelos de enseñanza bilingües en muchos países de Europa como una forma de mejorar el conocimiento de una o más lenguas extranjeras. En España, en concreto, estos modelos son relativamente recientes y no ha sido hasta hace pocos años, que comunidades autónomas como Andalucía han puesto en marcha importantes proyectos de educación bilingüe a gran escala.

Es decir, al igual que ocurre en algunos países del continente europeo, se ha reconocido la importancia que el aprendizaje de las lenguas extranjeras constituye y que se trata de una prioridad para la enseñanza. Una de las formas de conseguir este objetivo y que un idioma distinto al materno se convierta para los estudiantes en un verdadero medio de comunicación, consiste en impartir la docencia de diversas materias curriculares utilizando una lengua extranjera.

Estos modelos de enseñanza bilingües están encuadrados en el Marco común europeo de referencia para las lenguas (2002), que es el resultado de más de diez años de investigación llevada a cabo por especialistas del ámbito de la lingüística aplicada y de la pedagogía, procedentes de los cuarenta y siete estados miembros del Consejo de Europa.

Se inscribe dentro de la política lingüística del Consejo de Europa (2002) que persigue los siguientes objetivos:

- Proteger y desarrollar la herencia cultural y la diversidad de Europa como fuente de enriquecimiento mutuo.
- Facilitar la movilidad de los ciudadanos así como el intercambio de ideas.
- Desarrollar un enfoque de la enseñanza de las lenguas basado en principios comunes.
- Promover el plurilingüismo.

Se ha elaborado pensando en todos los profesionales del ámbito de las lenguas modernas y pretende suscitar una reflexión sobre los objetivos y la metodología de la enseñanza y el aprendizaje de lenguas, así como facilitar la comunicación entre estos profesionales y ofrecer una base común para el desarrollo curricular, la elaboración de programas, exámenes y criterios de evaluación, con el fin último de facilitar la movilidad de los ciudadanos europeos tanto en el ámbito educativo como en el profesional.

Dicho marco constituye un instrumento de obligada consulta y de gran utilidad para todos aquellos que trabajan en la formación del profesorado, el diseño de programas y exámenes y la elaboración de manuales y materiales didácticos.

Asimismo el Marco común europeo, tiene como uno de sus objetivos el promover el plurilingüismo. Por eso en su capítulo 8º, titulado *"La diversificación lingüística y el currículo"* que está principalmente dirigido a autoridades educativas, se detiene a analizar las consecuencias de la diversificación de la enseñanza de lenguas y las políticas educativas en relación con el enfoque plurilingüe y pluricultural.

Este enfoque se puede ver reflejado como sigue:

"El enfoque plurilingüe enfatiza el hecho de que conforme se expande la experiencia lingüística de un individuo en los entornos culturales de una lengua, desde el lenguaje familiar hasta el de la sociedad en general, y después hasta las lenguas de otros pueblos, el individuo no guarda estas lenguas y culturas en compartimentos mentales estrictamente separados, sino que se desarrolla una competencia comunicativa a la que contribuyen todos los conocimientos y las experiencias lingüísticas y en la que las lenguas se relacionan entre sí e interactúan".

En España, en concreto en Andalucía, como se ha dicho, se han implantado secciones bilingües que parten de la definición de Siguan & Mackey (1986, p. 62) para quienes el bilingüismo es un sistema en el que la enseñanza se lleva a cabo en dos lenguas, una de las cuales es, normalmente, aunque no siempre la primera lengua del alumnado.

El 2 de Marzo de 1998 se puso en marcha un protocolo de colaboración entre la Consejería de Educación y Ciencia de la Junta de Andalucía y el Ministerio de Asuntos exteriores de la República Francesa, para la implantación y desarrollo de servicios bilingües español-francés en centros escolares de Andalucía. La gran novedad que contempla este programa es la impartición, como mínimo, de un área de conocimiento en lengua francesa.

Tras la valoración positiva del Programa bilingüe español-francés, el 26 de Septiembre de 2000 la Consejería de Educación y Ciencia de la Junta de Andalucía firmó un protocolo de colaboración similar con el Cónsul General de la República Federal Alemana y el Director de Goethe-Institut de Alemania en Madrid, para la implantación y desarrollo de servicios bilingües español-alemán en centros escolares de Andalucía.

Lo que caracteriza al Programa bilingüe es la enseñanza y el aprendizaje de determinadas áreas de conocimiento en dos lenguas y no sólo un incremento del horario de la segunda lengua (lengua extranjera). Esta segunda lengua es por lo tanto, una lengua instrumental, de aprendizaje, paralela a la primera lengua.

Entre los objetivos generales del Plan podemos destacar los aspectos más relevantes:

- Ampliación del número de horas dedicadas al estudio de las lenguas en el currículo escolar (mediante la anticipación lingüística en edades tempranas, aprendizaje de áreas no lingüísticas en lengua extranjera).
- Establecimiento de una red de 400 centros bilingües en los que se utilizará la enseñanza de la lengua extranjera en distintas áreas y materiales del currículo.
- Anticipación de la primera lengua extranjera en Educación Infantil y primer ciclo de Educación Primaria.

- Implantación progresiva de la flexibilidad del horario escolar para posibilitar una exposición del alumnado de Educación Secundaria a la lengua extranjera durante todos los días lectivos.
- Elaboración de adaptaciones curriculares para el alumnado con necesidades educativas especiales, principalmente en centros bilingües.
- Reforma y ampliación de la educación a distancia.
- Fomento de intercambio del alumnado y profesorado con carácter general y, especialmente de los centros incorporados al Plan de Fomento del Plurilingüismo.
- Extensión progresiva del Programa "Idiomas y Juventud" a 30.000 jóvenes andaluces.
- Impulsión a los programas de campamentos de verano de idiomas para alumnos y alumnas de enseñanza obligatoria.
- Creación de una comisión para el desarrollo de un nuevo diseño curricular integrado de lenguas.
- Apertura de una línea de investigación para la experimentación e importancia del Portafolio Europeo de las lenguas en todo el ámbito educativo.

Por tanto, y de acuerdo con Verdú & Yvette (2002, p. 76) si admitimos que aprender una lengua es saber utilizarla con propósitos comunicativos y, si consideramos que los alumnos, en cuanto a la educación obligatoria se refiere (Primaria y ESO) cuenta con al menos dos horas a la semana con esta materia en su horario para su aprendizaje, la mejor manera de conseguirlo es enseñando dicha lengua, no en sí misma sino como herramienta para el desarrollo de otras tareas y aprendizajes.

Los principios metodológicos que de acuerdo con estos autores nos parecen más apropiados para la enseñanza de una lengua a estudiantes de educación obligatoria, fundamentalmente derivan de las orientaciones conocidas como *enfoques por tareas* publicadas por Estaire & Zanón (1994) y, por otro lado, las *programaciones basadas en "topics"* o temas publicado por Holderness (1991).

Desde la aparición de las primeras metodologías comunicativas la evolución de este enfoque ha llevado a grandes cambios con respecto a lo que se empezó haciendo en las aulas. Sin embargo son numerosos los docentes que todavía siguen programando atendiendo únicamente a nociones, funciones y estructuras. Esto reduce muchas veces aquello que se va a aprender a un catálogo de unidades y contenidos conceptuales, cuando, principalmente en los niveles iniciales, debería ser todo lo contrario, es decir, una materia de contenidos instrumentales donde lo que se aprende se demuestra haciendo cosas con la lengua, no diciendo cosas sobre ella.

En conclusión hay que concebir la enseñanza-aprendizaje de una lengua extranjera como un proceso de participación guiada, lo que requiere una didáctica o metodología en la que se combina el traspaso de responsabilidad del profesor a los alumnos con el uso instrumental de la lengua extranjera.

Por lo que si atendemos a lo expuesto por López del Castillo (2008) la política lingüística que se está instaurando en la mayoría de los centros educativos a través del Plan de Fomento del Plurilingüismo rompe con la tradicional separación que se lleva a cabo en la enseñanza-aprendizaje de las lenguas y, en este sentido, ha propuesto un nuevo modelo curricular, el currículo integrado, para todas las lenguas, materna o extranjeras, y para todas las etapas y modalidades educativas que englobe, además de los contenidos lingüísticos que han de figurar en los currículos de lenguas, y en otras competencias cognitivas.

Desde el área de EF, se debe contribuir a la mejora de las competencias tanto en la primera (lengua materna) como en la segunda (lengua extranjera) lenguas, mediante el desarrollo de competencias metalingüísticas.

La EF bilingüe trabaja y fomenta el ámbito intercultural, enseñando juegos de culturas anglosajonas incluso de países europeos y africanos donde el inglés, es lengua oficial (siempre que se trata del aprendizaje de la lengua inglesa), e impulsa el desarrollo integral del alumnado para que promueva valores como: la justicia, tolerancia y solidaridad.

La adquisición de una segunda lengua supone aprender el idioma en situaciones comunes, y el área de EF es uno de los lugares más propicios para aprender y poner en práctica un segundo idioma. Para ello podemos utilizar algunos aspectos prácticos durante la clase.

El profesor utilizará las primeras sesiones para presentar algunas rutinas e instrucciones que aunque al principio pueden parecer complicadas con el uso diario pasarán a se comunes y todos los alumnos las utilizaran sin ninguna dificultad. El uso diario de estas rutinas hace que el alumno sin darse cuenta y de forma natural vaya adquiriendo una gran cantidad de vocabulario de forma lúdica y en espacio abierto, de esta manera el uso y aprendizaje de una segunda lengua no se limita solo al trabajo dentro del aula.

Usando distintas expresiones de manera cotidiana estamos consiguiendo que nuestros alumnos amplíen el vocabulario de la segunda lengua de manera bastante significativa. Lo más importante para potenciar la adquisición del segundo idioma es animarles a que nos hablen y se dirijan a sus compañeros en esta nueva lengua, ya que la comprensión lingüística es muy alta, pero la mayor dificultad de nuestros alumnos llega a la hora de tener que comunicarse y, qué mejor momento, que fuera del aula tradicional para animarles a que utilicen un vocabulario cotidiano, mientras juegan, se divierten, y aprenden. Algunas de estas expresiones pueden ser:

Instrucciones: "Instructions"

- Vamos a empezar la clase de EF: "We are going to start our Physical Education lesson".
- Silencio por favor: "Silent please".
- Poned atención por favor: "Pay attention please".

Organización: "Organization for games"

- Sentaos en el suelo: "Sit on the floor".
- Hacer una fila/círculo: "Make a line/circle".
- Preparados, listos, ya: "Ready, steady, go".

Órdenes: "Orders"

- Vamos al gimnasio: "Let´s go to the gym".
- Pásame la pelota: "Pass me the ball".

Finalizando la clase: "Ending your lessons"

- Hoy no tenemos más tiempo: We don´t have more time.

Además de utilizar expresiones diarias, otra forma de potenciar una EF bilingüe es incluir la mayoría de las actividades en distintas categorías para que cuando los alumnos oigan estas expresiones puedan identificarlas con el tipo de juego o ejercicio que vamos a realizar.

Según Gaunt (2006) algunas categorías pueden ser:

- Juegos de calentamiento - *Warm-up games*

- Juegos de equipo - *Team games*

- Juegos de circuito - *Circuit games*

- Juegos de corro - *Circle games*

- Juegos de cuerda - *Jump rope rhymes*

- Juegos de palmadas - *Hand clapping games*

- Juegos para desempeñar un rol - *Games to choose a person*

Estas categorías, las podemos incluir en diferentes Unidades Didácticas que realizaremos durante el curso.

Para López del Castillo (2008) otro aspecto importante para adquirir el vocabulario propio es mostrar y nombrar en inglés todo el material que se utiliza en la clase de EF.

Existe la posibilidad de trabajar con fichas conceptuales en las que aparece diverso material. Pero estas actividades son las que habitualmente realizan dentro del aula, por lo tanto otra forma de aprender el vocabulario puede ser cantar canciones inventadas por el profesorado con el nombre de los materiales más usuales, lanzar un objeto al aire y el alumno que antes lo atrape dirá el nombre en inglés.

Dependiendo del ciclo de enseñanza en el que nos encontremos y en el caso de que nuestros alumnos presenten dificultades para seguir toda la clase en inglés, podemos explicar la mitad de los juegos en español y la otra mitad en inglés.

Tenemos que tener en cuenta que cuando se explica en inglés, hay que intentar gesticular en exceso para que la expresión oral no sea el único medio de comunicación, fundamentalmente en las primeras sesiones o en las primeras etapas de aprendizaje y así no hará falta la utilización de la lengua materna, excepto para casos excepcionales, donde no haya más remedio que usarla.

Para López del Castillo (2008) los objetivos que podemos conseguir, dentro del área de EF, con la enseñanza bilingüe son:

1º Mejorar las competencias lingüísticas del alumnado que aprende una lengua extranjera a través de la práctica de juegos en inglés.

2º Introducir los juegos populares dentro del currículum integrado a través de la EF.

3º Eliminar los sesgos sexistas y estereotipados de las relaciones entre mujeres y hombres que muchos juegos populares españoles llevan implícitos y que al traducirlos y transformarlos en inglés desaparecen.

4º Demostrar que la EF puede formar parte del currículo integrado.

5º Utilizar canciones en inglés para la expresión corporal que cantarán los alumnos.

Estos cinco objetivos, además de todos los específicos que se deben conseguir con la EF, sea impartida de forma bilingüe o no.

3. Conclusiones

Para finalizar diremos que los alumnos que participan de una enseñanza bilingüe dentro del área de EF, por lógica y pura exposición a una determinada fuente de conocimiento, tienen un mayor bagaje de conceptos en este caso de lengua inglesa que los que no participan, además de una concepción más amplia y global de la utilidad de una lengua extranjera más allá conceptos. Es interdisciplinariedad, transculturalidad e innovación.

En estos casos existe también una mayor predisposición de los alumnos hacia la lengua inglesa y hacia sus tradiciones culturales, además de una concepción más amplia y global de la utilidad de una lengua extranjera más allá de los conceptos que esta englobe.

Asimismo la continua utilización de expresiones de saludo, despedida, elogios…, se ve reflejada en la utilización de dichas expresiones por parte de los alumnos de forma espontánea en las clases de EF y de inglés, aspecto fundamental para la adquisición de una nueva lengua.

Otro aspecto a destacar es que existe una mejora significativa con respecto a la pronunciación fonética de términos y un aumento de vocabulario por parte del alumnado, lo que les hace sentirse capacitados para expresarse con esta nueva lengua y ser comprendidos. Para esto se recomiendo el visionado de acontecimientos deportivos narrados en inglés.

Por todo lo expuesto, podemos concluir que el área de EF, tanto como ámbito de conocimiento, como de práctica deportiva potencia de forma significativa el aprendizaje de una segunda lengua, y proporciona al alumnado una serie de aptitudes y actitudes para la utilización del idioma. Lo más importante es que los alumnos se siente desinhibidos para hablar inglés en la clase de EF.

4. Referencias Bibliográficas

Alcaraz, E. & Moody, B. (1983). *Didáctica del Inglés. Metodología y programación.* Madrid: Alhambra.

Consejo de Europa (2002). *Marco común europeo de referencia para las lenguas: aprendizaje, enseñanza, evaluación.* http://cvc.cervantes.es/obref/marco.

Estaire, S. & Zanón, J. (1994). *Planning Classwork.* Atask-based Approach, Oxford: Heinemann.

Holderness, J. (1991). Activity-based teaching: approaches to topic-centred work. *Teaching English to children. From practice to principle.* London.

López del Castillo, C. (2008). La EF y el bilingüismo. Práctica deporte y aprende inglés. En *Revista Digital Educación y Futuro,* 1-5. ISSN: 1695.4297 http://www.cesdonbosco.com/revista/articulos2008/mayo08/m%C2%AAcarmen.pdf.

Siguán, M. & Makey, W.F. (1986). *Éducation et bilinguisme.* París: UNESCO; Lauzanna: Delachaux & Niestlé.

Verdú, M. & Yvette, C. (2002). *La enseñanza del inglés en el aula de primaria: propuesta para el diseño de unidades didácticas.* Universidad de Murcia.

VVAA (2009). Trovapaz: Poesía, Valores, Multilingüismo. Universidad de Jaén: Jaén.

Zagalaz, M.L. (1995). Incidencias de la Literatura Infantil en la Educación Física (Interdisciplinariedad en la Escuela). Actas al II Congreso Nacional de Educación Física de Facultades de Educación y Escuelas Universitarias de Magisterio. Universidad de Zaragoza: Zaragoza-Jaca.

Zagalaz, M.L. & Sancho, M.I. (2005). *La actividad física en los textos de la literatura infantil y juvenil.* Proyecto Premiado por la Consejería de Cultura de la Junta de Andalucía. Málaga.

LA INVESTIGACIÓN EN ESPAÑA EN TORNO AL DEPORTE COMO HERRAMIENTA DE INTERVENCIÓN EN LOS CENTROS PENITENCIARIOS

Bruno García-Tardón
Alejandro Viuda-Serrano
Universidad Camilo José Cela

1. Introducción

Desde que en 1986 Mercedes Ríos estudiara la implantación de un programa de actividades físico-deportivas en el *Centre Penitenciari de Detenció de Dones* de Barcelona, la investigación sobre la utilización del deporte en centros penitenciarios españoles ha ido creciendo en estos 25 años, tanto en número como en diversidad de enfoques. Trataremos en estas líneas de describir la evolución de este tipo de estudios en nuestro país que, a pesar del tiempo transcurrido, aún se encuentran en fase de desarrollo dada la escasa nómina de autores que han focalizado su interés en el ámbito penitenciario. Confiamos en que publicaciones como esta redunden en un aumento de la producción científica sobre el tema, así como en un mejor entendimiento de un hecho social de creciente importancia, la realidad carcelaria española. Esta constituye un reto para nuestra sociedad si atendemos al número cada vez mayor de personas en situación de privación de libertad. Los datos de febrero de 2011[9] cifran el número de reclusos en 63.067.

La administración penal española está dirigida por la Secretaría General de Instituciones Penitenciarias dependiente, a su vez, del Ministerio del Interior. Existe una excepción en el territorio nacional, pues Cataluña tiene transferidas las competencias de administración de centros penitenciarios de acuerdo al Real Decreto 3482/1983, de 28 de diciembre, sobre Traspasos de Servicios del Estado a la Generalitat de Cataluña en materia de administración penitenciaria.

Ya el artículo 25.2 de la Constitución Española, dentro de su capítulo segundo, "Derechos y libertades", del título I "De los derechos y deberes fundamentales", afirma[10] que "las penas privativas de libertad y las medidas de seguridad estarán orientadas hacia la reeducación y reinserción social y no podrán consistir en trabajos forzados". (Constitución Española, 1978, artículo 25.2).

Sin embargo, será la Ley Orgánica 1/1979, de 26 de septiembre, General Penitenciaria (LOGP en adelante), la que marque un antes y un después en la manera de enfocar la actividad deportiva en los centros penitenciarios de nuestro país. De hecho, para Castillo el concepto de "prisión moderna" surge en España con esta ley (2006, p. 179). El Reglamento Penitenciario (Real Decreto 190/1996, de 9 de febrero) que desarrolla dicha

---
[9] Fuente: página web de la Secretaría General de Instituciones Penitenciarias.
[10] Dicho artículo se encuentra expuesto en una placa a la entrada de todos los centros penitenciarios visitados para la realización de este estudio.

ley recoge un capítulo de "Formación, cultura y deporte", dentro del título V "Del tratamiento penitenciario". En él se explicita que "las actividades educativas, formativas, socioculturales y deportivas" vendrán determinadas por el Consejo de Dirección "a partir de los programas individualizados elaborados por las Juntas de Tratamiento" (LOGP, 1979, artículo 118); a su vez, se establecen estímulos en forma de "beneficios penitenciarios y recompensas" por el adecuado aprovechamiento de dichas actividades (LOGP, 1979, artículo 119).

A la luz de estos artículos, podemos afirmar que las actividades físico-deportivas que se programan dentro de un centro penitenciario, tal y como se conciben, forman parte del régimen de tratamiento y son convenientemente incentivadas.

Los beneficios que la actividad física puede propiciar en el organismo de quien incluye rutinas deportivas en su día a día han sido ampliamente documentados. La Organización Mundial de la Salud le atribuye beneficios sobre los siguientes factores (WHO, 2011): "La hipertensión; la osteoporosis y el riesgo de caídas; el peso y la composición corporales; los trastornos del aparato locomotor, como la artrosis y las lumbalgias; la salud mental y psíquica, gracias a la reducción de la depresión, la ansiedad y el estrés; y el control de comportamientos de riesgo, sobre todo entre los niños y los jóvenes (por ejemplo, consumo de tabaco, alcohol y otras sustancias, dietas malsanas y violencia)." Especial interés tienen los dos últimos puntos, pues debemos tener en cuenta que la adicción a las drogas "es uno de los problemas principales de la población reclusa" (Castillo, 2004, p. 18) y que, una gran parte del tiempo de su estancia en prisión, la realizan en una celda de dimensiones reducidas.

Por otro lado, esta misma autora describe los beneficios específicos de la práctica deportiva para los reclusos, tales como la elevada motivación, la mejora de la salud, la adquisición de hábitos saludables, la reducción del estrés, la ansiedad o los sentimientos negativos, la socialización, la promoción de los contactos con el exterior o el contrarresto de la cultura carcelaria (Castillo, 2004, p. 171-173).

Diversos autores se aproximan a los factores de reinserción social, reeducación y/o resocialización. García Ferrando y cols. (2009) definen el concepto de socialización como: "la transmisión de las pautas culturales vigentes en un determinado grupo (enculturación) y la interiorización singular que hace de ellas cada persona y que, llegando a formar parte de su personalidad, le capacitan para desenvolverse con eficiencia y soltura en el seno de la sociedad" (García Ferrando et al., 2009, p. 88).

En esta línea Fornons y Medina (2010) defienden que los programas deportivos han sido ampliamente considerados como instrumentos de cohesión social, tanto desde la sociedad civil, como desde el mundo académico u otras instituciones públicas. Maza (2003, 2006) citado por Fornons y Medina (2010) profundiza en la misma idea. La actividad física se presume, por tanto, como un potente elemento para trabajar en colectivos de personas presas.

En este sentido, Chamarro (1993) afirma que "la práctica regular y dirigida de actividades deportivas en el seno de la prisión parece ser un importante método educativo y rehabilitador que merece ser ampliamente utilizado" (p. 95).

Arribas y cols. (2008) reivindican la Actividad Física en el medio natural como "un recurso educativo y de inserción social excelente, a pesar de no ser un contenido habitual en los programas educativos con estos colectivos" (p. 33). Ya antes había apuntado Arribas (2001) la necesidad de no plantear la Educación Física como una obligación para que la disposición de los/as menores no sea negativa y se puedan lograr los objetivos previamente establecidos, además de tener en cuenta los intereses de ellos para que puedan servir de "enganche" (Arribas et al., 2001).

Pardo, por su parte, aunque refiriéndose más en concreto a adolescentes en situación de exclusión social, afirma que "la Educación Física, por su potencialidad a la hora de favorecer valores personales y sociales, debería formar parte obligatoria del currículum de las "Escuelas de segunda oportunidad" (Pardo, 2008; p. 390). También en una línea similar a lo apuntado por el grupo de Arribas (2001), afirma como recomendación (entre otras) que la opinión de los sujetos objeto del programa deportivo también es importante, no "debiendo crear un muro de separación entre ellos y el profesor" (Pardo, 2008; p. 395).

A partir de estas bases, trataremos de describir la evolución de la investigación en cuanto a la actividad física en los centros penitenciarios en nuestro país.

2. La investigación sobre la actividad física en los centros penitenciarios de España

La especificidad del ámbito penitenciario implica que el desarrollo de cualquier actividad deportiva deba tener en cuenta las características concretas en cuanto a instalaciones, normativas y posibilidades de los reclusos.

En el Acuerdo de colaboración entre el Consejo Superior de Deportes y la Dirección General de Instituciones Penitenciarias, firmado por ambos organismos en julio de 2005 y que refuerza su colaboración desde 1983, se afirma que "la formación físico-deportiva es un aspecto fundamental de la formación integral de las personas privadas de libertad".

Muriel (2008) establece que "en el proceso de resocialización es imprescindible integrar en la persona los sentimientos de aceptación y de respeto hacia los demás. Si pretendemos que alguien pueda convivir de nuevo en sociedad, una de las primeras cosas que debemos inculcarle es el respeto hacia sí mismo, y claramente el deporte contribuye a ello, primero construyendo las bases de una actitud positiva hacia los aspectos físicos, higiene, hábitos de alimentación, esquema corporal, conocimiento del cuerpo, etc., para avanzar conjuntamente en conceptos más generales que implican a "los otros", solidaridad, respeto a las normas, habilidades sociales, etc. Es decir, la práctica deportiva no sólo influye positivamente en la mejora física, sino que también, y esto es relevante, se producen una serie de cambios psicológicos y sociales de gran valor para el individuo y, por tanto, para la sociedad" (Muriel et al., 2008, p. 7).

Castillo (2004) en sus conclusiones también destaca la importancia de la actividad física como transmisora de valores educativos positivos[11]. En esta línea argumenta que el deporte en un centro penitenciario "ayuda al interno a adaptarse a su entorno, tanto dentro, como –lo que es aún más importante- fuera de la prisión" (Castillo, 2004 p. 172). Detalla también algunos de los beneficios sociales que se obtienen de esta práctica: "el individuo aprende a aceptar y cumplir reglas, y a pertenecer y colaborar con un grupo; a relacionarse con la comunidad; requisitos fundamentales para vivir en sociedad. En definitiva, el deporte contribuye a la socialización de la persona internada en prisión" (Castillo, 2004, p. 172). El grupo de Arribas (2001) también aboga por la necesidad de que exista un sistema de intervención más amplio para que realmente pueda darse esta resocialización de la persona.

No podemos obviar, sin embargo, algunas conclusiones contrarias, como la de Ríos (1986): "desmitifico la función resocializadora de la actividad física en prisión. Hasta que no exista una política social no se conseguirá la "anhelada reinserción del interno". Por tanto, es iluso pretender, dada la situación actual de los establecimientos penitenciarios españoles, que la actividad física, por sí sola, alcance tal objetivo" (Ríos, 1986; p. 58). Es reseñable el amplio espacio de tiempo que ha transcurrido desde la publicación de este artículo, con los cambios asociados que han ido produciéndose. Sin ir más lejos, el ya comentado de la transferencia de competencias a la *Generalitat* de Cataluña[12], que obliga a una diferenciación en lo que a tratamiento de internos se refiere y su consiguiente estudio académico. Pero no es menos cierto que este apunte de Ríos habrá de tenerse en cuenta en todo tipo de programas deportivos en centros penitenciarios así como en su posterior evaluación y, si se diese el caso, investigación científica.

Según Mercedes Ríos (2001), los programas de Educación Física en centros penitenciarios tienen justificación por "ser un medio educativo" que contribuye al aumento de la calidad de vida y favorece la reeducación y la rehabilitación. Por otro lado, compensa "algunos síntomas de la privación de libertad" (citada en Ríos, 2004, p. 73).

Las características que los programas de Educación Física en el ámbito penitenciario deben tener, también fueron definidas por Ríos (1997) y concretadas en las siguientes necesidades:

- Estudio del medio, para poder comprender el fenómeno penitenciario
- Programación teniendo en cuenta el contexto y las características de la población reclusa
- Análisis de las posibilidades materiales y espaciales disponibles

---

[11] Compartimos el argumento de Santos Guerra (2006): "Creo que la expresión educar en valores encierra una redundancia. ¿En qué otra cosa se podría educar? ¿Sería realmente educación? Educar de espalda a los valores o en contra de los valores sería deseducar, ineducar o, sencillamente, instruir" (Santos Guerra, 2006, p. 32).
[12] Recordemos que el estudio de Ríos (1986) se llevó a cabo a mediados del año 1984, pocos meses después de las transferencia de competencias a la Comunidad Autónoma de Cataluña.

- Detección de los intereses y necesidades de los internos mediante la participación activa
- Integración en el programa de tratamiento penitenciario (citada en Ríos, 2004).

La primera investigación realizada dentro de un centro penitenciario en España tiene como protagonista precisamente a Mercedes Ríos, profesora de la Universidad de Barcelona. El estudio se llevó a cabo en el Centre Penitenciari de Detenció de Dones de Barcelona y consistió en la aplicación de un programa de actividades físico-deportivas en una prisión de mujeres, durante poco más de un mes. Trataba de establecer, desde un punto de vista sociológico, los condicionantes de la práctica deportiva y sus efectos en el desarrollo personal de las penadas (Ríos, 1986). Las actividades deportivas que se tuvieron en cuenta para la realización de la investigación fueron: gimnasia jazz, baloncesto y gimnasia de mantenimiento.

Resulta complicado extrapolar los resultados de este estudio a otros centros penitenciarios, sobre todo si se trata de hombres. No debemos olvidar, además, el hecho de que las competencias de administración penitenciaria en esa Comunidad Autónoma estaban recién transferidas a la *Generalitat* de Cataluña cuando se llevó a cabo el estudio, por lo que también deberían tomarse con cautela los resultados obtenidos si se trata de comparar con otros establecimientos penitenciarios del resto del territorio nacional.

En todo caso, la autora concluye que "no tiene fundamento alguno afirmar que la actividad física transfiere mejoras en la conducta habitual de las internas" (Ríos, 1986, p. 58) y relativiza "la función resocializadora de la actividad física en prisión" afirmando que la actividad física, por sí sola, no puede alcanzar tal objetivo (Ríos, 1986, p. 58). No obstante, a pesar de tan gruesas afirmaciones, se concluyó que la actividad física podía ser un eficaz instrumento para el aumento de la "humanización y mejora de la vida en prisión", la "prevención de la salud" y la consecución de un cierto "bienestar físico y psicológico" (Ríos, 1986, p. 58).

Mercedes Ríos se adelantó en sus propuestas a hechos que hoy son una realidad, proponiendo ideas tan reseñables como la organización de "cursillos de monitores deportivos, entrenadores, árbitros…", la "creación de clubs deportivos como posible fórmula de readaptación social" o "animar a los equipos externos al Centro Penitenciario para que 'jueguen' con los internos dentro y fuera de la prisión" (Ríos, 1986, p. 58). Sin duda, a partir de los planteamientos de Ríos han surgido las investigaciones posteriores, y algunas de sus propuestas se han ido haciendo realidad por la actuación de las autoridades penitenciarias y/u otras entidades colaboradoras.

Respecto a la relación de los internos con el exterior podemos destacar el reportaje publicado en 2007, en *Cuadernos de Pedagogía*, por Lourdes Martí Soler, en el cual se reseña la actividad que se llevó a cabo en la Universidad de Barcelona, donde unos internos del centro penitenciario de Quatre Camins participaron en una yincana organizada por alumnos de dicha universidad. Un mes después fueron los mismos alumnos quienes devolvieron la visita al centro penitenciario. Las coordinadoras de estas actividades fueron la citada Mercedes Ríos y Celia Ávila, su interlocutora en el centro penitenciario de Quatre Camins. No es despreciable el dato de que este artículo se hizo eco de la edición número 13, habiendo existido, obviamente, doce anteriores. Información detallada de estos encuentros y los objetivos concretos que se pretenden, se pueden encontrar, de primera mano, en el documento publicado por Ríos en *Tandem* (2004, pp. 69-82), "La educación física en los establecimientos penitenciarios de Cataluña".

Por otro lado, la revista *Realmadrid*, en su número 32 (2010, pp. 30-31), publicó una noticia sobre el partido de fútbol que el equipo de la Universidad Camilo José Cela jugó con el de la escuela de fútbol de la Fundación Real Madrid en el centro penitenciario de Madrid II, el 28 de abril de 2010. La misma noticia apareció también en el diario deportivo *As*, el 29 de abril (As, 2010) y en la página web oficial del Real Madrid (Monge, 2010). Además, se realizaron otras actividades con alumnos de la titulación de Ciencias de la Actividad Física y del Deporte, que acudieron al centro. La más destacable fue la visita a las diferentes instalaciones deportivas del centro, guiada por el Coordinador de Deportes de Madrid II (Instituto de Ciencias del Deporte – UCJC, 2010).

También debe tenerse en cuenta, como ejemplo, otra actividad. En este caso la visita de un grupo de internos de Madrid II a la Universidad Camilo José Cela. En ella se disputó un partido de fútbol sala con el equipo de la mencionada universidad, y se realizó una actividad en la piscina del campus, organizada por varios alumnos de la titulación de Ciencias de la Actividad Física y del Deporte. Fueron ocho los internos que acudieron a la universidad, encabezados por el Coordinador de Deportes del centro (García-Tardón, 2010).

En cuanto a las otras propuestas de Ríos, la creación de clubes deportivos y la impartición de cursillos, nos remitimos a la publicación oficial de la Secretaría General de Instituciones Penitenciarias, "Los programas físico deportivos en los centros penitenciarios" (2008), de Asunción Muriel y cols. En dicha publicación, se habla de "actividades físicas dirigidas a la competición" y se especifica que se realizarán a través de competiciones federadas que "permiten la competición con colectivos no penitenciarios lo que fomenta la relación con el exterior. Para ello, es necesario contar con la colaboración de las Federaciones Deportivas Territoriales que suelen facilitar la participación de los equipos de los centros penitenciarios estableciendo excepciones en la competición" (Muriel et al., 2008, p. 20). Asimismo, dentro del convenio con la Real Federación Española de Fútbol, se especifica la opción de "impartir cursos de formación (monitores de fútbol y fútbol-sala, árbitros y formación reglada deportiva) a internos/as" (Muriel et al., 2008, p. 20).

Todo ello sin olvidar los obstáculos que el deporte de competición encuentra en el medio penitenciario,

- "Movilidad de los internos, frente a la estabilidad que requieren las fichas federadas.

- En ocasiones no todos los internos, por su situación penitenciaria, pueden salir a jugar fuera del Centro Penitenciario.

- El número de extranjeros que quiere participar es, en ocasiones, mayor que el que la normativa de las federaciones permite.

- Si se consigue que los partidos oficiales se disputen todos en el interior del Centro, es necesario hacer frente a gastos extras –compensación a los equipos, pago de arbitraje, etcétera-.

- La infraestructura de algunos Centros Penitenciarios no permite el desarrollo de ciertos deportes a nivel competitivo." (De las Heras, 1993, p. 17).

Parece evidente, por tanto, que al cabo de los años, algunas de las propuestas que suscribió Mercedes Ríos en 1986 han ido desarrollándose, quedando constancia de ello en revistas científicas, de divulgación o, incluso, en publicaciones oficiales.

En cuanto a las investigaciones, han sido varias las tesis doctorales que se han defendido en las universidades españolas y que tienen relación directa con la actividad física dentro de centros penitenciarios (Chamarro, 1997; Castillo, 2003; Martos i García, 2005).

La primera tesis leída en España es la defendida por Andrés Chamarro en 1997, en la Universidad de Salamanca: "Determinantes psicosociales de la práctica de ejercicio físico en un centro penitenciario". Uno de los objetivos principales que persigue el autor es valorar las posibles causas que provocan el alto abandono de las actividades físicas y deportivas dentro de un centro penitenciario, comparando los resultados con estudios en población no reclusa (Chamarro, 1997, pp. 172-173). Esta investigación se llevó a cabo en el Establecimiento Penitenciario de Valencia y obtuvo una muestra de 174 sujetos que completaron todo el programa (desde octubre de 1994 hasta diciembre de 1996). Aunque comenzó con una muestra de 352 sujetos, ésta se redujo casi a la mitad por motivos de diferente índole: excarcelaciones, traslados, abandono del programa, etc. (Chamarro, 1997, pp. 180-181).

Las conclusiones más destacables de la investigación (Chamarro, 1997, pp. 256-257), tienen que ver con aspectos interesantes y novedosos. Chamarro constata que "a medida que se desarrolla el programa supervisado de ejercicio, se produce un abandono progresivo de la práctica del mismo". Sin embargo, se concluye que los internos que participaron en el programa mostraron "una actitud positiva hacia el ejercicio físico", si bien el mantenimiento de una práctica continuada de ejercicio depende "de poseer un hábito de práctica de ejercicio en el pasado". Características del ejercicio como la diversión no parecían influir en la participación de los reclusos en un programa deportivo.

De este estudio debemos destacar el tamaño de la muestra y el intento de encontrar factores que ayuden al mantenimiento de hábitos saludables (como la participación en actividades físicas y/o deportivas). Debemos señalar que en el cuestionario administrado a los internos se solicitaba su nombre y apellidos, eliminando este hecho "toda posibilidad de obtener una respuesta objetiva y libre por parte de los mismos" (Castillo, 2004, p. 20).

Por otro lado, el autor obvia en sus conclusiones la importancia del planteamiento de la propia actividad y la dirección de la misma (por parte del monitor, técnico o entrenador), como argumenta Joaquina Castillo en su monografía "Deporte y Reinserción Penitenciaria" (2004). Esta autora afirma, además: "monitor e investigador son la misma persona, y en ningún momento de la investigación hace referencia a este aspecto" (Castillo, 2004, p. 20).

Chamarro considera que el mantenimiento en la actividad está motivado exclusivamente por "haber realizado ejercicio en la fase de iniciación y de poseer un hábito de práctica de ejercicio en el pasado" (Chamarro, 1997, p. 257). Sin embargo, la presencia de un profesional cualificado en el desarrollo y/o ejecución del programa deportivo se plantea como un hecho de gran importancia. No obstante, es Castillo (2003 y 2004) quien se plantea, en su estudio, trabajar en esta dirección.

Autores como Clarke, Haag y Owen (1986 citados por Castillo, 2004), han resaltado la importancia de tener "monitores con las características profesionales y personales necesarias para ganarse la confianza de los internos y su motivación a participar" (Castillo, 2004, p. 22). Es imprescindible, en nuestra opinión, abordar la presencia de estas figuras en un centro penitenciario para poder referirse al ámbito de la actividad física y del deporte.

Así, el grupo de investigación de Muriel (2008), denomina a esta figura como "Titulado Medio de Actividades Específicas", detallando sus funciones:

- "Elaborar la programación de las actividades deportivas e integrarlas en la programación general del centro penitenciario.
- Coordinar al personal colaborador en la realización de las actividades físico deportivas.
- Supervisar el equipamiento y el material disponible, proponiendo su reparación o adquisición.
- Realizar el seguimiento y la evaluación de los internos que participan en los diferentes programas deportivos.
- Elaborar las estadísticas e informes que le sean solicitados" (Muriel et al., 2008, pp. 23-24).

Además, esta figura genera cierta controversia en su denominación pues, aunque aparece en diversos estudios, no hemos localizado esta nomenclatura salvo en este último estudio. Habitualmente se utiliza la expresión "monitor deportivo" para hacer referencia a este profesional, como comprobamos, por ejemplo, en el trabajo de Castillo (2005, p. 54). Como excepción, Fernández Gavira (2007) se refiere a esta figura como "técnico deportivo de Instituciones Penitenciarias".

Es en el III Convenio Único para el personal laboral de la Administración General del Estado (Resolución de 3 de noviembre de 2009, de la Dirección General de Trabajo), donde queda regulada la presencia de esta figura. Concretamente, en el Anexo I podemos comprobar que estos titulados (titulado medio de actividades específicas) pertenecen al grupo profesional 2, de los cinco que agrupa dicho convenio. Su única función que parece guardar relación con nuestro objeto de estudio es la definida por "actividades ocupacionales, culturales y deportivas de reinserción de internos en centros penitenciarios" (III Convenio Único para el personal laboral de la Administración General del Estado, anexo III).

Por tanto, y a pesar de la poca importancia que ha tenido el estudio de esta figura en los trabajos publicados, consideramos de vital importancia tenerlo en cuenta en el futuro, pues siguiendo a Ríos (2004) y al grupo investigador encabezado por Arribas (2001), son los profesionales de la actividad física y del deporte quienes deberían tener toda la responsabilidad en este campo y no dejarla en manos de otras figuras. Gómez y Garrido (1996) también consideran que uno de los principales problemas del medio es la "insuficiente formación de los/as profesionales" (citados en Arribas et al., 2001, p. 374).

Menos controversia suscita sin duda el efecto que la actividad física y el deporte tienen en la compensación de la subcultura carcelaria. Muchos de los autores revisados coinciden en esta función compensatoria (Ríos, 1986; Chamarro, 1997; Arribas et al., 2001; Castillo, 2003; Castillo, 2004).

Una aproximación a esta realidad es la que encontramos en Ríos (2004) que afirma que la realidad más compleja es la constituida por los internos, que "crean sus propias normas, valores, lenguaje, relaciones y hábitos, al margen del sistema de vida oficial, el cual disciplina la vida en el interior mediante el reglamento penitenciario" (Ríos, 2004). Arribas y cols. (2001) afirman que es en esta subcultura donde se producen "alteraciones de la personalidad: el sujeto pasa de tener conductas problemáticas, delictivas, con fines utilitarios de adaptación a su medio, a adquirir la subcultura de la institución (ya hablemos de cárceles o de centros de menores), interiorizando el comportamiento antisocial (Valverde, 1988). Hablamos de una personalidad alterada que se va fraguando antes, en la interacción entorno social-características individuales, pero que culmina en la institución." (Arribas et al., 2001).

No podemos olvidar tampoco que todas las personas presas están en un medio que les ha sido impuesto, por lo que cualquier actividad que quiera llevarse a cabo deberá serlo teniendo en cuenta que también será una imposición (Arribas et al., 2001; Ríos, 2004). Además, esta circunstancia favorecerá que interioricen "los valores de la subcultura en la que se está inmerso" (Arribas et al. 2001).

Además, el "hábito de práctica deportiva, siempre que se practique respetando las normas propias del deporte, es una actividad con principios opuestos a los propios de la subcultura carcelaria" (Chamarro, 1992, p. 23). Esto supondrá "implantar progresivamente a través de la práctica del deporte un nuevo estilo de relaciones personales basado en una diferente concepción de la realidad del mundo que rodea a la prisión y a la que el interno debe de reincorporarse" (Chamarro, 1992, p. 23).

La mayoría de los estudios sobre el uso del deporte en los centros penitenciarios no contemplan la importancia de los aspectos legales y normativos de aplicación en el medio penitenciario, salvando las tesis de Castillo (2003) y Martos i García (2005). Consideramos de vital importancia para el correcto entendimiento de la realidad social existente en un centro penitenciario, profundizar en los aspectos propios del régimen carcelario. Asimismo, los aspectos históricos del sistema también pueden contribuir a ese entendimiento. Tal es el caso de la reseña histórica[13] de Martos i García (2005).

Como complemento a las investigaciones llevadas a cabo hasta ahora, debería valorarse la inclusión de referencias de la propia Secretaría General de Instituciones Penitenciarias. Autores como Martos i García (2005, p. 566) hacen referencia a la importancia de dicha institución. No obstante, hay que tener en cuenta la dificultad de la obtención de los permisos para la realización de un trabajo de las características de los aquí comentados, por lo que podría ser éste uno de los motivos de no existir ninguna referencia al respecto.

3. Actividad Física y Mujer en los centros penitenciarios.

Aún siendo pocas las investigaciones que se han llevado a cabo en el colectivo de mujeres, consideramos que, la especificidad del tema, merece una consideración singular. Existen dos artículos científicos que hacen referencia, de manera explícita, al colectivo femenino en centros penitenciarios de España (González Aja y Viuda-Serrano, 2008; Castillo y Ruiz, 2010), además de otro de divulgación (Seleme y Viviana, 1992)[14].

En este último se aborda el papel de la mujer y su relación con el deporte en los centros penitenciarios, poniendo como ejemplo el de mujeres de Carabanchel. Las autoras, asimismo, concluyen insistiendo en la necesidad de aumentar el número de monitores y establecer una competición anual de deportes entre centros penitenciarios. Se habla, igualmente, de la importancia de que las penadas y/o preventivas puedan integrarse en cualquier equipo de cualquier centro penitenciario al que fueran trasladadas (Seleme y Viviana, 1992).

Por otro lado, el artículo de González Aja y Viuda-Serrano (2008) se centra en una figura, Concepción Arenal, y su visión de la Educación Física, especialmente "en su relación con la mujer y con el sistema penitenciario" (González Aja y Viuda-Serrano, 2008, p. 5).

Además, en este artículo se hace referencia al perfil de las mujeres presas de la época (finales del siglo XIX) que, curiosamente, concuerda con datos actuales citados por Castillo y Ruiz en 2010. Arenal (1884) citada por González Aja y Viuda-Serrano (2008) afirma que "en España la proporción de criminalidad entre los dos sexos es de *siete* hombres por *una* mujer, y mientras en los hombres la cuarta parte de los delitos son contra las personas, entre las mujeres, uno de trece" (González Aja y Viuda-Serrano, 2008, p. 7). En cambio, Castillo y Ruiz (2010), referenciando datos de los "Informes de la Dirección General de Instituciones Penitenciarias, de los anuarios estadísticos 2004 y 2005 del

---

[13] Martos i García (2005) realiza una extensa descripción histórica del sistema penitenciario español, en su trabajo doctoral.
[14] Sin olvidar el ya ampliamente comentado estudio de Ríos (1986).

Ministerio del Interior y de la página web de Instituciones Penitenciarias (www.mir.es)", apuntan los siguientes números de "reclusos españoles y extranjeros en España, por sexo" (Castillo y Ruiz, 2007, p. 474, tabla 1).

- Reclusos hombres (total): 59.477.
- Reclusas mujeres (total): 5.233.

Por tanto, la proporción, en 2007, es de una mujer encarcelada por doce hombres, disminuyéndose, por tanto, el porcentaje de mujeres presas respecto a los datos de Arenal citados por González Aja y Viuda-Serrano (2008).

Además, Castillo y Ruiz (2010) también hacen referencia al tipo de delito que cometen las mujeres y por el que son condenadas: "en cuanto a los perfiles delictivos, las mujeres reclusas tanto nacionales como extranjeras, a diferencia de los reclusos varones, no suelen cometer delitos violentos. La causa de ingreso en prisión más común es el delito contra la salud pública" (Castillo y Ruiz, 2010, p. 494) coincidiendo también con los datos aportados por González Aja y Viuda-Serrano.

Castillo y Ruiz (2010) encuentran además, una tendencia o relación entre el tipo de delito y la nacionalidad, si bien aclaran que es difícil obtener este dato de manera fiable pues no existe ninguna fuente que cruce ambas variables. Sin embargo, en las entrevistas en profundidad que llevaron a cabo en su estudio observaron que el delito contra "la salud pública" estaba encabezado por la población latinoamericana (especialmente la colombiana). Por el contrario, los delitos de estafa y explotación de personas guardaban una correlación mayor con la población de origen rumano.

Encontramos, por último, un dato interesantísimo en el trabajo de González Aja y Viuda-Serrano (2008), haciendo referencia al interés de Arenal por la Educación Física y, más concretamente, dentro del ámbito penitenciario. Según apuntan los autores, Concepción Arenal fue una eminencia en la materia, siendo internacionalmente reconocida su valía en esta área y participando además en varios congresos. Arenal (1877) citada por González Aja y Viuda-Serrano (2008), afirma que "se habla de varios remedios para conjurar el mal, siendo uno de ellos la gimnasia que, teóricamente al menos, entra en la educación física" (González Aja y Viuda-Serrano, 2008, p. 8).

En 1878, la misma autora concluye: "en los días festivos podría prolongarse el paseo, añadiendo alguna gimnasia, no sólo higiénica, sino terapéutica, respecto a los que de ella tuviesen necesidad y otros ejercicios, todo en armonía con la edad de los reclusos, costumbres del país y sistema penitenciario, y con ventaja como entretenimiento útil a la salud y desarrollo físico, que tan vergonzosamente influye en la moral" (González Aja y Viuda-Serrano, 2008, p. 8).

Parece evidente, por tanto, que en el siglo XIX ya hubo quien se interesó por la presencia de la actividad física (gimnasia "higiénica y terapéutica", además del paseo), dentro de las cárceles españolas. Actividad física que, como hemos ido comprobando hoy es una realidad mucho más generalizada, si bien (también hemos comentado) existen críticas al respecto.

4. Conclusiones

Las conclusiones principales que extraemos de la evolución de la investigación en torno al deporte como herramienta en los centros penitenciarios se recogen a continuación.

La investigación sobre la actividad física en los centros penitenciarios tiene todavía hoy algunas lagunas importantes que es necesario atajar desde planteamientos científicos. La información que la Secretaría General de Instituciones Penitenciarias, y sus responsables y organismos, pueden aportar a la investigación en este área es un campo poco trabajado y que puede dar datos imprescindibles para futuros estudios.

Es necesaria la introducción y mantenimiento de programas deportivos en centros penitenciarios ya que la actividad física y el deporte, según algunos de los autores citados, es importante en la resocialización, reeducación o reinserción social de los internos. Sin embargo, estos programas deben servir como una herramienta dentro de un proceso global pues, por sí solos, los estudios realizados parecen indicar que no son suficientes. No podemos olvidar tampoco el claro beneficio sobre la salud que estos programas deportivos llevan asociados.

Además, actividades programadas en las que los internos puedan salir al exterior, la creación de clubes deportivos o la programación de cursos de capacitación (de entrenador o árbitro) pueden ser de vital ayuda en la consecución de los objetivos planteados.

La cualificación profesional de las personas responsables de llevar a cabo dichos programas deportivos debe aumentar y ser más específica.

5. Referencias Bibliográficas

Acuerdo de colaboración entre el Consejo Superior de Deportes y la Dirección General de Instituciones Penitenciarias (13 de julio de 2005).

Arribas, H., Mantecón, L., Rodríguez, R. y Sánchez, I. (2001). Exclusión social y actividad física: propuestas de intervención educativa a través de contenidos sociomotrices, en dos contextos diferentes, en Latiesa, M.; Martos, P. y Paniza, JL. *Deporte y cambio social en el siglo XXI*. Madrid: Esteban Sanz, 367-382.

Arribas, H., Blas, D., Cabanas, V., De las Heras, A., Flórez, E. y Talegón, J. (2008). Una puerta (entre)abierta: oportunidades educativas en el medio natural. *Ágora para la Educación Física y el Deporte*, 7-8, 7-34.

Castillo, J. (2003). *El deporte en la reinserción y reeducación penitenciarias*. Tesis doctoral. Universidad Pontificia de Salamanca.

Castillo, J. (2004). *Deporte y reinserción penitenciaria*. Madrid: Consejo Superior de Deportes.

Castillo, J. (2006). El deporte en la prisión española actual, en *Violencia, Deporte y Reinserción Social I*. Madrid: Consejo Superior de Deportes.

Castillo, J. y Ruiz, M. (2010). Mujeres extranjeras en prisiones españolas. *Revista Internacional de Sociología*, 68 (2), 473-498.

Chamarro, A. (1992). Deporte en el medio penitenciario: un nuevo aporte terapéutico. *Cuerpo en Acción. Revista deportiva de Instituciones Penitenciarias*, 2, 21-25.

Chamarro, A. (1993). Deporte y ocio para la reinserción de reclusos: La experiencia del centro penitenciario de Pamplona. *Revista de Psicología del Deporte*, 4, 87-97.

Chamarro, A. (1997). *Determinantes psicosociales de la práctica de ejercicio físico en un centro penitenciario*. Tesis doctoral. Universidad de Salamanca.

Constitución Española de 27 de diciembre de 1978.

De las Heras, P. (1993). El deporte de competición en los centros penitenciarios. *Cuerpo en Acción. Revista deportiva de Instituciones Penitenciarias*, 4, 16-18.

Fernández Gavira, J. (2007). La inclusión social a través del deporte. *Escuela abierta*, 10, 253-271.

Fornons, D. y Medina, FX. (2010). Práctica físico-deportiva en la prisión modelo de Barcelona: comparativas transculturales, en *Actas XI Congreso AEISAD*, 534-542.

García Ferrando, M., Puig Barata, N. y Lagardera Otero, F. (2009). *Sociología del deporte*. Madrid: Alianza Editorial.

García-Tardón, B. (2010). La libertad a través del Deporte, http://www.deportes.ucjc.edu/la-libertad-a-traves-del-deporte-2/, consultada el 2 de enero de 2010.

González Aja, T. y Viuda-Serrano, A. (2008). Concepción Arenal y su visión de la educación física de la mujer en las cárceles en España durante el siglo XIX, en *International Review on Sport and Violence*, http://www.irsv.org/index.php?option=com_docman&task=doc_download&gid=25&lang=fr&2690788e71c8be06946b85a08c14834c=9bfd9daeafbd2241b70c248ac27970cd, consultada el 9 de enero de 2011.

Granero visita Alcalá Meco en la Fundación, *Realmadrid*, núm. 32, 30-31.

Granero visitó ayer la cárcel de Madrid II (29 de abril de 2010), *As*, 18.

Instituto de Ciencias del Deporte (UCJC) (2010). Bruno García Tardón promueve una clase magistral de deporte y sociedad en el centro penitenciario Madrid II, http://www.ucjc.es/blogs/index.php?action=ver&u=inst.-ciencias-deporte&post=248, consultada el 2 de enero de 2010.

Ley Orgánica 1/1979, de 26 de septiembre, General Penitenciaria.

Los hábitos físico deportivos de la población interna en los centros penitenciarios de Andalucia (1998) en *I Seminario sobre dinamización deportiva en los centros penitenciarios de Andalucía*, Instituto Andaluz del Deporte, Junta de Andalucía, 2-20.

Martí Soler, L. (2007). Cuando de lo desconocido crece el afecto. *Cuadernos de Pedagogía*, 372, 18-25.

Martos i García, D. (2005). *Els significats de làctivitat física al poliesportiu d'una presó: una etnografía*. Tesis doctoral. Universidad de Valencia.

Monge, C. (2010). Granero visitó Alcalá Meco. Página oficial del Real Madrid. http://www.realmadrid.com/cs/Satellite/es/1193040472481/1330004032295/noticia/NoticiaFundacionRM/Granero_visito_Alcala_Meco.htm. Consultada el 1 de febrero de 2011.

Muriel, A., Caso, C., Pérez, F., Fernández, F. y Pérez, JA. (2008). *Los programas físico deportivos en los centros penitenciarios*. Secretaría General de Instituciones Penitenciarias: Madrid.

Pardo, R. (2008). *La transmisión de valores a jóvenes socialmente desfavorecidos a través de la actividad física y el deporte. Estudio múltiple de casos: Getafe, L'Aquila y Los Ángeles*. Tesis doctoral. Universidad Politecnica de Madrid.

Real Decreto 191/1996, de 9 de febrero, por el que se aprueba el Reglamento Penitenciario.

Real Decreto 3482/1983, de 28 de Diciembre, sobre Traspasos de Servicios del Estado a la Generalidad de Cataluña en materia de administración penitenciaria.

Resolución de 3 de noviembre de 2009, de la Dirección General de Trabajo, por la que se registra y publica el III Convenio colectivo único para el personal laboral de la Administración General del Estado.

Ríos, M. (1986). L'activitat físico-esportiva en una presó de dones. *Apunts*, 4, 52-59.

Ríos, M. (2004). La educación física en los establecimientos penitenciarios de Cataluña. *Tándem*, 15, 69-82.

Santos Guerra, MA (2006). *La escuela que aprende*. Madrid: Morata.

Seleme, R. y Viviana, N. (1992). La mujer, la prisión y el deporte. *Cuerpo en Acción. Revista deportiva de Instituciones Penitenciarias*, 4, 26-28.

World Health Organization (2010). Beneficios de la actividad física. http://www.who.int/dietphysicalactivity/factsheet_benefits/es/index.html, consultada el 2 de enero de 2010.

INFLUENCIA DE LA DIVERSIDAD CULTURAL DE LOS JUGADORES DE UN EQUIPO DE FÚTBOL PROFESIONAL EN EL DESARROLLO DEPORTIVO DEL MISMO DESDE UNA PERSPECTIVA PSICOPEDAGÓGICA

Gloria González Campos
María Encarnación Garrido Guzmán
Universidad de Sevilla

1. Introducción

El deporte colectivo del fútbol supone tener en consideración las múltiples relaciones interpersonales que se establecen dentro de los miembros de un equipo. De manera generalizada, habitualmente, un grupo está compuesto por un número de personas que se interrelacionan entre sí, con una estructura determinada para la obtención de un fin común.

Profundizando en el concepto de grupo, debemos distinguir la concepción de *equipo deportivo*, éste se define como un colectivo constituido por deportistas, entrenadores, preparadores físicos, psicólogos del deporte, médicos, fisioterapeutas y utilleros, entre otros, que se relacionan entre sí.

Si extrapolamos los términos de multiculturalismo e interculturalidad al mundo del deporte, podemos inferir que a través de las actividades físico-deportivas, se pueden desarrollar numerosos valores multiculturales.

La interactividad de diferentes culturas, razas, religiones, creencias, idiomas y costumbres que cada uno de los jugadores lleva implícito, contribuye sin lugar a dudas a un enriquecimiento grupal y personal.

En un equipo de fútbol, el clima grupal que se desarrolla en él está estrechamente relacionado con las actitudes de las personas, y esto, en definitiva es el resultado de un conjunto de valores, creencias y costumbres.

Los deportistas pueden ser entrenados para tener una buena actitud ante los esfuerzos y los retos a alcanzar, pero también hacia la predisposición de amenizar y colaborar en el desarrollo integral de un equipo de compañeros con la intencionalidad de búsqueda de objetivos comunes.

Así pues, según este autor, los diferentes tipos de grupos son: propios y ajenos; de iguales; de referencia y de pertenencia; pequeños y grandes; primarios y secundarios; y/o formales e informales.

Tras la experiencia acontecida trabajando con jugadores profesionales de fútbol, podemos convivir con diferentes situaciones idiosincráticas. Es curioso cuando ahondas en sus formas de vivir, de pensar o de actuar, te informan de aspectos personales que siendo posteriormente analizados, te llevan a conclusiones muy claras de comportamientos.

Para acceder al núcleo de pensamientos y sentimientos de jugadores pertenecientes a un equipo concreto, se utilizan algunas técnicas y herramientas que recogen datos verificables de funcionamiento interno del equipo. Destacamos el sociograma.

Si se aplica esta técnica sociométrica al fútbol, puede inferirse que cada jugador elige libremente qué miembro del grupo prefiere para determinadas situaciones, tanto personales como deportivas, puesto que también se miden y analizan las relaciones afectivas.

Según Muñoz (1997), el entrenador tiene que desplegar un amplio abanico de roles dentro de su función de máximo responsable de un equipo, pero existe un papel extraordinariamente insoslayable dentro de la figura del entrenador deportivo: ser un buen motivador.

El clima motivacional que se crea en un equipo de deportistas está configurado por un conjunto de señales implícitas o explícitas originadas por el entorno o componentes responsables de la dirección del grupo.

Para la consecución de objetivos es imprescindible el desarrollo de la ética profesional y personal, pues ésta parte de una visión y medida subjetivas conforme a su propia realidad, por lo que al deportista hay que saberlo conducir hacia la excelencia de su comportamiento, no sólo a nivel deportivo y en el seno de un equipo, sino en su vida particular y personal, como miembro de esta sociedad.

2. La diversidad cultural

El fútbol, al ser un deporte colectivo, de acciones conjuntas y de una gran interacción grupal, supone tener en consideración las múltiples relaciones interpersonales que se establecen dentro de los miembros del equipo. La actividad del futbolista puede definirse como una relación humana permanente. Su entrenamiento está pensado en función de los demás, y las sesiones tienen un denominador común: adiestrar al hombre para el hombre (Veloso, Madrigal, Rodríguez y Veloso, 2003).

Habitualmente, un grupo está compuesto por un número de personas que se interrelacionan entre sí, con una estructura determinada para la obtención de un fin común. Pero también, siguiendo las palabras de Vander (1989), el grupo puede definirse como personas que comparten un sentimiento de unidad y están ligados por pautas de interacción sociales relativamente estables. Incluso es posible extraer algunos aspectos interesantes en la definición que Lersch (1967) hace de este concepto diciendo que en un grupo, las personas a través de las relaciones que se establecen, dependen unos de otros y que ofrecen al exterior una sensación de homogeneidad, pues ese sentimiento es sentido por ellos mismos y finalmente lo expresan en la conciencia del "nosotros".

Profundizando en el concepto de grupo, debemos distinguir la concepción de *equipo deportivo,* éste se define como un colectivo constituido por deportistas, entrenadores, preparadores físicos, psicólogos del deporte, médicos, fisioterapeutas y utilleros, entre otros, que se relacionan entre sí. Cada uno con sus funciones, pero con un objetivo común: la consecución de objetivos deportivos, basados en el rendimiento y el resultado óptimo.

A partir de aquí, se reconoce que cada integrante del equipo necesita de los demás componentes, y en cuanto a los deportistas, es bien sabido que cada jugador necesita de la intervención de sus compañeros para alcanzar el fin establecido. Como nos dice el historiador, crítico social y ensayista británico Thomas Carlyle: *Cuando los hombres se ven reunidos para algún fin, descubren que pueden alcanzar también otros fines cuya consecución depende de su mutua unión".* Esto es sentido por cada deportista y paso a paso, éstos descubren que cuando cada uno aporta al grupo lo que tiene, el equipo te recompensa devolviéndole a cada cual, mucho más de lo que ha podido dar.

En definitiva, un equipo tiene que ser capaz de aunar esfuerzos, de funcionar como un todo, de cumplir el principio de estabilidad para permanecer unidos el mayor tiempo posible, de promover y consolidar el concepto de cohesión y con ello, afianzar la idea de "nosotros", que a su vez, es reconocido como conciencia de unicidad.

No debemos dejar de mencionar la relevancia constatada que guarda la correspondencia existente entre los componentes de un equipo deportivo, centrándonos en los jugadores, con los aspectos multiculturales que se suceden en el seno de cualquier equipo.

"Los fenómenos migratorios internacionales surgidos en los últimos tiempos han adquirido tal magnitud, que algunos autores han denominado este siglo como «la era de las migraciones», siendo cada vez más reducidas las zonas del mundo que quedan al margen de las corrientes migratorias" (Gil y Contreras, 2005, p. 229).

Estas corrientes migratorias, generan a su vez un intercambio de culturas, originando de esta forma conceptos como el término "interculturalidad". Según Garrido y González (2010), este término viene marcado por el prefijo "inter" y el vocablo "cultura". El concepto de cultura tiene diversas acepciones como son: *"conjunto de modos de vida y costumbres, conocimientos y grado de desarrollo artístico, científico e industrial, en una época o grupo social, etc."* y, de manera popular: *"el conjunto de manifestaciones en que se expresa la vida tradicional de un pueblo"* (Diccionario de la Real Academia de la Lengua Española, 1992, p. 440-441). Con lo cual, se puede inferir que el término "interculturalidad" proporciona la cualidad de combinar diversas modalidades de vida y conocimientos artísticos, científicos e industriales de diferentes grupos sociales, en una época determinada.

Además, si reconocemos que hay diversas culturas y que no se pueden comparar, porque no hay culturas mejores ni peores, sino que son diversas maneras de interpretar el mundo que nos rodea y de cohesionarnos como colectivos, nos situamos en una perspectiva de relativismo cultural. En este sentido, el multiculturalismo, es la constatación de la coexistencia de diversas culturas en un mismo territorio o contexto (Molina, 2007).

Si extrapolamos los términos de multiculturalismo e interculturalidad al mundo del deporte, podemos inferir que a través de las actividades físico-deportivas, se pueden desarrollar, entre otros, los siguientes valores multiculturales: respeto a los demás, cooperación, relación social, trabajo en equipo, pertenencia a un grupo, convivencia, responsabilidad social, justicia, amistad, etc. (Gil y Contreras, 2005).

Igualmente, Molina (2007) reconoce la diversidad cultural como máximo exponente del respeto humano.

Asimismo, González (2007), resume diferentes aspectos fundamentales en relación a la interculturalidad a través del deporte, haciendo mención a la "Ruta de la Interculturalidad por medio del deporte". En ella, se establece al deporte como puente intercultural donde se determinan intervenciones de carácter social y psicológico.

Además, según Durán y Jiménez (2006), la presencia cada vez mayor de personas extranjeras en los diferentes grupos sociales y deportivos requiere de políticas de diversidad, inclusión e integración social que posibiliten el paso de una situación *multiculturalista* a otra de *interculturalidad,* que represente una convivencia enriquecedora de etnias y culturas diferentes. Si hablamos de deportes, son diversos aquellos equipos donde se establecen relaciones interpersonales, y en este caso nos centraremos más en el fútbol, por ser un deporte de gran interés social tanto en nuestro país, como en otras culturas.

La interactividad de diferentes culturas, razas, religiones, creencias, idiomas y costumbres que cada uno de los jugadores lleva implícito, contribuye sin lugar a dudas a un enriquecimiento grupal y personal.

3. La actitud

En un equipo de fútbol, el clima grupal que se desarrolla en él está estrechamente relacionado con las actitudes de las personas, y esto, en definitiva es el resultado de un conjunto de valores, creencias y costumbres.

Cuando hablamos de actitudes, estamos hablando de una disposición interna del sujeto, orientada hacia una respuesta favorable o desfavorable ante un estimulo interno o externo a él. La actitud está constituida básicamente por tres tipos de factores: cognitivos (pensamientos, creencias y opiniones), afectivos (emociones y sentimientos) y comportamentales (conductas y comportamientos), a su vez, estos factores interactúan entre sí.

Marco (2003), diferencia estos tres factores en los siguientes: componente cognoscitivo (pensamientos, planteamientos y expectativas), componente afectivo (sentimientos, emociones, afectos y estados de ánimo), y componente tendencial reactivo (acciones, comportamientos y ejecuciones). Este autor explica que cada deportista dispone de tres mundos particulares: el racional (las ideas, los planteamientos, los proyectos y la estrategia a seguir), el emocional (sus sentimientos, sus angustias, sus temores y sus esperanzas) y el conductual (su preparación física, su fortaleza, su capacidad de resistencia, su reacción en un momento dado, etc.). Estas tres herramientas son las que deben estar cuidadas para ser utilizadas con la finalidad de alcanzar el éxito.

Los deportistas pueden ser entrenados para tener una buena actitud ante los esfuerzos y los retos a alcanzar, pero también hacia la predisposición de amenizar y colaborar en el desarrollo integral de un equipo de compañeros con la intencionalidad de búsqueda de objetivos comunes.

La actitud es un constructo que puede conllevar modificación. Si los pensamientos, las creencias u opiniones se pueden cambiar; si las emociones se pueden controlar, pues son reacciones breves de carácter brusco; y las conductas o comportamientos también pueden ser corregidos y transformados por otros, llegamos a la consecuencia de que es posible mejorar y afianzar una actitud favorable ante lo acontecedero.

Siguiendo en la línea aclaratoria que hace referencia al concepto de actitud, es imprescindible explicar que éste va estrechamente relacionado con el concepto de voluntad. La voluntad es el principio racional de la acción. Según está recogido en el diccionario de Psicología de Saz (2000), la voluntad es un proceso cognitivo por el que uno mismo se decide a la realización de un acto por iniciativa propia. Con lo cual, la volición engendra toda actividad en la que el sujeto juega un papel determinante al proponerse un objetivo, y para cumplirlo, éste compromete los recursos de su saber y de su energía. La voluntad supone la diferenciación de conductas instintivas y automáticas, pues el acto voluntario supone la preexistencia de una idea, de una reflexión y de un compromiso.

Por lo tanto, si el sujeto dice que no quiere cambiar su actitud, es imposible iniciar cualquier reestructuración cognitiva. Si el deportista decide que él no va a intentar variar su comportamiento o sus pensamientos, y se va a asentar en la afirmación apodíctica de "yo soy así", no hay nada que hacer. Profesionales del equipo como el entrenador o el psicólogo del deporte pueden y deben intentar convencer al jugador de aspectos favorables para él, siempre a través de herramientas y recursos exhortadores beneficiosos en su desarrollo, pero si no proyecta sus energías volitivas hacia ese cambio, no será posible la modificación conductual.

4. El grupo: características

Así pues, el clima grupal de un equipo es consecuencia de la cultura grupal. De hecho, según Garrido y Bueno (2003), la cultura es la idea y la acción que estructuran al grupo.

En todo grupo, los miembros comparten creencias, valores, normas e incluso percepciones sociales que les distinguen de otros grupos. Según Marín (2003), los diez rasgos que se atribuyen a todo grupo son:

1. Participan de interacciones frecuentes.
2. Se definen entre sí como miembros.

3. Otros los definen como pertenecientes al grupo.
4. Comparten normas.
5. Participan en un sistema de roles (cada uno desempeña un papel).
6. Se identifican entre sí como resultado de haber buscado los mismos ideales.
7. Encuentran que el grupo es recompensante.
8. Persiguen metas interdependientes.
9. Tienen una percepción colectiva de unidad.
10. Tienden a actuar de modo unitario respecto al ambiente.

Así pues, según este autor, los diferentes tipos de grupos son: propios y ajenos; de iguales; de referencia y de pertenencia; pequeños y grandes; primarios y secundarios; y/o formales e informales.

Marín (2003) revela ciertas diferenciaciones entre algunos de estos tipos de grupos. Los grupos primarios suelen ser grupos pequeños que constituyen un campo social donde la gente expresa sus emociones. Es en estos grupos donde se lleva a cabo la principal actividad de la socialización. En ellos surge la mayor parte de nuestra vida afectiva. Dentro de los secundarios, los grupos formales se caracterizan entre otras cosas por tener relaciones emocionalmente neutras, fragmentarias, universales, centradas en sí mismas y no perdurables. Esto no implica que no se puedan manifestar sentimientos hacia los demás, sólo que ésa no es la base de las relaciones. Los grupos informales se constituyen de manera espontánea y los objetivos no están especificados explícitamente, esto no quiere decir que no existan, pero sí se tiene claro que la función principal para cada individuo que forma parte de un grupo informal es la de satisfacer sus necesidades sociales y psicológicas.

Según Garrido y González (2010), un equipo de fútbol podría encuadrarse en los llamados grupos secundarios, y dentro de éstos, como grupo formal. Al mismo tiempo, también sería considerado grupo artificial puesto que es creado deliberadamente (normalmente por empresas, instituciones,…). Ampliando las características expuestas anteriormente, estas autoras exponen en el cuadro siguiente los principales aspectos a tener en cuenta en esta tipología de grupo. En la figura 1 se observa la relación existente.

Trabajar con un grupo de deportistas configurado por una pluriculturalidad considerable, supone un reto para el entrenador que tiene como objetivo encauzar ese grupo armónicamente hacia la consecución de metas comunes.

Para ello, el dirigente deportivo debe tener conocimiento sobre los pensamientos y diversas formas de pensar de cada uno de los componentes de su equipo, a su vez, debe organizar y estructurar esa información individualizada, homogeneizándola para el óptimo desarrollo grupal.

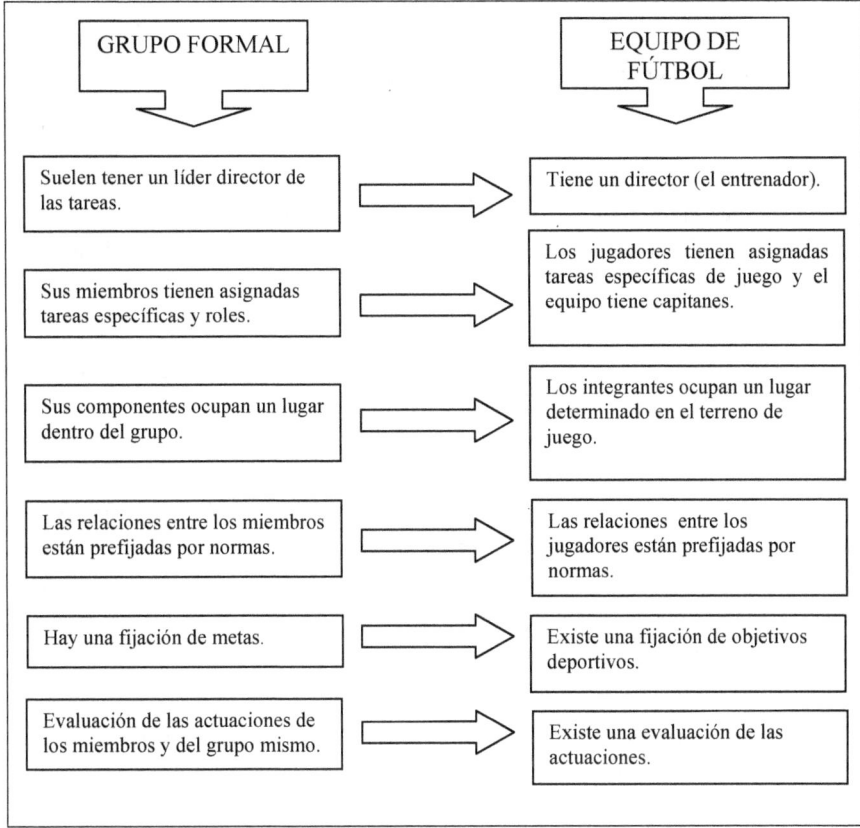

Figura 1. Relación de un equipo de fútbol con un grupo formal.

5. Casos prácticos

Tras la observación y recogida de datos sobre comportamientos de diferentes jugadores en el ámbito del fútbol profesional, podemos llegar a la conclusión de que "juegan como viven y viven como juegan".

Tras la experiencia acontecida trabajando con jugadores profesionales de fútbol, podemos convivir con diferentes situaciones idiosincráticas. Es curioso cuando ahondas en sus formas de vivir, de pensar o de actuar, te informan de aspectos personales que siendo posteriormente analizados, te llevan a conclusiones muy claras de comportamientos. Pongamos algunos ejemplos reales de ello encontrados a lo largo del trabajo diario con jugadores de fútbol profesionales:

Caso 1: Un jugador nacido en un archipiélago de origen volcánico, frente a las costas de Senegal. Este deportista posee trece hermanos pero que es hijo único. Ha vivido en una familia desestructurada desde su nacimiento y va reproduciendo el modelo de generación en generación. Realmente para el concepto de familia en España o en la mayoría de los países europeos, esta afirmación se convierte en un constructo abstracto e inconcebible para muchas culturas, pero que para otras, estas situaciones supuestamente extrañas no sólo son reales sino que pueden ser aceptadas como norma de comportamientos. La explicación biológica de este particular caso es la siguiente: este jugador, es hijo único nacido de su padre y de su madre, pero anterior y posteriormente a este matrimonio, sus padres han tenido relaciones matrimoniales o extramatrimoniales con otras personas y con cada una de ellas han generado descendencia. Con lo cual, este deportista vive y se comporta desde la perspectiva psicológica y pedagógica con sus patrones de comportamiento adquiridos desde su infancia. Este jugador ya fue padre desde los 14 años, desenvolviéndose socialmente como establece el estándar comportamental de su cultura.

Caso 2: Un jugador nacido en un país de África Central casado y con un hijo, busca soluciones a una situación de desavenencia con su mujer en un momento puntual de su relación personal. Tras el suceso discrepante decide salir de su casa evitando el afrontamiento de problemas y buscando como solución y escape, mantener relaciones con otra persona que encuentra en la noche en un ambiente distendido y de diversión. Las consecuencias y desenlace ocasionado por su actuación se resumen en ser padre de un nuevo hijo cuya madre es prácticamente desconocida. Este caso conlleva la diversidad conductual marcada por formas particulares de vivir. Encontramos un claro caso de falta de control emocional y de los impulsos, y ante momentos contradictorios de sus acontecimientos cotidianos personales, manifiesta una fuerte intolerancia a la frustración.

Estos comportamientos nos arrojan datos significativos de cómo algunos jugadores pueden desenvolverse o funcionar a lo largo de sus carreras deportivas o futbolísticas.

6. El sociograma

Para acceder al núcleo de pensamientos y sentimientos de jugadores pertenecientes a un equipo concreto, se utilizan algunas técnicas y herramientas que recogen datos verificables de funcionamiento interno del equipo. Autores como Festinger y Katz (1972) hacen una clasificación de las distintas técnicas de recogida de información dividiéndolas en categorías: Técnicas de observación (sistémica y participante), técnicas de autoinforme (cuestionarios, tests sociométricos, diferencial semántico, entrevista de grupo y focus groups) y técnicas documentales.

Garrido y Bueno (2003), analizan las percepciones compartidas que se generan en los procesos grupales a través de la siguiente clasificación:

- Diferencial de campos semánticos.
- La diferenciación de roles.
- La medición del clima grupal.
- El análisis sociométrico.
- La entrevista de grupo.
- Técnicas documentales.

En la vida de un grupo, es interesante descubrir a través de un análisis preciso, las percepciones compartidas que los integrantes internalizan. Son según Cornejo (1997), mapas cognitivos mediante los cuales, los componentes del grupo interpretan la realidad que les rodea. De este modo, los mapas cognitivos de los jugadores podrían quedar reflejados a través de los análisis sociométricos, los cuales según Moreno (1934) pretenden evaluar el grado en que los individuos son aceptados en el grupo, las relaciones interpersonales en el mismo y la estructura de éste.

Debemos a Moreno (1934) la creación de la Sociometría como teoría y método para el análisis matemático de las redes de interacción entre los integrantes de un grupo o colectividad. En su planteamiento, este autor considera las características psicosociales de los grupos y tiene como objetivo la medición de la red de atracciones y repulsiones que se dan entre los pertenecientes al grupo, así como de los patrones de preferencia (de elección y de rechazo) que pueden facilitar u obstaculizar las vías de comunicación, la cohesión y la productividad grupal.

Asimismo, se puede definir la Sociometría como una orientación dinámica, que trata de estudiar las relaciones humanas en cuanto que tienen un carácter social o interdependiente, y que utiliza para ello la medida, es decir una serie de técnicas matemáticas. Su objetivo es estudiar y analizar los grupos de forma cuantitativa, conocer su organización y medir las relaciones sociales entre sus miembros en una situación de elección (Garrido y Bueno, 2003).

Si se aplica esta técnica sociométrica al fútbol, puede inferirse que cada jugador elige libremente qué miembro del grupo prefiere para determinadas situaciones, tanto personales como deportivas, puesto que también se miden y analizan las relaciones afectivas.

La representación gráfica de esta técnica se realiza mediante el sociograma a partir de las sociomatrices de elección-rechazo. El sociograma deportivo ofrece una lectura de la dinámica grupal, permite inferir estrategias para incrementar la cohesión, aportando también, datos para la confección de la ficha personal de todos y cada uno de los integrantes del plantel (Mendelsohn, 2005).

A continuación se va a exponer la representación gráfica de un sociograma realizado a un equipo de fútbol profesional y extraído de González y Garrido (2010). El equipo está constituido por 26 jugadores, de los cuales, 16 eran españoles, entre ellos se encontraban algunos canteranos y alguno de raza gitana. El resto está configurado por dos brasileños, un portugués, un turco, un francés, un croata, dos argentinos, un chileno y un yugoslavo. Entre todos ellos, se encontraban dos jugadores de raza negra.

Asimismo, es de destacar también las diferentes religiones encontradas entre los jugadores: budismo, evangelismo y catolicismo, así como jugadores ateos y agnósticos.

Por otra parte, también hay que mencionar que la mayoría de los jugadores extranjeros eran recién llegados al equipo.

Para la consecución de ello se les entregó a cada uno de los jugadores una "prueba sociométrica" a cumplimentar, en la cual se les requería que seleccionasen a aquellos compañeros de equipo para las siguientes preguntas:

1. ¿A qué compañero elegirías como capitán del equipo?
2. ¿A qué compañero aprecias más como amigo?

Para facilitar la identidad de los jugadores, en dicha prueba aparecía un listado de nombres de los deportistas asignados a un número. Esto facilitó el análisis y la interpretación de los datos obtenidos.

En cuanto a la capitanía, se extrajeron los datos necesarios para nombrar a tres capitanes por orden de preferencia de los integrantes. Posteriormente el entrenador nombró a un 4º capitán en función de su criterio particular.

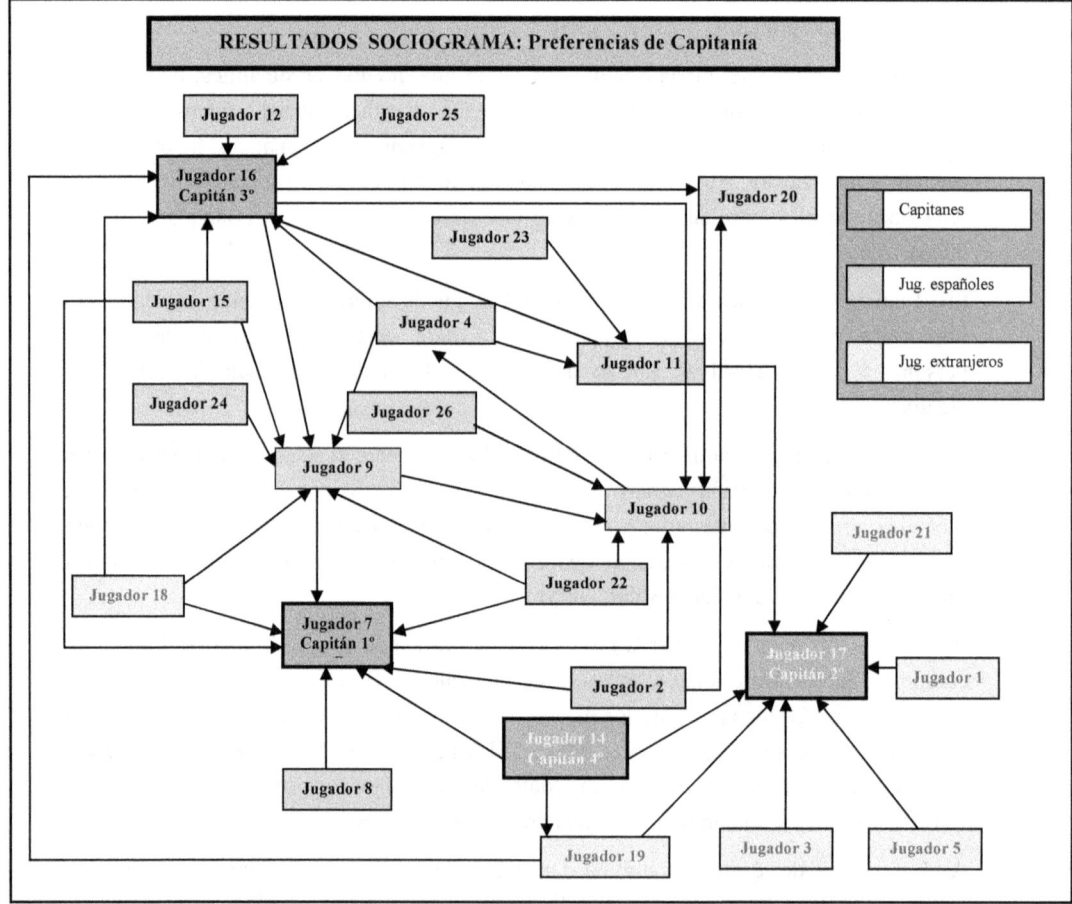

Figura 2. Resultados del sociograma: preferencias capitanía

Los resultados muestran que los tres capitanes obtuvieron la misma puntuación en cuanto a número de elecciones: siete nominaciones. Finalmente, la decisión última de la nominación de 1º, 2º y 3er capitán entre estos tres jugadores, fue basada en los años de antigüedad en el club.

El 4º capitán fue elegido por el entrenador en función de su criterio particular, seleccionando éste a un extranjero de nacionalidad francesa, recién llegado al equipo y de raza negra.

Tras la configuración de la capitanía del equipo se procedió a la realización de una entrevista personal al entrenador para que revelara sus criterios de selección respecto al 4º capitán (jugador 14). Sin ningún ademán oposicionista aportó sus razones aclaratorias, las cuales fueron las siguientes:

"necesito para el grupo un capitán que represente a una parcela importante del equipo, la cual está compuesta por extranjeros, jugadores de color y recién llegados. Con esto pretendo salvaguardar las diferencias existentes evitando posibles conjeturas discriminatorias. Necesito un representante de este subgrupo que retransmita los pensamientos, creencias y opiniones de los mismos al resto del equipo con la intención de favorecer su integración. Uno de mis objetivos es la consecución de la armonía grupal".

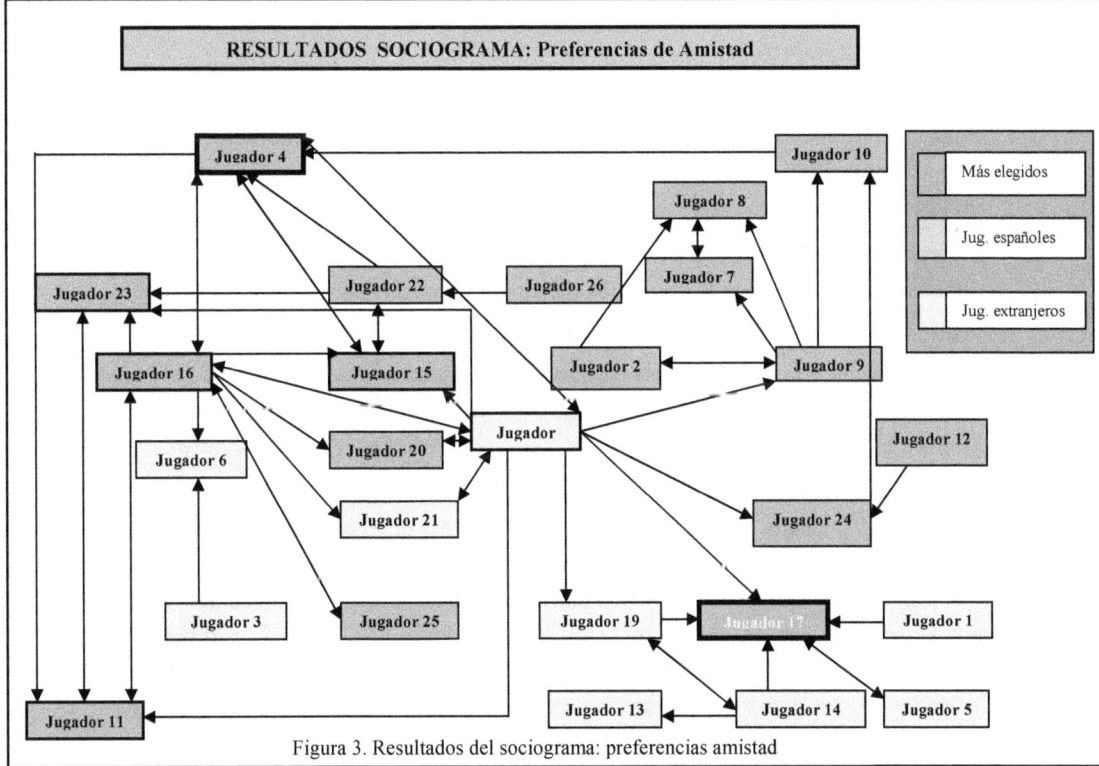

Figura 3. Resultados del sociograma: preferencias amistad

En estas representaciones gráficas se pueden observar de manera perspicua las relaciones personales entre los jugadores componentes de un equipo deportivo. Claramente también se observa el subgrupo marcado por los jugadores extranjeros. Este pequeño grupo está un poco apartado del resto.

También se observan algunos jugadores que a pesar de llevar muchos años en el equipo y ser españoles, no están integrados en el grupo, están muy aislados de sus compañeros. Los datos revelan conclusiones muy interesantes para aportar soluciones de inmediato. El análisis de estos datos hace que el entrenador y el cuerpo técnico en su conjunto reaccionen facilitando la integración a aquéllos que más lo necesiten.

7. Experiencia práctica

Por otra parte, retomando un caso de Garrido y González (2010), mencionamos la llegada de un jugador extranjero, de raza negra, a un equipo de fútbol profesional. El jugador procedía de Cabo Verde, un archipiélago ubicado entre Portugal y Senegal. Este país está configurado por islas divididas en dos grupos orográficamente: Barlovento o grupo Norte, compuesto por las islas San Antonio, San Vicente, Santa Lucía, Branco y Raso (éstos últimos son dos islotes), San Nicolás, Sal y Buenavista. Y Sotavento o grupo Sur que comprende, Mayo, Santiago y Rombos, Fuego y Brava (éstos últimos son tres islotes).

Cuando el jugador se incorporó al equipo, el entrenador mantuvo una entrevista personal con él con la intención de adquirir información particular sobre sus costumbres, hábitos y preferencias al respecto.

Curiosamente, arrojó datos sobre su procedencia geográfica que sirvió para incrementar el conocimiento cultural del resto de compañeros del equipo, así como abrir puertas a la cultura caboverdiana, para adentrar a todos los integrantes del equipo en las costumbres y músicas típicas del lugar.

En cuanto a ello, el entrenador le propuso al jugador traer unos CDs con las músicas más difundidas de su país, con la pretensión de compartirlas con sus compañeros. Así pues, el jugador informó a su equipo de las características de dichas composiciones musicales.

A continuación, tras una sesión de entrenamiento vespertina de pretemporada, el jugador caboverdiano expuso que las músicas más populares de Cabo Verde eran el Funamá, la Morna o el Batuko y a continuación explicó en qué consistían y cómo se bailaban.

Esto se realizó durante la segunda semana del comienzo de la pretemporada deportiva, en un complejo hotelero destinado a la concentración del equipo. Teniendo en cuenta que estas concentraciones son bastante duras tanto a nivel físico, técnico-táctico y psicológico, esta intervención distractora propuesta por el entrenador obtuvo bastante éxito. Gracias a esta experiencia con los bailes africanos, se consiguió una integración y diversión por parte del los jugadores, fomentando las buenas relaciones y la desconexión mental de los esfuerzos de los entrenamientos.

Asimismo, este intercambio cultural supuso un enriquecimiento grupal muy valioso, pues el aprendizaje de otras posibilidades culturales abre las puertas al relativismo, a la flexibilidad mental, a la aceptación de la pluralidad y al conocimiento educativo.

Garrido y González (2010), continúan explicando que en definitiva, a través de esta iniciativa por parte del entrenador, éste propició un encuentro de integración a la diversidad a través de una dinámica de grupo que alcanzó un alto grado de aceptación, pues el contenido reunía aspectos altamente motivacionales.

Estas iniciativas ejercidas en el seno de un equipo de deportistas profesionales llevan marcadas un estilo diferenciador y sobreentendido del entrenador. Según Marco (2003), un entrenador desempeña una función de consolidación de identidad de su equipo y para ello: crea esquemas de juego que mejor se adapten a las individualidades que tiene, aglutina propuestas para una ejecución colectiva armonizada, desarrolla mecanismos para que las iniciativas individuales se incorporen al equipo, anticipa situaciones posibles que se planteen en competición, establece mecanismos de compensación de posibles defectos de algunos miembros del equipo, predispone a todos a la ayuda mutua, es capaz de manejar a los líderes afectivos o ideológicos de su equipo, etc.

Según Muñoz (1997), el entrenador tiene que desplegar un amplio abanico de roles dentro de su función de máximo responsable de un equipo y entre éstas, el autor destaca: sustituto paterno, jefe, líder, amigo, confidente, consejero, protector, creador de relaciones, buen comunicador, mediador de valores reconocidos por la sociedad y un largo etcétera que confluyen en exigir a un entrenador de un modelo de personalidad ideal. No obstante, considero que existe un papel extraordinariamente insoslayable dentro de la figura del entrenador deportivo: ser un buen motivador.

8. La motivación

Realmente, las funciones de un entrenador configuran una larga lista que en muchas ocasiones puede llegar a ser interminable. De cualquier modo, hemos apuntado anteriormente que la función que conlleva el saber motivar está indefectiblemente considerada.

La motivación es una fuerza que nos impulsa a emprender una actividad, a mantenerla a pesar de las dificultades y a modificarla (si no convence) llevándola hasta su consumación, según nos apunta Marco (2003), además también nos expone dos tipos de motivos por los que el deportista vive sus experiencias en el deporte: los motivos internos que guardan relación con la subjetividad del atleta, dirigidos a las metas personales en función de sus creencias (culturales, religiosas, políticas, familiares, etc.), y los motivos externos que son aquéllos que proceden del entorno del sujeto. Las recompensas relacionadas con ello son de tres tipos: de ejecución (referente a los aportes positivos sobre el desarrollo del deporte en sí), las recompensas personales (son referidas al logro privativo y particular del jugador), y las recompensas externas (que son normalmente de tipo material o institucional tras el logro obtenido).

Siguiendo en esta línea, no podemos descartar la orientación que la motivación puede tomar. Lepper y Greene (1975) revelan dos tipos de razones que llevan a las personas a actuar o a desarrollar una actividad. Unas razones pueden estar relacionadas con la propia realización de la actividad, en este caso hablamos de motivación intrínseca y por otra parte, las razones tienen que ver con la aprobación por parte de los demás, y aquí se habla de motivación extrínseca.

Las investigaciones sobre la motivación desde una perspectiva cognitivo-social nos llevan a la Teoría de las Metas de Logro, ésta surge en el ámbito escolar según los autores (Ames, 1987; Dweck y Elliott, 1983; Maehr, 1974; Nicholls, 1978, entre otros), y se aplicó posteriormente en el ámbito deportivo por (Duda, Fox, Biddle, y Armnstrong, 1992; Duda y Nicholls, 1992; Roberts, 1992; Roberts y Ommundsen, 1996).

La Teoría de las Metas de Logro explica la posible implicación del deportista hacia el Ego o hacia la Tarea. Según aspectos disposicionales del sujeto, éste puede orientarse hacia el resultado o ego o hacia la tarea. La orientación hacia la tarea incumbe el desarrollo de estrategias adecuadas para conseguir el dominio de la tarea, sin tener en cuenta la ejecución de los demás. El éxito es igual a aprendizaje de las tareas motrices o gestos técnicos acordes a la evolución de la adquisición de las habilidades que requiere el deporte en sí. Y los errores son percibidos como factores relativos al aprendizaje que proporcionan las claves de dónde se debe mejorar para mejorar la ejecución futura.

En cuanto a la implicación al ego, el sujeto busca como objetivo, la demostración de superior capacidad que los demás. La fuente de información que los sujetos utilizan para juzgar su capacidad y para definir su ejecución como éxito o fracaso es la comparación social.

El clima motivacional que se crea en un equipo de deportistas está configurado por un conjunto de señales implícitas o explícitas originadas por el entorno o componentes responsables de la dirección del grupo. Este clima puede se orientado hacia el ego, desencadenando un clima motivacional competitivo, o por el contrario, implicante a la tarea, promoviendo un clima motivacional de maestría. El entrenador es el responsable de transmitir un determinado clima motivacional y además tiene que tener la consideración de que es el que plasma el clima que se produce dentro de las propias sesiones de entrenamiento, éste es el que es distinguido como clima motivacional contextual.

La influencia del entrenador, según Carrascosa (2003), es muy considerable en tanto en cuanto oriente sus comentarios, comportamientos, el sistema de refuerzos, etc, hacia el éxito (ganar) o bien hacia la mejora (aprendizaje), porque la experiencia de éxito o fracaso, es decir, de rendimiento o resultado van a influir directamente sobre la autoconfianza individual, del futbolista, y colectiva, del equipo.

No debemos dudar que el clima que un entrenador debe fomentar en un equipo deportivo, centrándolo en este caso en un equipo de fútbol profesional, ha de ser hacia la tarea. Aunque el fútbol en este nivel es cortoplacista y resultadista, el futbolista no debe perder la perspectiva de su intencionalidad, que no es otra que desarrollar magistralmente su cometido técnico-táctico, físico y psicológico tanto en los entrenamientos como en competición. El resultado vendrá por sí solo. Al resultado hay que dejarlo que te encuentre.

Sin titubear en lo expuesto, este es el planteamiento deportivo que en los equipos de fútbol profesionales hay que confeccionar. Así Carrascosa (2003) comenta que el entrenador debe ayudar a los futbolistas a establecer metas realistas, ajustadas en cuanto al grado de dificultad, a la capacidad y a las habilidades individuales y colectivas. Así pues, con esta dinámica de trabajo, se desarrollará la destreza necesaria individual y colectiva que permita incrementar las posibilidades del buen juego, y con ello mayores perspectivas de triunfo.

He aquí plasmado estos conceptos motivacionales expuestos a través de un conciso cuento aplicado al deporte del fútbol, recogido por González (2010):

Un joven deseaba fervientemente ser futbolista.

Le habían hablado de un gran entrenador y salió en su búsqueda.

Cuando llegó a éste, el joven le dijo: "Míster, yo quiero ser futbolista".

Y el Míster le contestó: "Tú deseas ser futbolista. Cuando desees APRENDER A JUGAR AL FÚTBOL, vuelve".

La motivación puede ser desarrollada de múltiples formas, pero desde mi punto de vista considero que los técnicos deportivos, deben pensar en metáforas en sus exposiciones magistrales. Deben contar cuentos, contar historias, contar anécdotas, cosas sorprendentes, además deben tener sentido del humor, en definitiva,... "tocar a la gente", y esto se entiende como "llegarles al corazón", pues olvidamos sólo lo que entendemos, pero recordamos aquello que además de entenderlo, lo sentimos. Esto funciona así porque las historias se fijan en la mente y se personalizan, y así se multiplican las posibilidades de recordarlo.

9. La ética en el jugador profesional

La ética se puede definir como un conjunto de principios que enmarcan y rigen una disciplina o un modo de vida. Así pues, según el Diccionario de la Real Academia de la Lengua Española, 1992, p. 653, la ética viene definida como una parte de la filosofía que trata de la moral y de las obligaciones del hombre. De esta manera, si la ética es una de las principales ramas de la filosofía, es reconocido que requiere de reflexión.

La ética está asentada en un saber práctico que surge cuando el ser humano tiene que elegir lo correcto en su quehacer. En definitiva, la ética parte de una visión y medida subjetivas conforme a su propia realidad, por lo que al deportista hay que saberlo conducir hacia la excelencia de su comportamiento, no sólo a nivel deportivo y en el seno de un equipo, sino en su vida particular y personal, como miembro de esta sociedad.

Para desarrollar o mantener valores éticos en deportistas, de cualquier edad y en cualquier categoría, incluido en los que forman parte del fútbol profesional, hay que progresar en desarrollar en ellos la capacidad de esfuerzo, pues el deportista se va haciendo como tal, paulatinamente. También, madurar en compromiso con su equipo y cumplir con la intencionalidad pactada en cuanto a consecución de objetivos y respeto al mismo. Pero no sólo debe ir encaminado el desarrollo ético a la mejora deportiva, sino a sus estamentos personales. Los pasos a seguir en toda toma de decisión para la resolución de problemas es la siguiente: primero ver cuál es la situación y en qué condiciones está; segundo, analizarla; tercero, buscar soluciones a esa situación; cuarto, elegir una de entre las posibles soluciones, y por último, comprobar que esa toma de decisión es la adecuada.

Es interesante como entrenador deportivo, ponerles a sus jugadores en las charlas previas a los entrenamientos, vídeos preparados con frases profundas que les haga reflexionar sobre aspectos de la vida y de la realidad en la que se convive en la sociedad, pues muchos jugadores afamados e idolatrados pueden caer en vivir al margen de toda realidad. Ejemplo de estas frases para la convivencia serían:

- "Recuerda los cumpleaños de la gente que te importa".
- "Muestra respeto extra por las personas que hacen el trabajo más pesado".
- "Aprende a mirar a la gente desde sus botas, no desde las tuyas".
- "Aprende a compartir con los demás y descubre la alegría de ser útil a tu prójimo. Recuerda: el que no vive para servir, no sirve para vivir".
- "Acude a tus compromisos a tiempo. La puntualidad es el respeto por el tiempo ajeno".
- "Cuando necesites un consejo profesional, acude a profesionales, no a amigos".
- "Vive con las tres 'es': energía, entusiasmo y empatía".
- "Date cuenta que el fútbol es una escuela y lo que aprendas aquí, es para toda la vida".
- "Trata de hacer reír a por lo menos tres personas cada día".

Con ello se busca que el deportista sea capaz de desplegar diferentes herramientas en su vida personal, que resuelva problemas, que afronte situaciones, que tenga iniciativa en la toma de decisiones y que sea capaz de desenvolverse en la convivencia interpersonal con humildad y empatía.

Finalmente, todo este desenvolvimiento social optimizado revertirá en su carrera deportiva positivamente.

10. Conclusiones

En esta sociedad actual caracterizada por el intercambio cultural de múltiples civilizaciones que interactúan a través de procesos migratorios de sujetos, se hace ineludible ahondar en formas de proceder y de interactuar de estos sujetos que llegan a estados o territorios lejanos a sus países natales y de cómo son recibidos y acogidos por el país receptor.

Los intercambios personales producidos suelen servir de ocurrencias o hechos que encierran su complejidad, debido a la interrelación de múltiples pensamientos, comportamientos, costumbres y conceptos concebidos y arraigados en el tiempo por parte de cada persona.

La diversidad cultural y el intercambio multicultural se producen de forma arrolladora en el deporte, y concretamente, en aquellas actividades deportivas colectivas, como en sí, es destacable el deporte popular del fútbol.

El fútbol, mueve masas no sólo de aficionados sino de jugadores hacia unos equipos y a otros, hacia unos países y a otros. El fútbol recoge en su seno la compraventa, el cambalache, el canje y tráfico de individuos que dedican sus vidas a ello haciendo de esto una profesión y una forma de vivir. El fútbol provoca la reciprocidad, la permuta y la entrega de aspectos profesionales y personales de cada jugador para con sus compañeros y dirigentes del equipo.

Toda esa diversidad intercultural que se produce cada día en los equipos de fútbol profesionales va a estar conectada al tipo de actitud que cada uno de los integrantes lleve a cabo, o quiera desarrollar en función de su voluntad de aportación grupal.

El hecho del intercambio cultural debe suponer además de un reto individual, personal y colectivo, un perfeccionamiento grupal y un enriquecimiento de conjunto, que influirá tanto a nivel deportivo, como formativo, como institucional.

Cada equipo deportivo va a tener sus características particulares. Cada grupo se va a definir e identificar con unos rasgos determinados, en función de aspectos individuales de los jugadores y de aspectos grupales de interacción del conjunto.

En este capítulo se exponen dos casos prácticos completamente reales que exponen abierta y notoriamente las experiencias de dos jugadores de fútbol profesionales. Sus vivencias reseñan la complejidad que encierra la convivencia de personas culturalmente diferentes con otros sujetos de culturas disímiles.

Tras la observación y recogida de datos sobre comportamientos de diferentes jugadores en el ámbito del fútbol profesional, podemos llegar a la conclusión de que "juegan como viven y viven como juegan".

Para conocer formas de proceder particulares, de sentir y de pensar de los deportistas con los que trabajamos se utilizan diversas herramientas de recogida de información. Entre ellas, cabe destacar los autoinformes basados en pruebas sociométricas, que aplicados a un equipo de fútbol, permiten aportarnos datos sobre las preferencias y rechazos de los jugadores en cuanto a amistad o a capitanía. A partir de estas referencias podemos tomar decisiones en cuanto pautas de actuación, con la finalidad de eludir subgrupos diferenciadores o tal vez, estados de escasa integración grupal, atendiendo a que puedan quebrar la armonía o cohesión grupal.

En conexión con lo expuesto, el complejo concepto de la motivación requiere una mención especial, pues su papel relevante dentro de la figura del entrenador de un equipo de fútbol hace que este constructo sea imprescindible en sus tareas, así como la mejora impositiva en el desarrollo motivacional de cada día. El entrenador debe perfeccionar cada día sus técnicas motivacionales e innovarlas para captar la atención de sus jugadores.

Finalmente, considero substancial en todo este entramado comportamental de jugadores vinculados de manera artificial a convivir con sus coadjutores, el desarrollo de una ética personal y profesional. El propósito de ello es el fortalecimiento colectivo para la búsqueda de objetivos comunes, con la intencionalidad de aprovechar toda la diversidad cultural que recoja el grupo. Esto permitirá la creación de un grupo diferente, enriquecido y unido, y como consecuencia la conquista de modo más factible de objetivos y retos comunes.

Contemos con la diversidad cultural, con la variedad de pensamientos, con la pluralidad de relación, con la multiplicidad de costumbres, pues el ser humano posee la capacidad de congeniar valores dispares y provocar la conexión necesaria para ennoblecer su propósito.

Finalizamos este capítulo insertándonos en las sabias palabras de un proverbio judío:

"Si todos tirásemos en la misma dirección, el mundo volcaría"

11. Referencias Bibliográficas

Ames, C. (1987). The enhancement of student motivation. En D. Kleiber & M. Maehr (Eds.), *Advances in motivation and achievement* (pp. 143-148). Greenwich, CT: JAI Press.

Carrascosa, J. (2003). Motivación. Claves para dar lo mejor de uno mismo. Madrid: Gymnos.

Cornejo, (1997). Metodología de la investigación grupal. En P. González (ed.), Psicología de los grupos: Teoría y aplicación (pp.45-102). Madrid: Síntesis.

Duda, J.J., Fox, K.R., Biddle, S.J.H., & Arstrong, N. (1992). Children's achievement goals and beliefs about success in sport. British Journal of Sport Psychology, 62, 313-323.

Duda, J.J., & Nicholls, J.G. (1992). Dimensions of achievement motivation of schoolwork and sport. Journal of Educational Psychology, 84, 1-10.

Duran, J. & Jiménez, P. J. (2006). Fútbol y Racismo: un problema científico y social. Revista Internacional de Ciencias del Deporte. 3 (2), 68-94. http://www.cafyd.com/REVISTA/art5n3a06.pdf

Dweck, C.S. & Elliott, E.S. (1983). Achievement motivation. En E.M. Hetherington (Ed), Socialization, personality and social development (pp. 643-691). New York: Wiley.

Festinger, L. y Katz, D. (1972). Los métodos de investigación en las ciencias sociales: Buenos Aires: Paidós.

Garrido, M.A. & Bueno, M.R. (2003). La medida de las relaciones interpersonales: la investigación grupal. En M. Marín y M.A. Garrido (cords), El grupo desde la perspectiva psicosocial. Conceptos básicos (pp.103-116). Madrid: Ediciones Pirámide.

Garrido, M.E. y González, G. (2010). La idiosincrasia en un equipo de fútbol, atendiendo a las diferencias interculturales en el mismo. IX Congreso Internacional de Educación Física e Interculturalidad (pp. 401-409). Murcia: Consejería de Educación, Formación y Empleo.

Gil, P. y Contreras, O.R. (2005). Enfoques actuales de la Educación Física y el Deporte. Retos e interrogantes: el manifiesto de Antigua, Guatemala. Revista Iberoamericana de Educación, 39, 225-256.

González, G. (2010). Estrategias psicopedagógicas del técnico deportivo de un club. En V. Arufe, L. Varela & R. Fraguela (Eds.), *Manual Básico del Técnico Deportivo de un club* (pp. 90-109). La Coruña: Sportis. Formación Deportiva.

González, G. y Garrido, M.E. (2010). ¿Influyen las diferencias culturales de los jugadores en un equipo de fútbol? IX Congreso Internacional de Educación Física e Interculturalidad (pp. 365-375). Murcia: Consejería de Educación, Formación y Empleo.

González, L.G. (2007). Deportes para todos: Construcción de puentes interculturales. Revista Digital –Buenos Aires- Año 11 – Nº 104. http://www.efdeportes.com/efd104/deportes-para-todos.htm

Lepper, M. R., & Greene, D. (1975). Turning play into work: Effects of adult surveillance and extrinsic rewards on children's intrinsic motivation. Journal of Personality and Social Psychology, 3, 479-486.

Lersch, P. (1967). El hombre como ser social. Psicología social. Barcelona: Scientia.

Maehr, M. L. (1974). Culture and achievement motivation. American Psychologist, 29, 887-896.

Marco, J.C. (2003). Psicosociología. Influencias en el rendimiento deportivo. Madrid: Gymnos.

Marín, M. (2003). Concepto y tipos de grupo. En M. Marín & M.A. Garrido (coords), El grupo desde la perspectiva psicosocial. Conceptos básicos (pp.15-37). Madrid: Ediciones Pirámide.

Mendelson, D.C. (2005). Evaluación y trabajo psicológico en un plantel de fútbol profesional: club Atlético Talleres Remedios de escalada. Revista Digital –Buenos Aires- Año 10 – Nº 82.

Molina, F. (2007). Juventud, deporte e Interculturalidad: Vías de integración social y calidad de vida. Wanceulen: Educación Física Digital, Nº 3. http://www.Wanceulen.com/revista/index.html

Moreno, J.L. (1934). Who shall survive? Washington: Nervous and Mental Diseases Publishing Co.

Muñoz, A. (1997). Trastornos mentales en el deporte. Diagnóstico, causas y prevención de la patología psíquica del deportista y el entrenador: Madrid: Tutor.

Nicholls, J. G. (1978). The development of the concepts of effort and ability, perceptions of attainment and the understanding that difficult tasks require more ability. Child development, 49, 800-814.

Real Academia Española (1992). Diccionario de la lengua española (21a. ed.), (pp.440-441 y 653). Madrid: Espasa-Calpe.

Robert, G.C. & Ommundsen, Y. (1996). Effect of goals orientation on achievement beliefs, cognition and strategies in team sport. Scandinavian Journal of Medicine and Science in Sports, 6, 46-56.

Saz, A.I. (2000). Diccionario de Psicología: Madrid: Libro Hobby-Club.

Van-der Hosftadt, C.J. (2003): El libro de las habilidades de comunicación. Madrid: Díaz de Santos.

Veloso, E., Madrigal, F., Rodríguez, R.M. & Veloso, A. (2003). Intervención psicológica en un equipo de fútbol. Revista Digital, EFDeportes, 60, 1-12.

INTEGRACIÓN, INMIGRACIÓN Y EDUCACIÓN FÍSICA

Macarena Ruiz Valdivia
David Molero López-Barajas
Javier Cachón Zagalaz
Mª Luisa Zagalaz Sánchez
Universidad de Jaén

1. España y el fenómeno de la inmigración

España ha pasado de ser un país de emigrantes a ser todo un receptor de ellos. Sus habitantes, más en algunas zonas que en otras, durante muchas décadas emigraban a otros países o dentro del mismo país para buscar oportunidades laborales y mejorar su situación económica, esto se producía en algunas familias sólo por temporadas o en otras se producía de manera definitiva (Arango, 1999). En las dos últimas décadas son las personas de otros países las que emigran hacia España con la misma finalidad que los españoles lo hacían en su momento; debido esto bien por la situación geográfica de España.

Teniendo en cuenta los datos del II Anuario de la Comunicación del Inmigrante (2007) en España, el 12% de las personas que viven en nuestro país es extranjera, por encima de naciones como Francia (9,6%), Alemania (8,9%) o Reino unido (8,1%). Además de esto, atendiendo al estudio de la Organización para la Cooperación y el Desarrollo Económico (OCDE), citado en el anuario, España se ha convertido en el país más multiétnico de la Unión Europea, ya que es el primer receptor de inmigrantes sólo por detrás de Estados Unidos, a nivel mundial. Del mismo modo el anuario subraya que las previsiones para el año 2025 es que en España se asienten más de 8 millones de nuevos residentes.

Por nacionalidades, el mayor número de extranjeros es marroquí (12,8%), seguido de rumanos (11,7), ecuatorianos (9,4%) y británicos (7%). Del mismo modo, las comunidades que más extranjeros acogen son, por este orden: Cataluña (22%), Madrid (19%), comunidad Valenciana (16%) y Andalucía (12%).

A nivel provincial, según el estudio de la población inmigrante residente en la provincia de Jaén (2006) ordenando las provincias de Andalucía, Jaén supera en número de inmigrantes a Córdoba y a Huelva, con 9.109 concretamente, siendo este número muy inferior a Almería con 52.826 o Málaga con 97.387 y realizando una ordenación de los pueblos de más de 20.000 habitantes respecto al número de inmigrantes de la provincia el estudio nos informa que Martos ocupa el primer lugar con más porcentaje de inmigrantes por habitante, seguido de Linares, Úbeda, Alcalá, Bailén y Andujar.

Según datos del INE; los inmigrantes empadronados en Jaén aumentaron en el último año un 30% y concentraron el 45% del crecimiento poblacional de la provincia. Este aumento está por encima del incremento medio español, que fue del 22,9%.Además, de los 623 nuevos habitantes de la capital en el último año, 486 eran extranjeros, lo que significa que éstos concentraron el 78% del crecimiento demográfico de la ciudad en el último año.

Los flujos migratorios se han dirigido hacia España debido a factores geográficos y lingüísticos, dimensiones laborales y administrativas, estas últimas hacen referencia a la situación de irregularidad en la que podían vivir y aún viven inmigrantes en España; ya que hasta hace unos años era fácil llegar a España, vivir en ella e incluso trabajar llevando a cabo un empleo sumergido en el que no se cotiza a la seguridad social y todo ello sin permiso de residencia.

Las **razones** por las que emigran las personas son distintas y muy variadas, de manera global podemos decir que por buscar una vida con mejores condiciones que la que tienen en su país, dejar a un lado la pobreza, por política, religión, por evitar zonas geográficas en guerra, entre las más destacadas.

El que España se haya convertido en un país de recepción de inmigrantes ha producido un interés científico, ciudadano y mediático todo debido a la velocidad con la que se ha producido la llegada de inmigrantes y el ser un fenómeno nuevo, que nunca había ocurrido en este país. La manera en la que el país responda a este fenómeno va a caracterizar la estructura de la sociedad española. Por todo ello se despierta un notable interés en conocer de manera general y ciertos aspectos concretos como la cuantificación y la medición del fenómeno migratorio que se está produciendo.

2. Inmigración y escuela

Si nos centramos en la presencia en la escuela de inmigrantes y atendemos a los datos proporcionados por el *III Anuario de la comunicación Inmigrante* (2008), vemos como en la última década se ha multiplicado por ocho el número de extranjeros en las aulas de los diferentes niveles educativos. Existen comunidades autónomas en las que el número de inmigrantes supera el 15% del total de los alumnos. Al finalizar el curso 2007-08 en España había escolarizados 7.942.841 alumnos, de ellos 695.190 (9,4%) eran extranjeros, según los datos del Ministerio de Educación. En ese curso, el 25,4% de los escolares extranjeros procede de la UE, el 45,5% del Centro y del Sur de América y el 15,5% de Marruecos, entre los más destacables. Los países que más contribuyen a mantener pobladas las escuelas son Marruecos con 107.812, seguido de Ecuador con 101.369, Rumania con 75.599, Colombia con 54.558, Bolivia con 34.500.

Realizando un análisis por provincias, CIDE (2005) explica la existencia de una gran diferencia en la presencia de alumnos inmigrantes dependiendo de la provincia y la titularidad del centro educativo; en todas las comunidades hay un mayor porcentaje de extranjeros en Primaria que en Infantil y Secundaria Obligatoria, excepto en Canarias y Cantabria que el porcentaje de estos alumnos es superior en la ESO.

En cuanto a la escuela pública o privada en 2007/08, los centros públicos escolarizaron al 67,4% del total del alumnado (inmigrante o no), el 26% estaba matriculado en la privada-concertada y el 6,6% en la privada no concertada. La escolarización de inmigrantes representa un 82,8% en los centros públicos y sólo un 17,2 % fueron escolarizados en centros privados.

Con respecto a la tasa de fracaso escolar; según el Secretariado Diocesano de Migración, la matriculación de los inmigrantes en niveles de Secundaria desciende debido a razones económicas, culturales, de fracaso escolar o familiares. La tasa de abandono escolar de los inmigrantes es el doble a la de los españoles una vez que la educación ya no es obligatoria.

Asimismo, los datos sobre el fracaso escolar de los inmigrantes ofrecidos por el informe *Inmigración y resultados educativos en España* (2009) diferenciándola por sexo, señalan que los inmigrantes que con edades comprendidas entre los 17 y los 21 años abandonan los estudios en un 49% los varones y en un 38 % las mujeres. Según el Informe sobre la *Situación Social de los Inmigrantes y Refugiados 2009*, hasta un 44% de los niños extranjeros fracasa en la escuela, es decir abandona antes de graduarse en ESO; mientras la media nacional se sitúa en el 31%. Ambas cifras muy alejadas del objetivo marcado por la UE fijado en el 10%.

De acuerdo con los datos de PISA 2006, el rendimiento medio de los inmigrantes que residen en España es particularmente bajo, cercano a la media obtenida por México o Turquía.

A la vista de los hechos anteriores y en la misma línea de Contreras Jordán (2002) podemos afirmar que la sociedad actual esta creciendo a gran velocidad, por los movimientos migratorios y todo esto esta provocando cambios hacia una sociedad mas globalizada e interdependiente, más pluricultural y sin fronteras. Estos cambios revierten en el desarrollo de actitudes racistas y xenófobas. Si se trata de buscar una sociedad demócrata; basada en la tolerancia y en valores de igualdad y solidaridad; es necesario que las personas aprendamos esos valores y actitudes, nos eduquemos sino que nos hacemos, nos educamos, aprendemos esos valores y actitudes.

Se pretende que sea la escuela la encargada de evitar al máximo y en la medida de lo posible el desarrollo de estas actitudes. Ya que esta gracias al profesorado, a su pedagogía intercultural y especialmente, a la convivencia comunitaria abierta y tolerante; debe convertirse en un espacio vital y dinamizador trascendental en la formación de actitudes de tolerancia y de valores tales como la igualdad y solidaridad (fundamentales en la sociedad democrática)

Por ello, se empiezan a exigir innovaciones educativas, las cuales permitan el desarrollo de actitudes positivas hacia las diferentes etnias existentes en la sociedad.

3. La inmigración y sus problemas

Atendiendo a Pérez (2007) sabemos de la poca preparación de este país para acoger a este colectivo de personas, ya que hasta ahora no se están llevando a cabo medidas efectivas de inserción tanto social como cultural o educativa, aunque en los últimos años se ha producido un gran avance en estos aspectos aún existen problemas que surgen en diversos ámbitos.

Los problemas que se encuentra la población inmigrante al llegar a un país diferentes al suyo dependen de la procedencia e identidad de estos, pudiendo existir diferencias culturales, religiosas, lingüísticas, de costumbres, etc.; otros problemas van a depender del país de acogida como son la legalización como residente, el proceso de socialización con la nueva sociedad, pérdida de la identidad cultural, no realización de sus expectativas laborales, etc.

Los hijos de los inmigrantes y los inmigrantes en edad escolar explican que los problemas sociales que encuentran las familias inmigrantes van a depender de la clase de integración escolar con la que se trabaje; según las referencias de identificación con su país que encuentren en la nueva sociedad de acogida; la comunicación existente entre ambas culturas y la aceptación o rechazo que se produzca entre los lugares de origen y acogida.

Otros problemas que se producen son los comportamientos de las personas del país de recepción de inmigrantes. El inmigrante, a veces, y dependiendo de sus rasgos, piel diferente, habla en otro idioma, viste distinto, es visto como una persona extraña cuya presencia supone una amenaza ya que los problemas que existen en la sociedad en la actualidad se les achacan a los inmigrantes, aunque en la mayoría de los casos no sean ocasionados por ellos, aumento del paro, pérdida de costumbres, propician la drogadicción, disminuyen el nivel académico y la calidad de la enseñanza.

Por todo lo anterior vemos que la sociedad se enfrenta, debido a la inmigración, con el problema de la discriminación.

La discriminación de acuerdo a Carbonell, Simó y Tort, (2005) se produce por mecanismos que están relacionados con códigos de superioridad y de inferioridad cultural; con actitudes de ignorancia y menosprecio del otro, al que se considera un ser diferente y hasta extraño, y al que se ve como la fuente de todos los males, conflictos y fracturas sociales(uno de los exponentes que hoy son más emblemáticos lo constituye la asociación que se establece entre inmigración y delincuencia); con actuaciones que niegan el reconocimiento de los derechos humanos para toda la ciudadanía o bien que los vulneran de manera sistemática, y con políticas que obstaculizan la igualdad de oportunidades y que incrementan la marginación y la desigualdad social.

Existe un gran rechazo social de la población magrebí, el colectivo menos aceptado después del gitano, según los estudios de Calvo Buezas (1995 y 2000) y otras encuestas. Este rechazo social de la inmigración se ha agravado a partir de la Ley de Extranjería y de la difusión de otras noticias relacionadas con la inmigración que los medios de comunicación amplifican y magnifican. Un botón de muestra lo constituye un estudio patrocinado el barómetro del CIS el cual señala que la preocupación por la inmigración va creciendo cada año, concretamente en 2001 encontramos que el 31% de las personas entrevistadas lo consideraban el tercer problema más importante de España, por detrás del paro (67%) y del terrorismo (65%), pero muy por encima de los problemas de las drogas y el alcoholismo (16%).

Ante esto, es evidente que la integración social, cultural y educativa aparece como la mejor respuesta para afrontar y superar todos los problemas que han surgido por el movimiento migratorio.

4. Integración

4.1. Concepto de integración

Según el Diccionario de la Real Academia de la Lengua: integrar es "formar (diversas personas o cosas) un todo". También es "hacer que alguien o algo pase a formar parte de un todo". En definitiva se trata de constituir algo, ser parte de algo.

Blanco(2002) afirma que "hoy día, en el ámbito de las migraciones, donde la integración del inmigrante se establece como objetivo incontestable, no existe una idea clara de qué se entiende por tal y cuáles son los medios para obtener dicho objetivo impreciso y ambiguo".

Pérez y Rinken (2005) establecen cuatro significados del concepto de integración teniendo en cuenta distintos ámbitos sectoriales como el labora, educativo y cultural. Estos conceptos son: *asimilación, incorporación, inserción e integración.*

Blanco Puga (2002) resalta entre los distintos significados de la integración a la integración estructural, por considerarla la más importante, definiendo esta como "la incorporación gradual de los inmigrantes a la sociedad receptora de forma similar a la de los autóctonos: estancia legal, acceso a los sistemas de educación y formación, al mercado laboral y a los sistemas de bienestar".

4.2. Distintas posturas de integración

Atendiendo a Lleixá, Flecha, Puigvert, Contreras, Torralba y Bantula (2002) quienes explican que ante la situación de la nueva sociedad en la que conviven inmigrantes y no inmigrantes se producen diversas soluciones a los problemas; vemos que estas soluciones se llevan a cabo tomando una serie de posturas de integración.

La primera solución es la llamada postura asimilacionista, en la que se proclama la adaptación de todos los miembros de la sociedad a la cultura de la mayoría ya que se considera como superior, por lo que se debe producir una uniformidad cultural perdiéndose los elementos de la cultura minoritaria.

Otra posible postura para el fomento de la integración es la multicultural, esta no defiende el enfoque asimilacionista ya que busca todo lo contrario, concretamente respeta cualquier manifestación cultural, reconociendo la diversidad y la equivalencia de todas las culturas. Lo que hace que los distintos grupos culturales sean considerados de manera aislada.

Ambas posturas propician la convivencia de las culturas de manera separada por lo que no existen relaciones e intercambios entre ambas esto desencadena un aislamiento cultural.

Otra postura distinta a las anteriores es la intercultural, la cual propicia la relación entre las culturas sin olvidar la valoración y el respeto, produciendo un intercambio y enriquecimiento cultural a través de la comunicación. Por lo tanto cuando se trabaja la interculturalidad la cultura de la sociedad receptora está presente y también lo está la cultura o culturas de las personas inmigrantes provocándose un diálogo entre las culturas que propicia las desigualdades entre unas personas y otras.

Atendiendo a Carbonell, Simó y Tort (2005) nos podemos encontrar otra clasificación de las diferentes posturas de integración como:

La asimilación: Integración también conocida como asimilacionismo, que apuesta por la predominancia de la cultura del grupo mayoritario y por lo tanto rechaza cualquier manifestación cultural diferente a esta. Desde este punto de vista, la integración de los inmigrantes se produce asimilando o adquiriendo la cultura del país de recepción y olvidando la suya propia. De esta manera se produce una dependencia de la cultura de origen respecto de la cultura de recepción. No existen relaciones entre ambas culturas.

La guetización: También conocida como segregación o segregacionismo defiende la separación de personas o grupos de personas y la ubicación de estas en determinados espacios geográficos o sociales. Los procesos de segregación se van a originar en distintos aspectos; en el aspecto urbanístico, en el caso de que por razones económicas los inmigrantes se concentren en determinadas zonas de la ciudad; en aspectos laborales en el caso de que la población emigrada no pueda tener acceso a cualquier trabajo con los derechos de cualquier persona o cuando solo se les permita acceder a trabajos poco remunerados o valorados; en aspectos escolares cuando los inmigrantes se concentren en determinadas escuelas.

Cabe destacar que la guetización acepta la diversidad cultural cuando esta se desarrolla por separado, sin interrelación cultural. Este tipo de integración no acepta las diferencias entre la cultura del país de acogida y la de los inmigrantes y promulga una tolerancia equivocada en la que cada cual puede tener las costumbres o ideales que quiera pero no debe existir un diálogo entre las distintas culturas y las sociedad de unos y otros, no promulga el respeto a los derechos sociales y fomenta la indiferencia ante lo extraño y, en definitiva, promueve el individualismo y la insolidaridad.

El interculturalismo:

Para Pajares (1998), implica diálogo, comparación y contestación de los aspectos culturales y, por tanto, exige conocer las diferentes pautas culturales.

En esta propuesta se apuesta por la adaptación de las culturas de manera que la identidad cultural interacciona con las distintas comunidades, realidades culturales y maneras de vivir. Pero antes para poder establecer mecanismos de diálogo intercultural con la población inmigrada, hay que resolver la situación de inferioridad de derechos, la segregación laboral y la relativa marginación social que viven estos colectivos.

La verdadera solución, se lleve a cabo la postura que se lleve es que se propicie la integración de las personas inmigrantes en la nueva sociedad en la que se ven inmersos.

Atendiendo a Arango (1994) podemos decir que existe la posibilidad de que determinados inmigrantes no si integren aunque se siga el tipo de integración que se quiera. Sartori

(2001) concreta que son aquellos inmigrantes que pertenecen a una cultura fideísta o teocrática con los que se hace muy complicada la integración ya que las diferencias étnicas producen extrañezas insuperables.

Carbonell, Simó y Tort (2005) nos explican los diferentes tipos de integración, encontrando la *integración escolar* y la *integración social* las cuales están estrechamente relacionadas y comparten una misma finalidad, la de evitar o luchar contra la exclusión social tanto del colectivo inmigrante como la de la población autóctona de manera que se construya una sociedad con diversidad cultural en la que se usen todos los derechos tanto individuales como sociales. Además tenemos la *integración cultural* la cual necesita de un mínimo de *integración socioeconómica* para que se produzca. Para que se lleven a cabo todos estos tipos de integración es necesario un esfuerzo tanto por los inmigrantes como por la sociedad receptora y así conseguir la convivencia pacífica.

5. Diferentes modos de afrontar la inmigración y la integración en el ámbito escolar

La gran cantidad de inmigrantes llegados en las últimas décadas ha producido cambios importantes en la comunidad escolar, especialmente en algunas zonas geográficas; generando esto la necesidad de trabajar la integración en la escuela y produciendo necesidades educativas tales como, solucionar conflictos generados por la convivencia de las distintas culturas, esta convivencia genera además de enriquecimiento cultural, comportamientos tales como la xenofobia, intolerancia, racismo, entre otros. El papel de la escuela en este ámbito debe ser el de evitar comportamientos de manera que se potencie la tolerancia, solidaridad y cooperación.

En la sociedad en la que nos encontramos no podemos seguir manteniendo una *escuela individual*, se necesita responder a los cambios que se están produciendo. Las escuelas deben convertirse en comunidades de aprendizaje de manera que en ella quede reflejado lo que sucede en el aula, la familia, localidad e información de los medios de comunicación, debe integrar tradiciones, costumbres y cultura de los distintos grupos que componen la sociedad; ante esto debemos potenciar una *escuela inclusiva e intercultural*.

Según Román (2000), la escuela debe usar los diferentes elementos culturales y su estructura organizativa para potenciar acciones que favorezcan el conocimiento y la convivencia entre las diferentes culturas que habitan en un mismo espacio. Por lo tanto podemos decir que se trabaja hacia una *escuela inclusiva*.

Para Aguado y Rebollo (2006) la *escuela intercultural* debe ser un organismo dirigido por personas que reflexionan y que se caracteriza por provocar procesos en los que se cambia, se transforma y se evoluciona. Es decir, la escuela debe comportarse como un sistema grupal en el que todos sus componentes actúen para mantener una escuela que se adapte a las distintas exigencias de la sociedad.

La educación intercultural tiene por finalidad desarrollar valores, actitudes, sentimientos y comportamientos para erradicar los estereotipos y los prejuicios y favorecer el respeto a la diversidad cultural en el centro educativo y en la sociedad.

Una verdadera educación intercultural revierte, en última instancia en, una profunda reformulación del curriculum que refleje un replanteamiento de los Proyectos Educativos del Centro. Siguiendo la línea de Vila (2001) es necesario reformular todos los elementos del curriculum: objetivos, contenidos, metodología y evaluación. Dichos proyectos deben ser reformulados siguiendo una metodología participativa de todos los miembros de la Comunidad Educativa (profesorado, padres, madres, voluntarios, asociaciones,....). Vila (2004), va aún más allá, y defiende que los Proyectos Educativos y Curriculares Interculturales; han de establecer continuidades entre aquello que se hace en la escuela y aquello que se hace en el ámbito comunitario.

Entre las ventajas de los proyectos interculturales se encuentran (Espín y otros, 1998):

1. Se ejecuta mediante metodologías de enseñanza que promuevan la reflexión y la interacción cultural.

2. Aumenta las posibilidades de utilizar el entorno como recurso didáctico; ya que, es posible disponer de un amplio abanico de referentes culturales; tales como, valores, vivencias, expresiones artísticas, costumbres culinarias....

3. Conciencia y permite que el alumnado reflexione sobre la complejidad y riqueza sociocultural del entorno.

Aguado (1999), señala que los aspectos y valores más significativos, que deben mostrar y potenciar los Proyectos Educativos Interculturales, son:

1. Justificar la diversidad étnica y cultural, como la teoría básica del centro.
2. Presentar diferentes perspectivas culturales sobre conceptos, resultados y problemas; utilizando para ello, los elementos del curriculum y los recursos de enseñanza- aprendizaje.
3. Promover el pluralismo lingüístico y la diversidad.
4. Favorecer la igualdad de oportunidades, reflejados en procedimientos de evaluación adecuados.
5. Rodrigo (1999) defiende que, los diferentes grupos culturales y étnicos tienen que disfrutar del mismo estatus, es decir, se debe establecer interdependencia, reciprocidad y simetría entre las culturas.
6. Grant (1999) establece que, constituyen espacios en los que se favorecen ideales de libertad, justicia, igualdad, equidad y dignidad humana.

El derecho a la educación obligatoria es extensivo a todos los niños empadronados en Andalucía, independientemente del estatus administrativo (permisos) propio de sus padres; este hecho lleva consigo; que la incorporación de los inmigrantes al sistema educativo se realice y deba hacerse con un objetivo integrador y normalizado. Reflejándose en la plena participación del alumnado inmigrante, en todas y cada una de las actividades escolares, respectivas a su nivel educativo.

Desde el ámbito escolar se hace necesario, la puesta en práctica de actuaciones complementarias de captación, así como refuerzos de la oferta educativa en zonas y épocas de recolección de cosechas.

Estas actuaciones y refuerzos desde el ámbito escolar, están justificadas por que la actuación fundamental y más relevante de la Administración autonómica educativa es la de "facilitar la escolarización" de todos los niños y niñas pertenecientes a las familias inmigrantes, en cualquier época del año y en las mismas condiciones que el alumnado andaluz (objetivo específico 1.1 del Plan Integral).

Entre los refuerzos que se ponen en práctica con este alumnado, se encuentran:

- Programas de acogida.
- Programas de enseñanza-aprendizaje del español, siendo desarrollados en Andalucía en el Aula Temporal de Adaptación Lingüística y por parte del profesorado específico; siguiendo lo establecido en la Orden 15/1/2007.
- Programas que fomenten la participación de los padres y madres del alumnado inmigrante: en la vida escolar, en asociaciones y otros organismos de su entorno, que puedan colaborar para favorecer el aprendizaje real del alumnado que nos ocupa. Encontrándose detallados en el Plan de Orientación y Acción Tutorial del centro.

Así mismo, y para perseguir la plena integración del alumnado inmigrante, desde las aulas y desde el centro escolar; es necesario la puesta en práctica de, actividades educativas que fomenten el intercambio y respeto entre distintas culturas.

En resumen, desde las aulas se debe favorecer la convivencia entre diferentes grupos étnicos y culturales. Uno de los elementos primordiales para el aprendizaje, desde una perspectiva intercultural, es poner de relieve la base cultural de los contenidos y comprenderlos desde diferentes interpretaciones (Marín 2001). De ahí que, el abordaje de los contenidos curriculares deba ser tal que permita al alumnado construir el conocimiento desde diferentes perspectivas culturales.

Para ello nada mejor que transformar las aulas en comunidades de aprendizaje. Las comunidades de aprendizaje implican que, toda la comunidad educativa y aquellas personas que forman parte del entorno del alumnado tanto familiar, cultural como social, en definitiva, agentes educativos con los que se relaciona nuestro alumnado (profesorado, familia, asociaciones, voluntariado, empresas del entorno, ayuntamientos, centros cívicos, entre los más destacables) participan y colaboran en el proceso de enseñanza-aprendizaje del alumno.

Flecha (2009), nos indica que cuando en los centros educativos actuamos dialogando con todos estos agentes educativos con los que se relaciona nuestro alumnado se produce: superación de desigualdades, mejora de la convivencia, educación de calidad, siendo estos los tres grandes retos del S.XXI.

La diversidad de estas aulas no es un obstáculo para el aprendizaje, es un recurso para favorecerlo, ya que, mediante la participación de todos los miembros de la comunidad educativa (profesorado, alumnado, voluntariado, asociaciones…..), de cultura, valores, costumbres y conocimientos muy diferentes; se contribuye a la construcción del conocimiento. Además de manera indirecta se favorece la convivencia y la capacidad de trabajar y aprender con otros; pues entre otras, se desarrollan actividades que enriquecen el pensamiento crítico entre el alumnado.

En un aula diversa, cuando el profesorado se encuentra con alumnado que presenta algún tipo de dificultad puede ayudar al alumno de dos formas distintas:

- El alumno recibe el apoyo y refuerzo necesario en su proceso de enseñanza-aprendizaje, fuera del aula, por parte del profesorado correspondiente.

- El alumno recibe el apoyo y refuerzo necesario en su proceso de enseñanza-aprendizaje, dentro del aula, por parte de otra persona adulta.

Tal y como establece Puigvert y Flecha (2004) la ayuda solicitada se traduce en una "colaboración igualitaria entre todas las personas que interactúan con las alumnas y alumnos: profesorado, alumnado, familiares, personal no docente, otros y otras profesionales de la educación y lo social, asociaciones de inmigrantes, voluntarios, etc.

El dejar atravesar la puerta del aula a todas aquellas personas que puedan ayudarnos permite aumentar los aprendizajes y favorecer el acercamiento y la continuidad, de estos con la vida social.

Que el aprendizaje en el ámbito escolar, se pueda transferir, mas fácilmente, a otros ámbitos igualmente o mas importantes para la vida del alumnado; es una de las ventajas fundamentales del aprendizaje en entornos de comunidades de aprendizaje

Esta es una de las ventajas fundamentales del aprendizaje en entornos de comunidades de aprendizaje, es decir, que el aprendizaje en el ámbito escolar, se pueda transferir, mas fácilmente, a otros ámbitos igualmente o mas importantes para la vida del alumnado por ejemplo familia, comunidad, barrio, Internet, medios de comunicación.

Para favorecer la transferencia de aprendizajes de un ámbito a otro, además de la colaboración igualitaria, como establece Puigvert y Flecha (2004) es necesario, establecer un curriculum en el que se trabajen de manera integrada contenidos y actividades en uno y otros ámbitos.

6. Legislación en materia de inmigración e integración

La base legal en la que se sustentan las demás leyes es La Constitución de 1978, en su Art. 14 dicta que todos los ciudadanos son iguales ante la ley, eliminando en la medida de lo posible cualquier tipo de discriminación por factores sociales, culturales, geográficos, religiosos, sexo, etc.

A lo largo de la historia se han formulado distintas leyes en materia de educación relativas a la atención e integración del alumnado inmigrante.

- En 1985 la Ley Orgánica reguladora del Derecho a la Educación, impuso el derecho a la educación básica y el acceso a los niveles superiores de todos los extranjeros residentes en España, sin especificar la situación administrativa de estos. En su Título V establece la compensación de desigualdades en un marco curricular flexible llevando a cabo una enseñanza comprensiva.

- La Ley Orgánica de Ordenación General del Sistema Educativo (1990) para evitar las desigualdades sociales, económicas y culturales continuó con el principio de comprensividad e igualdad. Además estableció el objetivo primero y fundamental de la educación es el de proporcionar a los niños y a las niñas, a los jóvenes de uno y otro sexo, una formación plena que les permita conformar su propia y esencial identidad, así como construir una concepción de la realidad que integre a la vez el conocimiento y la valoración ética y moral de la misma. Tal formación plena a de ir dirigida al desarrollo de su capacidad para ejercer, de manera crítica y en una sociedad axiológicamente plural, la libertad, la tolerancia y la solidaridad.

- La que más importancia tiene en esta temática es la Ley Orgánica de la Participación, la Evaluación y el Gobierno de los Centros Docentes (1995) ya que instauró el principio de integración de todos los sujetos que se encuentran en " situaciones sociales o culturales desfavorecidas y requieran una atención educativa especial ". Haciendo además mención a las necesidades educativas especiales donde se incluyen a los niños inmigrantes.

- El Real Decreto 299/1996 sobre ordenación de las acciones dirigidas a la compensación de desigualdades en educación desarrolla y especifica el principio de compensación educativa, instaurando los criterios de escolarización y establece los recursos para el desarrollo de la enseñanza de calidad de las personas en desventaja, dentro de los cuales se encuentran la educación de los inmigrantes.

- Ley sobre derechos y libertades de los extranjeros en España y su integración social (2000) plasma el derecho a la educación de la población inmigrante quedando reflejado al exponer:

1. Todos los extranjeros menores de dieciocho años tienen derecho y deber a la educación en las mismas condiciones que los españoles, derecho que comprende el acceso a una enseñanza básica, gratuita y obligatoria, a la obtención de la titulación académica correspondiente y al acceso al sistema público de becas y ayudas.

2. En el caso de la educación infantil, que tiene carácter voluntario, las Administraciones públicas garantizarán la existencia de un número de plazas suficientes para asegurar la escolarización de la población que lo solicite.

3. Los extranjeros residentes tendrán derecho a la educación de naturaleza no obligatoria en las mismas condiciones que los españoles. En concreto, tendrán derecho a acceder a los niveles de educación y enseñanza no previstos en el apartado anterior y a la obtención de las titulaciones que correspondan a cada caso, y al acceso al sistema publico de becas y ayudas.

4. Los poderes públicos promoverán que los extranjeros residentes que lo necesiten puedan recibir una enseñanza para su mejor integración social, con reconocimiento y respeto a su identidad cultural.

5. Los extranjeros residentes podrán acceder al desempeño de actividades de carácter docente o de investigación científica de acuerdo con lo establecido en las disposiciones vigentes. Asimismo podrán crear y dirigir centros de acuerdo con lo establecido en las disposiciones vigentes.

- La Ley Orgánica de Calidad de la Educación de (2002) trata la diversidad en un marco diferente al trabajado en la LOGSE. En esta última se encasilla a los inmigrantes dentro de los alumnos con necesidades educativas especiales mientras que en la LOCE adquieren la denominación de alumnos con necesidades educativas específicas siguiendo los inmigrantes incluidos en este tipo de alumnado.

- La Ley Orgánica de Educación (2006) y Ley de Educación de Andalucía 17/2007 se pronuncian al tratar a los inmigrantes y a la integración de estos estableciendo la Orden de 15 de Enero de 2007, por la que se regulan las medidas y actuaciones a desarrollar, para la atención del alumnado inmigrante y, especialmente, las Aulas Temporales de Adaptación Lingüística y la Orden de 25 de Julio de 2008, por la que se regula la atención a la diversidad del alumnado que cursa la educación básica en los centros docentes públicos de Andalucía.

7. La integración de los alumnos inmigrantes y la educación física

LLeixá et al. (2002) explican que la principal función de la educación física es actuar sobre la motricidad de las personas; el trabajar sobre la motricidad a su vez facilita la vivencia de diversas experiencias que enseñan a utilizar el cuerpo, a llevar una vida saludable y además socializan a los niños y niñas en una determinada cultura. Por lo tanto esta disciplina ayuda al alumnado a adquirir formas de movimiento y de relación en el medio histórico-sociocultural; medio en el que cada vez hay más diversidad cultural.

Tal como nos dice Medina (2002) se viene defendiendo, desde los años setenta que el deporte facilita la integración entre personas de distintas culturas o procedencia, simbólicamente defiende que convierte a "los de fuera" en "los de dentro". Esto ocurre porque ayuda a definir la identidad de las personas y hacer que sean participantes de una misma realidad común, es decir facilita la convivencia. Al practicar deporte se adquieren unos valores y se aumenta el potencial de relación y de sociabilidad lo que hace que el deporte sea un instrumento excepcional de integración social. Incluso reivindica el deporte como un instrumento de integración y elemento de interculturalidad.

Atendiendo a los testimonios de Nasri y Marrawi, en Puig y Fullana (2002); el primero de ellos llegado a España con 9 años y la segunda hija de inmigrantes marroquís nos comentan que para ellos el principal factor de integración es la interculturalidad, para conseguirla tanto los inmigrantes como los nativos del país de acogida tienen que conocer la cultura de ambos, este conocimiento de cultura se produce cuando comienzan a relacionarse, intercambiar costumbres, entrar y salir unos con otros; ayudando a evitar la existencia o a anular prejuicios que se forman por no conocer bien las culturas. En ambos casos, el deporte ha ayudado a la integración ya que con la práctica de éste han conseguido conocer y relacionarse con personas del país de acogida, conocer su cultura, costumbres y eliminar prejuicios que sus propios padres habían inculcado, por lo tanto el deporte les ha ayudado a su vez a conseguir la interculturalidad.

Behnke y Roth (2002) explican que para la producción de un aprendizaje intercultural, es decir aprender a respetar los elementos culturales de unos y otros, necesitamos realizar a su vez un aprendizaje social con el que los alumnos adquieran la capacidad de cambiar de perspectiva y de desempeñar un papel. En este sentido la EF juega un papel importante ya que en ella y a través de los juegos deportivos se consiguen estos aspectos ya que los niños cambian de rol e imitan otras costumbres y formas de vida.

De todo lo anterior se puede concluir que la EF es un factor de importancia en la integración del alumnado facilitándose esta por los contenidos que desarrolla, los valores que propicia, con el conocimiento de las nuevas culturas, la socialización de las personas, el uso de los juegos cooperativos y con el desarrollo de la capacidad empática, entre los aspectos más destacables. Por lo que es un área de intervención para solucionar los problemas, que como anteriormente hemos visto, han surgido en esta nueva sociedad receptora de distintas culturas.

8. Investigación sobre la integración

Una vez analizados todos los aspectos anteriores surge la necesidad de investigar y así poder determinar si la integración de los alumnos inmigrantes del Segundo y Tercer ciclo de Educación Primaria con respecto al grupo clase, de la ciudad de Martos es favorecida en las clases de EF con respecto al resto de áreas, desde la perspectiva del propio alumno, siendo esto el *objetivo de la investigación.*

El *método* utilizado ha sido el cuantitativo, llevando a cabo un estudio no experimental en el que se ha combinado el tipo descriptivo y el de relación.

La *muestra* la hemos obtenido de dos centros escolares, concretamente los Colegios Públicos de Educación Infantil y Primaria San Amador y Virgen de la Villa, del pueblo de Martos (Jaén). Ha estado compuesta por 322 sujetos en edades comprendidas entre los 8 y 14 años, pasando la edad de finalización de la educación primaria ya que algunos alumnos han repetido curso en varias ocasiones y siendo la media de edad de 10,17; tanto niños como niñas pertenecientes al segundo y tercer ciclo de educación primaria, desde el tercer al sexto curso. De una manera más detallada la muestra queda representada:

SEXO		EDAD		PAIS DE PROCEDENCIA	
Niños	Niñas	Años	Frecuencia	Inmigrantes	No inmigrantes
165	157	8	40	62	276
		9	59		
		10	87		
		11	85		
		12	43		
		13	7		
		14	1		
Total : 322					

Tabla 1: Muestra de estudio

El *instrumento* usado para la recogida de datos ha sido un cuestionario, resultado de la adaptación del cuestionario "Actitudes Multiculturales Exteriorizadas en EF" elaborado por Gil y Pastor (2003) en su investigación Actitudes multiculturales exteriorizadas en educación física: el estudio de un caso y la educación emocional como respuesta.

Dicho cuestionario constaba de 19 ítems, que una vez adaptados a nuestro estudio, tras su análisis por el quipo de investigación y revisión por expertos, se han convertido en 24, 17 ítems a modo de preguntas cerradas a las que se responde usando una escala tipo Likert de cinco posibles respuestas, que van desde el 1 al 5 siendo el 1 totalmente en desacuerdo y el 5 totalmente de acuerdo y las siete restantes son preguntas con distintas alternativas de respuesta. Además de estas se hacen 8 para obtener datos sociodemográficos de la muestra estudiada.

Para realizar el **análisis de los datos** se han almacenado en una hoja de cálculo del programa estadístico SPSS y se han realizado pruebas como estadísticos descriptivos (media, desviación típica, distribución de frecuencias y porcentajes), comparación de medias a través de un Anova y análisis a posteriori o Post Hoc, con la finalidad de detectar si existen tales diferencias en las respuestas en función de las variables consideradas. Obteniendo los siguientes **resultados**:

- Para conocer si el alumnado se siente más discriminado en las demás áreas que en EF, realizamos un análisis de medias obteniendo una puntuación referida al desacuerdo; por lo tanto se afirma que los alumnos no se sienten más discriminados en las otras áreas que en educación física (EF).

	MÍNIMO	MÁXIMO	MEDIA	DESVIACIÓN TÍPICA
P12	1,00	5,00	2,3707	1,67788

Tabla 2: Análisis de medias

Para analizar si el alumnado se siente en igualdad de condiciones con respecto a sus compañeros en el transcurso de las clases realizamos la media, obteniendo que en las clases de EF los alumnos se encuentran en igualdad de condiciones con respecto a sus compañeros al igual que en las de las otras materias.

	MEDIA	DESVIACIÓN TIPICA
P16	4,4037	1,15943
P17	4,3707	1,21048

Tabla 3: Análisis de medias.

- Al realizar un Anova entre la variable sexo y cada una de las preguntas del cuestionario hemos encontrado diferencias significativas a nivel estadístico, [$F_{(2.318)} = 3,902$; $p = 0,021$], para analizar estas diferencias comparamos la media de respuesta tanto de alumnos como de alumnas obteniendo una puntuación mayor el grupo de alumnos, por lo que los alumnos tienen más problemas de desigualdad en las clases de EF que las alumnas.

.Alumnos	Media	Desviación Típica
P7	2,3455	1,77261

Tabla 4: Estadísticos descriptivos, grupo de alumnos

Alumnas	Media	Desviación Típica.
P7	2,0519	1,61201

Tabla 5: Estadísticos descriptivos, grupo de alumnas.

- Llevando a cabo un análisis de porcentajes sobre la pregunta asignatura que más gusta al alumnado encontramos: el 41% del alumnado inmigrante tiene como favorita la EF mientras que del alumnado no inmigrante sólo es el 36,9% por lo tanto la EF es la asignatura que más gusta a los encuestados, siendo en mayor medida elegida por los inmigrantes.

- Los inmigrantes practican más el deporte entre sus actividades extraescolares, concretamente el 64% frente al 33,9 de los españoles. Obtenido este dato de un análisis de porcentajes.

Como conclusión final el objetivo de la investigación (determinar si la integración de los alumnos inmigrantes del Segundo y Tercer ciclo de Educación Primaria con respecto al grupo clase, de la ciudad de Martos es favorecida en las clases de EF con respecto al resto de áreas) es cierto, ya que la EF ayuda al alumnado a relacionarse con sus compañeros, mejorar las condiciones de igualdad y equidad, aspectos que ayudan a mejorar la integración de estos alumnos.

9. Referencias Bibliográficas

Aguado, T. (2003). *Pedagogía Intercultural*. Madrid. MacGraw Hill.

Aguado, T (2006). La Escuela Intercultural. Estructura y organización. En M. A.

Arango.J (1994). La cuestión migratoria en la Europa de finales del siglo XX. En J, Nadal, *El mundo que viene* (63-96). Madrid. Alianza

III Anuario de la Comunicación del Inmigrante en España. Recuperado el 1 de Octubre de 2010 de http://www.etniacomunicacion.com/

Blanco Puga, M. (2002). Políticas educativas e inmigración: de las políticas a las prácticas. En C, Clavijo y M, Aguirre (coords), *Políticas sociales y estado del bienestar en España: Las inmigraciones.* Madrid. Fundación Hogar del empleado.

Calvo, T. (2000). La escuela ante la inmigración y el racismo. Orientaciones de educación intercultural. Madrid. Popular

Constitución Española 1978

Estudio de la población inmigrante residente en la provincia de Jaén (2006) Proyecto Himilce. Recuperado el 18 de Septiembre de 2010 de http://www.jaen.es/galerias/galeriaDescargas/diputacion/jaen.es/economia/actualidad-economica/estudio_inmigrantes.pdf

Flecha, R (2009). Cambio, inclusión y calidad en las comunidades de aprendizaje. *Cultura y Educación, 21 (2), 157-169.*

Informe del Diocesano de Migración. Recuperado el 16 de Septiembre de 2010 de www.observatorioinmigracion.gva.es/index.php

Ley sobre derechos y libertades de los extranjeros en España y su integración social (2000)

Lleixá, T. (2001) *Multiculturalismo y educación física.* Madrid, Paidotribo

Lleixá, T.; Flecha, R.; Puigvert, L; Contreras, R; Torralba, A y Bantula, J; (2002).*Multiculturalismo y Educación Física.* Barcelona. Paidotribo

M.E.C (1985). *Ley Orgánica 8/1985, de 3 de julio, del Derecho a la Educación.* Madrid.

M.E.C. (1990). *Ley Orgánica 1/1990, de 3 de octubre, de Ordenación General del Sistema Educativo.* Madrid

M.E.C. (2002). *Ley Orgánica 10/2002, de 23 de diciembre, de Calidad de la Educación.* Madrid.

M.E.C (1995). *Ley Orgánica 9/1995, de 20 de noviembre, de Participación, la Evaluación y el Gobierno de los Centros Docentes.* Madrid.

M.E.C (1996). *Real Decreto 299/199, de 28 de febrero, sobre ordenación de las acciones dirigidas a la compensación de desigualdades en educación.* Madrid.

M.E.C. (2006). *Ley Orgánica de 2/2006, de 3 de mayo, de Educación.* Madrid.

M.E.C. (2007). *Ley 17/2007, de 10 de diciembre, de Educación de Andalucía.* Madrid.

M.E.C (2007). Orden de 15 de Enero de 2007, por la que se regulan las medidas y actuaciones a desarrollar para la atención del alumnado inmigrante y, especialmente, las Aulas Temporales de Adaptación Lingüística. Madrid

M.E.C (2008). *Orden de 25 de Julio de 2008, por la que se regula la atención a la diversidad del alumnado que cursa la educación básica en los centros docentes públicos de Andalucía.* Madrid.

Medina Rivilla, A; Rodríguez, M; Ibáñez, A (coords.) (2004). *Interculturalidad. Formación del Profesorado y educación.* Madrid. Pearson.

Pastor, J.A. y Madroña, P. (2003). Actitudes multiculturales exteriorizadas en educación física: el estudio de un caso y la educación emocional como respuesta. *Revista complutense de educación.* 1. (14). 133-158.

Pérez, M y Rinken, S; (2005): *La integración de los inmigrantes en la sociedad andaluza.* Madrid. CSIC Servicio de Publicaciones

Puig, N. (2002). Deporte e inmigración a debate. *Apunts: Educación física y deportes.* 68.5-7.

Puigvert, L y Flecha, R. (2004): De la adaptación a la diversidad a la transformación para la igualdad. *Trabajadores/as de la enseñanza,* 249, 16, 29-30. Recuperado el 3 de Septiembre de http//www.fe.ccoo.es/publicaciones/TE/249/249.pdf

Rebollo, M.; (2006). *Género e interculturalidad: educar para la igualdad.* Madrid. La Muralla

Román, B. ;(2000): El voluntariado social en las actividades extraescolares de los centros docentes como potenciador de contextos multiculturales .En XII Congreso Nacional e Iberoamericano de Pedagogía. Hacia el Tercer Milenio: cambio educativo y educación para el cambio. Madrid, 26 – 30 septiembre. Tomo II, 133-134

Rumí, C. (2007). II Anuario de la comunicación del inmigrante en España. Recuperado el 1 de octubre de 2010. www.etniacomunicacion.com/pdf/ndpanuarioII.pdf

Sartori. G. (2001): La sociedad multiétnica. Pluralismo, Multiculturalismo y Extranjeros. Madrid. Taurus

Vila, R (2005*): la competencia comunicativa intercultural en educación secundaria obligatoria: escala de sensibilidad intercultural. Tesis doctoral.* Universidad central de Barcelona. Barcelona

Zinovyeva, N. Felgueroso, F y Vázquez, P. (2009). Inmigración y resultados educativos en España en Efectos económicos de la inmigración en España: jornadas sobre inmigración: I informe FEDEA.139-178.

KICKZ PROJECT: UN PROYECTO DE INTEGRACIÓN SOCIAL A TRAVÉS DEL FÚTBOL DESARROLLADO EN INGLATERRA

Daniel Berdejo-del-Fresno
British Cycling Federation and Manchester Futsal Club
United Kingdom

1. Introducción

El proyecto de integración social que aquí se quiere dar a conocer se denomina "Kickz Project", nació en 2006 y se desarrolla en Inglaterra (Reino Unido).

"Kickz Project" es una colaboración que inicialmente fue formada entre la Premier League, The Football Association, The Football League, la Football Foundation, el Metropolitan Police Service, y la Metropolitan Police Authority para crear un proyecto de integración social juvenil. Este proyecto nacional esta ahora apoyado por numerosas organizaciones, agencias e incluso por el Ministerio de Sanidad.

Oficialmente fue lanzado por el Primer Ministro Tony Blair a finales de 2006, "Kickz" involucra a los clubes profesionales de fútbol, realizando una actividad constructiva en las áreas locales con un índice alto de comportamiento antisocial. El club o sus fundaciones ofrecen 3 sesiones a la semana durante 48 semanas al año en las áreas de la ciudad que tienen altos porcentajes de crimen o comportamiento antisocial. Rápidamente, se observó un descenso del crimen cuando las sesiones se están desarrollando. Las tres sesiones incluyen entrenamiento de fútbol, competición y una sesión flexible y adaptable, el contenido de la cual estará determinado por los jóvenes. Esta podría incluir otro deporte o actividades de desarrollo como por ejemplo talleres de música o sesiones de concienciación sobre las drogas.

El gancho de la participación de clubes profesionales y las oportunidades de que colaboren futbolistas profesionales está siendo muy efectivo para animar y atraer a los jóvenes a participar en el proyecto.

La edad a la que esta dirigido es desde los 12 a los 18 años y gracias a los numerosos participantes se ha incluso creado una competición final que se juega en los propios estadios de los equipos profesionales.

Tras el proyecto piloto en el que participaron tres equipos (Brentford, Fulham y Tottenham Hotspur) la Secretaria de Cultura y el delantero del West Ham Bobby Zamora anunciaron oficialmente la expansión a nivel nacional del proyecto en diciembre de 2006. En ese momento los clubes que apoyaron la iniciativa fueron: Arsenal, Brentford, Birmingham City, Blackburn Rovers, Bolton Wanderers, Chelsea, Charlton Athletic, Crystal Palace, Everton, Fulham, Liverpool, Leyton Orient, Manchester City, Manchester United, Middlesbrough, Millwall, Newcastle United, Portsmouth, Sunderland, Tottenham

Hotspur, Watford, Wigan Athletic, West Bromwich Albion, West Ham United y Queens Park Rangers.

1.1 Principales objetivos del proyecto "Kickz"

- Captar a los jóvenes a participar en una gran variedad de actividades constructivas dentro del marco Every Chil Matters ("Cada joven importa").
- Reducir el crimen y el comportamiento antisocial en vecindarios elegidos.
- Romper las barreras existentes entre la policía y los jóvenes.
- Crear rutas, caminos y formas para conseguir que los jóvenes entren en el mundo educativo o laboral.
- Incrementar las oportunidades de los participantes para jugar, entrenar o arbitrar en el mundo del fútbol.
- Animar al voluntariado a que colaboren en el proyecto de su vecindario o barrio.
- Incrementar el interés de los jóvenes y las conexiones con el fútbol profesional.

1.2 Proyecto multidisciplinar

El proyecto principalmente está controlado por la Football Foundation, pero colabora con organizaciones locales, asociaciones de vecinos, clubes menores, centros educativos, asociaciones de jóvenes, casas de acogidas, casas de juventud... para asegurase que se desarrolla de la manera correcta y en los lugares más necesitados. Un aspecto muy importante, es que en las sesiones participan policías locales para romper las barreras existentes entre los jóvenes y las "autoridades".

1.3 Participantes

Como ya se ha comentado el proyecto está dirigido a jóvenes de entre 12 y 18 años. "Kickz" se desarrolla en las áreas más deprimidas socialmente del país con una mezcla de gente joven de diferente sexo, raza, y religión. Los policías locales participan en el máximo número de sesiones a la semana para permanecer cercanos y romper las barreras y el respeto existente. Las asociaciones juveniles utilizan las sesiones para dar a conocer oportunidades y formas de diversión alejadas del alcohol y las drogas. Por último, una variedad de actividades son desarrolladas para crear oportunidades para que los jóvenes puedan obtener acreditaciones o títulos que les puedan servir en el futuro dentro del mundo laboral.

1.4 Control y evaluación

Sabiendo que tradicionalmente el deporte ha fallado como intervención social en los jóvenes, Kickz utiliza marcos de referencia diseñados para asegurarse su compatibilidad con los colaboradores y analizando las necesidades de estos, creando una conexión directa con Every Child Matters ("Cada joven importa") (Ver punto7).

1.5 La diferencia del proyecto Kickz

Existen un número determinado de factores que hacen que este proyecta tenga éxito, estos son:

- La intensidad del proyecto: 3 sesiones a la semana, 48 semanas al año. Actividades a largo plazo crean confianza y mejores relaciones entre los jóvenes permitiéndoles oportunidades de desarrollo más allá del fútbol.
- Identificación activa de las áreas y el tiempo necesario del proyecto en la consecución de apoyos locales, incluyendo informes policiales de comportamiento antisocial.
- El proyecto hace participes a los jóvenes de una manera fácil y sencilla.
- Ofrece un incremento de oportunidades a los jóvenes que marquen una diferencia en su comunidad local, a través de desarrollo personal, entrenamiento y oportunidades de voluntariado.
- Coordina a los clubes de fútbol con las comisarías de policía para desarrollar el proyecto en colaboración.
- El proyecto siempre está abierto a nuevos colaboradores o clubes que deseen participar.

2. Fútbol de calidad

Tal y como se ha comentado previamente, Kickz permite a los clubes de la Premier League, junto con los de la Football Legue, trabajar con las comisarías de policía local para captar a jóvenes en las áreas más desfavorecidas del país. Desde que a mediados de 2006, se lanzarán los 3 proyectos piloto, Kickz ha tenido un rápido crecimiento, y un gran impacto en la sociedad durante estos años. Usando el tirón del fútbol y los clubes profesionales, Kickz ha captado satisfactoriamente a casi 24.000 jóvenes y actualmente tiene más de 100 proyectos por toda Inglaterra.

Kickz, no sólo da a los y las jóvenes (generalmente de entre 12 y 18 años) la oportunidad de jugar fútbol de calidad, también les ofrece la oportunidad de aprender a entrenar y arbitrar un partido. A la vez que, está rompiendo las barreras existentes entre la policía y la gente joven, reduciendo el crimen y el comportamiento antisocial y animándoles a pensar sobre temas sociales importantes como los peligros de estar envueltos en la actividad de bandas callejeras o mafias, llevar pistolas, cuchillos o armas o sobre el abuso de drogas y alcohol.

El contacto regular que los clubes y la policía mantienen con los jóvenes participantes en el programa es un elemento importante para Kickz. La mayoría de los proyectos se desarrollan tres veces por semana, en los horarios en los que la policía ha identificado como más propicios para el crimen y el comportamiento antisocial. Los proyectos están también dirigidos a las áreas de las ciudades que más lo necesitan. De hecho, cerca del 90% de los lugares en los que se desarrolla Kickz están localizados en el 30% de las áreas más necesitadas del país.

Otro aspecto enormemente positivo de Kickz es el gran número de jóvenes que estuvieron en algún momento envueltos en el proyecto y que ahora ayudan a animar a otros jóvenes a participar en él o colaboran como voluntarios.

Por otro lado, Kickz siempre busca ofrecer las actividades adecuadas y correctas a cada grupo de jóvenes. Kickz no impone un estricto currículo a los clubes participantes, sino que cada proyecto consulta con los participantes sobre la naturaleza y el tipo de actividades en las que ellos quieren verse participar. Aunque el fútbol siempre es el hilo conductor de cada proyecto, los jóvenes son animados a que tomen parte y diseñen su propia sesión semanal (la sesión flexible) e influyan en las actividades que se proponen.

La música ha llegado a ser una actividad muy popular en algunos proyectos, clubes como el Manchester City o el Tottenham Hotspur tienen sesiones habituales de DJ y de grabación de canciones. Diferentes deportes también han tenido mucho éxito, junto con el baloncesto y el boxeo, las clases de baile, se han incorporado a muchos clubes. Las sesiones flexibles también habitualmente son utilizadas para darles la oportunidad a diferentes profesionales de la salud y el deporte a discutir con los jóvenes temas como el abuso del alcohol o las drogas, o los beneficios de la práctica deportiva. En Londres, la Unidad de Respuesta Armada de la Policía Metropolitana impartió sesiones sobre los riesgos reales que conlleva el poseer armas.

3. Kickz – ¿Por qué música?

La música y el fútbol se han unido este año 2010 con la industria sonora británica (The British Phohographic Industry (BPI)), a través de Brit Trust, haciendo posible que 150.000 libras estén a disposición de los clubes para aumentar la presencia de la música en sus programas de Kickz.

Uno de los primeros clubes en utilizar la música en sus proyectos fue el Manchester City. Un número de jóvenes de su proyecto mostraron un interés especial por la música hip-hop y muy interesados en la grabación de canciones. Con la ayuda de la BPI, un grupo de jóvenes utilizaron una sesión a la semana durante 12 semanas en un estudio de música de Manchester, donde grabaron y desarrollaron sus propias canciones. Al final de las doce semanas, el grupo de jóvenes había creado su propio CD, el cual se puso a la venta en las tiendas de música de la ciudad. Toda la música fue creada por los jóvenes participantes por ellos mismos, con la título "Why music?" (¿Por qué música?) se lanzaba un poderoso mensaje de porqué los jóvenes sienten que la música, antes que las armas, las drogas o el crimen, es la mejor manera de canalizar sus energías y sentimientos.

4. Estadísticas

- Más de 1.900 jóvenes tras participar en el programa se han involucrado como voluntarios.

- Aproximadamente 4.500 jóvenes de sexo femenino han participado en el proyecto.

- Hasta un 50% de la reducción de comportamientos antisociales y niveles de crimen local han sido atribuidos al proyecto Kickz.

- Actualmente se desarrollan 106 proyectos por todo el país, siendo 36 el número de clubes participantes.
- 17 Departamentos de Policía de todo el país participan en el proyecto.
- Originalmente, se marcó el objetivo de captar a 12.000 jóvenes, finalmente han sido el doble (24.000) los que hasta el momento han participado.
- La media de participación por cada joven han sido 55 horas.
- El 86% de los proyectos desarrollan sesiones en horario de tardes los viernes o sábados.
- Sólo en Londres, 12.000 han sido los jóvenes participantes en los 69 proyectos que se aglutinan en la capital.
- The Football Foundation ha invertido 4.7 millones de libras, la Metropolitan Police Authority otros 3 millones de libras y 700.000 libras de la organización benéfica nacional de jóvenes voluntarios (v).
- En el año 2009, el proyecto recibió el prestigioso Premio de Mejor Programa Comunitario otorgado en los Premios de la Industria Deportiva.

5. Formas de integración

5.1. Incorporando a las chicas

Tradicionalmente el fútbol es un deporte que siempre ha tenido más participación y más seguimiento por parte del sexo masculino, así que no era de extrañar que cuando se presento el informe anual hubiera más porcentaje de participación masculina que femenina. Sin embargo, a pesar de la rápida expansión del proyecto a nivel nacional durante 2007 y 2008, el porcentaje de niñas descendió un 10%. Así que se decidieron tomar medidas para intentar aumentar el número de participantes de sexo femenino. Estás medidas parece ser que tuvieron éxito y actualmente en algunos proyectos (Bolton Wanderers, Charlton Athletic, Millwall, Portsmouth, Plymouth Argyle, Southend United, Sunderland and West Bromwich Albion) más del 20% de los participantes son niñas, alcanzándose una cifra global de 4.527 niñas, lo cual supone un 15% de los participantes. Algunos ejemplos de las adaptaciones que los clubes están haciendo para aumentar la participación femenina están siendo:

- Sesiones de fútbol sólo para niñas, en los proyectos en los que ellas han expresado el deseo de tener sesiones separadas a la de los chicos.
- Incremento de torneos de fútbol y links con clubes que desarrollan otros proyectos "Kickz" para tener un mayor número de partidos competitivos sólo para niñas.
- Se desarrollaron foros juveniles y oportunidades de feedback específicamente dirigidas a las jóvenes.
- Creando actividades con fines saludables y deportivos. Algunas de estas actividades eran para grupos mixtos pero otras estaban exclusivamente dirigidas a

niñas. Ejemplos de estas actividades son: yoga, sesiones de música, circuitos de entrenamiento físico, street dance, cardiobox, y una serie de talleres prácticos sobre estilos de vida saludable (comida sana, cocina sana y educación sexual).

- Se crearon anuncios, y publicidad especialmente dirigidos a la población femenina.
- Se incrementaron de manera notable el número de personal femenino en el staff técnico de los proyectos.

5.2 Diferentes razas, un mismo proyecto

Los participantes de Kickz son de una amplia diversidad étnica considerable. Además cada proyecto cambia depende de la ciudad en la que se desarrolle, lo que está demostrado es que la participación en el programa muestra un reflejo de la población local. Por ejemplo, en 2008-2009 en Sunderland, el 94% de los participantes eran de raza blanca comparados con el 97% de raza blanca que posee la población local. En Livepool, el 90% de los participantes eran de raza blanca, comparados con el 92% de la población local.

En términos generales, la mayor participación en el proyecto a nivel nacional corresponde a jóvenes de raza blanca. Sin embargo, casi la mitad de los jóvenes pertenecen a otra raza diferente a la blanca, destacando por encima de todas la negra. Esto muestra de manera muy clara la gran diversidad étnica existente en el proyecto.

6. Crimen, comportamiento antisocial y relaciones con la policía

Por todos es conocido, desde hace muchos años, que el deporte y otras actividades quizás pueden ayudar a los jóvenes a evitar ciertos riesgos, comportamientos y acciones en sus vidas, sin embargo, el impacto que "Kickz" ha tenido en las áreas en las que se ha desarrolla ha sorprendido hasta sus propios creadores.

En el último informe anual se ha desmostrado que "Kickz" está haciendo un impacto real sobre los niveles de crimen y comportamientos antisociales en las áreas en las que se desarrollan los proyectos. Por ejemplo, en Londres y en el North West (Noreste de Inglaterra), la reducción de crimen ha sido 5 veces mayor los días en los que se desarrollan sesiones de "Kickz", y no se ha incrementado en otras áreas, con lo cual se demuestra que no se producido simplemente un traslado, sino una eliminación.

Centrándonos en el área de Greater Manchester, la cual se compone de los proyectos desarrollados en Fallowfield/Moss Side, East Manchester, Old Trafford, Hagfold y Shakerly, los crímenes asociados a personas jóvenes han mostrado las siguientes estadísticas en los días en los que se desarrollan las sesiones:

- Los robos se han reducido un 39.5%.
- Los robos en viviendas se han reducido un 8.1%.
- La violencia contra personas se ha reducido un 20.1%.

Además, contando todos los días, no sólo los días de la semana en los que se desarrollan las sesiones las estadísticas han mostrado una reducción del 22.1% en comportamientos antisociales y del 20.4% en el crimen seleccionado.

Para finalizar, el Gobierno Británico ha declarado que gracias a los programas de integración social deportivos y de ocio dirigidos a los jóvenes el gobierno puede ahorrar anualmente 100 millones de libras si los programas de integración social tienen éxito en solamente 1 joven de cada 10.

7. Every Child Matters

Previamente se ha comentado que el proyecto "Kickz" se rige e intenta conseguir los objetivos del marco de referencia Every Chile Matters., pero ¿qué es Every Child Matters?

En el año 2003, el gobierno publicó unas referencias junto con un marco teórico dirigido a todos los niños y jóvenes. Este marco teórico pretende guiar a los jóvenes para que todos sean capaces de:

- Permanecer sanos, lo cual engloba físicamente saludables, mental y emocionalmente sanos, estilo de vida saludable, reducción del uso de sustancias prohibidas y sexualmente sanos.
- Estar seguros ante el maltrato, lesiones accidentales y muerte, la discriminación y bullying, el crimen y los comportamientos antisociales tanto dentro de la escuela como fuera y tener seguridad, estabilidad y ser cuidado.
- Disfrutar y alcanzar metas: estar listos para la escuela, asistencia y disfrute en la escuela, alcanzar el currículo educativo nacional, alcanzar un desarrollo social y personal y disfrutar de la recreación, y alcanzar el currículo educativo nacional en educación secundaria.
- Hacer una contribución positiva: colaborar en la toda de decisiones y apoyar a la comunidad y al ambiente en el que vive, desarrollar relaciones positivas y elegir no discriminar y maltratar en el colegio y fuera de él, y desarrollar la propia confianza y alcanzar el éxito personal en la vida a pesar de las dificultades y retos.

  Alcanzar el bienestar económico: estar listo para la vida laboral, vivir en viviendas decentes y comunidades sostenibles, tener acceso a transporte y a bienes materiales, vivir en una vivienda en la que no existan bajos ingresos o dificultades económicas, y colaborar en educación, vida laboral o formación de jóvenes cuando se jubilen.

8. Bibliografía

The Football Foundation: Kickz Project Summary. Disponible en la URL: http://www.footballfoundation.org.uk/EasySiteWeb/GatewayLink.aspx?alId=13475 [Accedido el 21 de enero de 2011]

The Football Foundation: Kickz Goals Thru Football. Progress report: monitoring and evaluation 2009. Disponible en la URL:

http://www.premierleague.com/staticFiles/65/44/0,,12306~148581,00.pdf [Accedido el 31 de enero de 2011]

The Football Foundation: The Kickz model – Background and partnerships. Disponible en la URL: http://www.premierleague.com/staticFiles/66/44/0,,12306~148582,00.pdf [Accedido el 1 de febrero de 2011]

The Football Foundation: Measuring progress and impact – Growth, expansion and consolidation. Disponible en la URL: http://www.premierleague.com/staticFiles/65/44/0,,12306~148581,00.pdf [Accedido el 14 de febrero de 2011]

The Football Foundation: Volunteering – The Kickz pathway. Disponible en la URL: http://www.premierleague.com/staticFiles/65/44/0,,12306~148581,00.pdf [Accedido el 15 de febrero de 2011]

The Football Foundation: Policy contributions – national, regional and local. Disponible en la URL: http://www.premierleague.com/staticFiles/69/44/0,,12306~148585,00.pdf [Accedido el 15 de febrero de 2011]

The Football Foundation: Crime, anti-social behaviour and improving relationships with the police. Disponible en la URL: http://www.premierleague.com/staticFiles/6a/44/0,,12306~148586,00.pdf [Accedido el 14 de febrero de 2011]

The Football Foundation: Where Every Child Matters. Disponible en la URL: http://www.premierleague.com/staticFiles/6b/44/0,,12306~148587,00.pdf [Accedido el 31 de enero de 2011]

The Football Foundation: Major events and celebrating success. Disponible en la URL: http://www.premierleague.com/staticFiles/6c/44/0,,12306~148588,00.pdf [Accedido el 16 de febrero de 2011]

ACTIVIDAD FÍSICA Y DEPORTE INCLUSIVO. COMPARTIR UN OBJETIVO COMÚN

Rubén Pérez Nieto
Federación Española de Deportes de Personas con Discapacidad Física
Diana Ruiz Vicente
Universidad Camilo José Cela

1. Introducción

En este capítulo queremos plasmar las inquietudes que nos produce el desarrollo de actividades físicas y deportes inclusivos en nuestra sociedad, que responde a la necesidad de dar a las personas con discapacidad, un trato de igualdad en este ámbito. Es el camino natural hacia la normalización de las actividades, que una persona con discapacidad puede realizar en su vida diaria.

El 13 de diciembre de 2006, la Asamblea General de las Naciones Unidas declaró la convención sobre los derechos de las personas con discapacidad. El artículo 30.5 se ocupa del derecho de las personas con discapacidad, a participar en igualdad de condiciones, con las demás personas en actividades recreativas, de esparcimiento y deportivas, refiriéndose tanto a deportes generales, como a deportes específicos para personas con discapacidad (UN, 2006).

Es importante recordar los múltiples beneficios que la práctica de actividades físicas y de deportes tiene en las personas, especialmente en aquellas con discapacidad. Podemos destacar en la dimensión física, que evitan el sedentarismo y la atrofia de la musculatura esquelética sobre la que se tenga control voluntario, con una práctica regular. En cuanto a la dimensión psíquica, mejoran la autoestima gracias a la consecución de objetivos alcanzables y progresivos y, ayudan a establecer límites personales más ambiciosos. Las mejoras que se producen en la dimensión social, van a fomentar las relaciones con otras personas (con y sin discapacidad) y van a facilitar la ocupación del tiempo de ocio de forma activa, en contextos diferentes. Es importante incidir en esta última dimensión, porque la actividad física y el deporte inclusivo favorecen la participación de personas con y sin discapacidad, lo que permite que las personas con discapacidad se identifiquen con mayor facilidad y en igualdad, como un miembro más de la sociedad. Este aspecto redunda en la confianza y en el deseo de "hacer más", porque pueden disfrutar de una actividad adecuadamente programada, sin obstáculos de ningún tipo que superar (Aledo y Martínez, 2003; Botella, 1992; García y Ospina, 2008; Garel, 2007; Gutiérrez, 2004; Hernández, 1992; Kasser & Lyte, 2005; Vickerman, 2007).

Los contactos frecuentes entre las personas con y sin discapacidad, caracterizados por las interacciones mutuas, el estatus de igualdad entre ambos y los esfuerzos cooperativos, pueden conseguir grandes beneficios. Con estas relaciones se pueden conseguir actitudes positivas, gracias al conocimiento, en primera persona, de la discapacidad (Archie & Sherrill, 1989; Makas, 1988; Tripp, French & Sherrill, 1995; Wilhite, Golderberg, Trader & Mushett, 1997).

Con un desarrollo adecuado, las actividades físicas y deportivas, permitirán que la persona con discapacidad tenga autonomía personal, para ser independiente, siempre dentro de las posibilidades de sus capacidades. Tienen un papel muy importante en este proceso y en la consecución de tan deseado objetivo final, y desde un punto de vista inclusivo, aún más (Kasser & Lyte, 2005; Wilhite et al., 1997).

Las actividades físicas y los deportes para personas con discapacidad han tenido una larga evolución desde mediados del siglo XX, donde podemos establecer su origen, inicialmente formando parte de los programas de rehabilitación, en los hospitales de lesionados medulares construidos en los países que combatieron en la II Guerra Mundial (Guttmann, 1967).

Los primeras actividades, adaptadas a sus nuevos participantes, eran realizadas de forma independiente a cualquier otra organizada o gestionada desde una entidad, estructura u organismo de personas sin discapacidad. Este ha sido el funcionamiento en la mayoría de los casos, aunque con excepciones, hasta el siglo XXI. Actualmente existe una nueva forma de entender la actividad física y el deporte para todos, en definitiva inclusivo, que marca el futuro para las personas con discapacidad que quieren realizar actividades deportivas, desde una perspectiva no federativa (García y Ospina, 2008; Lindstrom, 1992; Sherrill & Williams, 1996).

Queremos ofrecer a los profesionales de la actividad física y el deporte, una nueva visión para la ejecución práctica de las actividades, basada en la experiencia y en el conocimiento de las actividades físicas y de los deportes, tanto en su modalidad adaptada de personas con discapacidad, como para personas sin discapacidad. Además, de realizar en primera persona estas actividades para valorar si todos los participantes son uno más, o hay limitaciones en los roles desempeñados.

2. Punto de partida

Lo primero que tenemos que hacer, antes de exponer propuestas inclusivas de actividades físicas y deportivas para personas con discapacidad, es poner en común el término inclusión. Vamos a desgranar este concepto, partiendo de la definición que se utiliza en el sistema educativo, dentro de las poblaciones con necesidades educativas especiales, en concreto de las personas con discapacidad.

La inclusión es un movimiento educativo (y social). Es el proceso por el que las personas con discapacidad comparten el aula con las personas sin discapacidad. No tienen adecuaciones específicas, porque los medios o el entorno satisfacen las necesidades, gracias a la formación del profesorado y a un equipo multidisciplinar de apoyo, para todo el alumnado. Hay un único currículo del que cada alumno utilizará aquello que sea adecuado para su desarrollo. En este concepto, se parte de la diversidad de las personas, que reconoce que todas tienen necesidades diferentes, por lo que todas tienen la misma consideración y parten de un estatus de igualdad. Todos los alumnos son objeto del proceso de inclusión. No se dirige exclusivamente a los alumnos con discapacidad, como hace la integración (Ardanaz, 2004; Craft, 1994; DePauw, 2000; Goodwin y Watkinson, 2000; Kasser & Lyte, 2005; Stainback, 2001).

Este concepto de incluir a las personas con discapacidad en todas los ámbitos sociales (educativos, laborales, ocio y tiempo libre…), llega también al de la actividad física y el deporte (Moriña, 2004). ¿Pero tiene justificación la actividad física inclusiva o el deporte inclusivo? Cómo concepto de dar igualdad de oportunidades y de derechos a todos los individuos de la sociedad, independientemente de su capacidad, en un mismo escenario, sí. Desde el concepto de ofrecer a cada individuo las necesidades apropiadas para su desarrollo motor óptimo, quizás.

La actividad física y el deporte inclusivos son una corriente que quiere ampliar los escenarios, donde desarrollar actividades compartidas entre personas con y sin discapacidad, más allá de la educación física adaptada, integrada o inclusiva, que se desarrolla en el ámbito educativo escolar desde hace años. El término deporte inclusivo responde a la introducción del sujeto con sus cualidades y capacidades, destacando su potencialidad (Hernández, 2000; Kasser & Lyte, 2005; Mendoza, 2009; Sosa, 2009).

Esta visión de la actividad física y el deporte, que escapa de las limitaciones propias del deporte adaptado, exclusivamente practicado por personas con discapacidad, pretende ser la manifestación última de aceptación de la diversidad por parte de la sociedad. Es la unión de dos mundos que han caminado paralelamente hasta ahora y que son el reflejo de la realidad. Es una respuesta, en proceso de extenderse más como una propuesta práctica que simbólica, a una necesidad de igualdad para todos.

3. Modelos de inclusión

Para poder llevar a la práctica las actividades físicas y deportivas inclusivas, debemos adecuar los reglamentos técnicos de las distintas modalidades deportivas, para su práctica inclusiva. Los deportes adaptados son en su mayoría, (excepto los creados específicamente) deportes originalmente creados para personas sin discapacidad adaptados a las características de las capacidades de sus practicantes. Entonces la pregunta es ¿competimos con las reglas del deporte original, con el riesgo de sobrevalorar las capacidades de los deportistas con discapacidad, o con las de su versión adaptada, con la posibilidad de infravalorar la de los deportistas sin discapacidad? Como en todo, el equilibrio está en el punto medio.

Antes de responder estas preguntas, tenemos que determinar si el objetivo de las actividades físicas o deportes inclusivos es la simple participación conjunta de personas con y sin discapacidad o, además, esta participación debe satisfacer una serie de necesidades.

Consideramos que el objetivo final de cualquier práctica inclusiva es que todos tengan las mismas oportunidades de competir en la actividad, es decir, de alcanzar el éxito y de fracasar. Se puede conseguir desde diversas opciones, no teniendo que establecer un criterio único general para todas las actividades físicas o deportes, sino que según sus características y la de las personas con discapacidad que participen, serán necesarias unas u otras modificaciones (Lieberman, 2009). A continuación se desarrollan estas opciones de juego:

Opción 1. Se utilizan las reglas del deporte original.

Opción factible para aquellos deportistas que por su tipo de discapacidad, no necesitan ninguna modificación del reglamento del deporte original para competir. Aunque en función de la discapacidad, el rendimiento potencial que puede alcanzar puede ser inferior a la persona sin discapacidad. Es la opción más aconsejada en general en las personas con deficiencia auditiva (sordera e hipoacusia), con deficiencia visual (excluida la ceguera) y con discapacidad intelectual leve. También es la opción adecuada para personas con una deficiencia física muy compatible con la actividad física o el deporte original practicado. Ejemplos:

- Una persona con amputación de un brazo jugando al fútbol, al tenis, al tenis de mesa, al baloncesto o haciendo atletismo, etc.
- Una persona con amputación de una pierna jugando al bádminton, haciendo esquí, nadando, etc.

También se incluye en esta opción de juego realizar alguna modificación o adaptación del entorno, de la instalación o de los medios técnicos, siempre que no influyan en el rendimiento deportivo de ninguno de los participantes. Algunos ejemplos son tapar las ventanas de un pabellón, si juega un partido de fútbol sala una persona con deficiencia visual o dar la salida a un atleta con sordera con una señal luminosa.

Opción 2. Se utilizan las reglas del deporte original con alguna modificación del reglamento.

Para aumentar la participación y la igualdad de oportunidades de la persona con discapacidad, cuando sus capacidades están limitadas y van a crearle una desventaja moderada durante la competición, especialmente en los deportes de equipo. Puede ser el caso, entre otros, de personas con deficiencia visual, con discapacidad intelectual leve o con discapacidad física, como una parálisis cerebral leve. Las modificaciones del reglamento serán:

Deportes de equipo de colaboración-oposición. Se incluyen reglas que aumentan la participación de una manera más activa del deportista con discapacidad. Las reglas afectan por un lado, a los compañeros. Es obligatorio pasarle el balón a un compañero con discapacidad durante la fase de ataque para que sea válido cada tanto realizado. Por otro lado, afecta también a los adversarios. Los jugadores contrarios defienden a la persona con discapacidad con algunas limitaciones que favorezca la participación de ésta. Alguna de las adaptaciones a realizar es que si hay un adversario de su misma capacidad, le defiende de forma exclusiva. Si no hay un adversario de su misma capacidad es defendido en zona, de forma que se pueda dificultar su desplazamiento, pero no se pueda quitar el móvil (balón, pelota, etc.) directamente, sólo cuando realice un pase o un lanzamiento.

Deportes individuales. Es más difícil establecer una regla común a todos los deportes, que satisfaga la necesidad de igualar la diferencia moderada de rendimiento, pero la forma más sencilla es favorecer el tanteo en deportes con oposición (tenis, tenis de mesa, bádminton, esgrima...), o la marca en aquellos sin oposición (atletismo, natación...), de forma que la persona con discapacidad inicie con ventaja la actividad deportiva.

Opción 3. Se utilizan las reglas del deporte adaptado.

Cuando las características del deportista con discapacidad creen una gran diferencia de rendimiento con las reglas del deporte original, es más apropiado que todos los participantes compitan con las reglas del deporte adaptado o cuando el deporte que practican es específicamente creado para personas con discapacidad, como el goalball o la boccia. Otros ejemplos: voleibol sentado, bádminton en la modalidad de sentado, esgrima en silla de ruedas, powerlifting, judo para personas ciegas y deficientes visuales, fútbol 5 para personas ciegas, slalom, rugby en silla de ruedas, etc.

Opción 4. Se utilizan las reglas del deporte original para las personas sin discapacidad y las reglas del deporte adaptado para las personas con discapacidad.

Se utiliza en aquellos casos que ni las personas con discapacidad tienen posibilidad de rendir y competir con las reglas del deporte original, ni las personas sin discapacidad con el del adaptado. Ocurre en la mayoría de los deportes adaptados que se juegan con sillas de ruedas, que conllevan un aprendizaje específico de movilidad con ellas o de las habilidades técnicas y tácticas o porque no haya disponibilidad de este material.

La persona sin discapacidad no podrá alcanzar el mismo rendimiento en la silla de ruedas que el jugador con discapacidad a corto o, incluso, a medio plazo. Algunos ejemplos son: baloncesto-baloncesto en silla de ruedas, tenis-tenis en silla de ruedas, bádminton-bádminton en silla de ruedas, tenis de mesa-tenis de mesa en la modalidad de sillas de ruedas.

Sin embargo, hay un conjunto de deportes individuales, en los que prima el rendimiento físico y técnico, como el atletismo, el remo, la natación o el ciclismo, en sus diferentes modalidades adaptadas, en los que resulta muy difícil encontrar una opción de juego para una práctica inclusiva adecuada, en la que los deportistas con o sin discapacidad tengan las mismas oportunidades de competir y de ganar. En estos casos, minoritarios, no consideramos que ninguna opción cumpla el objetivo, por tanto, su práctica de forma adaptada con personas sin discapacidad, es la mejor elección.

Si sumamos a la variedad de actividades físicas y deportes, los diferentes tipos de deficiencias dentro de cada grupo de discapacidad y las distintas opciones de desarrollar la actividad (opciones de juego), las posibilidades inclusivas con muy amplias. Puede haber algunas actividades que en función de la persona con discapacidad que lo realice, haya varias opciones de juego posibles. Debemos escoger aquella que cumpla mejor el objetivo de cualquier actividad inclusiva: igualdad de oportunidades para alcanzar el éxito de todos los participantes.

4. Propuestas prácticas

En un primer nivel de ejecución de las actividades físicas y deportes inclusivos, si nos permitimos llamarlo así, podemos dirigir cada una de ellas a un solo grupo de discapacidad, para que sea más sencilla su puesta en práctica. En un segundo nivel consideraríamos que cualquier persona, independientemente de su capacidad, pueda participar, dándose por ejemplo el caso de un jugador en silla de ruedas, un jugador con discapacidad intelectual , un jugador con deficiencia visual y un jugador con sordera, puedan jugar un partido de baloncesto con jugadores sin discapacidad. Este sería el objetivo final de todo programa deportivo inclusivo. Tratar la diversidad desde la igualdad (Davis, 2002).

Volviendo al primer nivel, hemos elegido como ejemplos una serie de deportes por ser cercanos a nuestro contexto, por su contenido de sensibilización y por su facilidad, que a continuación describimos sus características y las consideraciones hay que tener en cuenta para su desarrollo inclusivo.

Goalball

Es un deporte específicamente creado para personas con ceguera y deficiencia visual. Además es una excelente actividad de sensibilización de esta discapacidad y actividad inclusiva.

Se juega en un campo de 18 x 9 m, dividido en seis áreas transversales iguales de 3 m. Hay otras líneas para la orientación de los jugadores, que se marcan con una cinta adhesiva de 5 cm de ancho y en su interior se coloca un cordino de 3 mm, para que sea sensible al tacto de los jugadores. El balón es de goma semirrígido con orificios, para que se oigan los cascabeles que hay en su interior. Las porterías miden todo el fondo de la pista y tienen 1,30 m de alto. Todos juegan con antifaces opacos para igualar las capacidades de los jugadores deficientes visuales, con las de los que tienen ceguera.

Respecto a las reglas básicas del goalball podemos señalar que es un deporte de colaboración-oposición, de acción alternativa en el que juegan dos equipos de tres integrantes en el campo, cada uno. El balón no puede ser lanzado más de tres veces por el mismo jugador. El balón tras ser lanzado, debe botar en el área de lanzamiento (*landing area*) y en el área neutral (*neutral area*) al menos, una en cada una. El equipo atacante tiene 8 segundos para lanzar el balón desde que está en posesión del mismo.

Boccia

Es un deporte específicamente creado para personas con gran discapacidad física, que afecta a la movilidad de todas sus extremidades y limita en función del grado, su autonomía. Además es una excelente actividad de sensibilización de esta discapacidad.

Se juega en una pista de 12,5 x 6 m. El juego de bolas está formado por 6 bolas rojas, 6 bolas azules y una blanca, fabricadas en cuero o similar y rellenas de esponja.

Es un deporte de oposición de participación alternativa, que se puede jugar en enfrentamientos individuales, de parejas o de equipos (3 jugadores por equipo). Se pueden lanzar las bolas con la mano, el pie o mediante una canaleta, con la ayuda de un auxiliar en las discapacidades más severas. Todos los jugadores lanzan desde una silla de ruedas manual o eléctrica en posición estática durante el lanzamiento. Tras el primer lanzamiento de cada jugador, pareja o equipo, volverá a lanzar aquel que tenga su bola más alejada de la bola blanca, hasta que finalice esta condición o lance todas las bolas. Cada partido se juega al mejor de 5 juegos.

Baloncesto / baloncesto en silla de ruedas

Los jugadores en silla de ruedas lo harán en sillas de propulsión manual. Los jugadores en silla de ruedas, serán defendidos individualmente por jugadores de silla de ruedas y los jugadores de pie, no podrán defenderlos.

En la propuesta inclusiva, se mantienen las reglas del deporte original para los jugadores sin discapacidad y las reglas del deporte adaptado, para los jugadores sin discapacidad.

El nivel de dificultad es medio-alto. Los tiros lejanos son difíciles y la movilidad con la silla de ruedas, coordinada con la posesión del balón, requiere mucha habilidad.

El material necesario para la práctica de esta actividad son sillas de ruedas deportivas.

Las reglas a seguir son las siguientes: los pasos en los jugadores en silla de ruedas se cuentan por los impulsos a la rueda (no si se tocan para frenar). El jugador en silla de ruedas puede botar tras uno o dos impulsos y se inicia de nuevo el ciclo de pasos.

Bádminton sentado

Es un deporte de oposición que se juega en una pista reglamentaria de bádminton, con la red situada a una altura de 1,20m. Además, tiene una zona de servicio y varias zonas de juego.

No es un deporte para personas con lesión medular o espina bífida con inmovilidad completa de las extremidades inferiores porque puede producir úlceras de presión.

Las reglas que se utilizan para el deporte inclusivo son las mismas que las utilizadas en el deporte adaptado.

Respecto al nivel de dificultad es medio. Los golpeos son más sencillos porque la mayoría van a ser por encima de la cabeza.

Podemos marcar como regla simplificada, que en el momento del golpeo una de las nalgas tiene que estar en contacto con el suelo.

Bádminton y bádminton en silla de ruedas

Es un deporte de oposición que se juega en una pista reglamentaria de bádminton, con la red situada a una altura de 1,40 m., que es la estipulada para el bádminton en silla de ruedas.

Se utilizan las reglas del deporte original para los jugadores sin discapacidad y reglas del deporte adaptado para los jugadores sin discapacidad.

El nivel de dificultad es medio-alto. La zona de golpeo del volante y la cabeza de la raqueta son pequeñas, y hay que desplazar la silla por la pista con la raqueta en la mano.

Las reglas simplificadas que podemos utilizar es que en el momento del golpeo una de las nalgas tiene que estar en contacto con el asiento. La silla de ruedas se considera una parte más del cuerpo a todos los efectos.

Rugby en silla de ruedas

Es un deporte de colaboración-oposición, entre dos equipos formados por 4 jugadores de campo. Se juega en una pista de 28 x 15 m, con una línea central transversal y un área en cada fondo de 8 x 1,75 m, que delimita la zona de defensa.

Se juega obligatoriamente con sillas de ruedas de propulsión manual. Todos los jugadores tienen que tener una movilidad reducida de sus extremidades superiores. Para conseguir un tanto, hay que sobrepasar con las dos ruedas traseras de la silla de ruedas, la línea de gol situada entre los dos conos estando en posesión del balón. El objetivo será anotar más tantos que el equipo contrario.

La opción del juego inclusivo es utilizar las reglas del deporte adaptado (específico). Su nivel de dificultad es bajo.

El material necesario para realizar esta actividad deportiva son sillas de ruedas deportivas, cinta para marcar las áreas y 4 pivotes.

Las reglas simplificadas que podemos utilizar para la práctica inclusiva son que el jugador en posesión del balón, tiene 10 segundos para botarlo o pasarlo. El equipo en posesión del balón tiene 12 segundos para pasarlo al campo del equipo defensor y 40 segundos para anotar un tanto, de lo contrario, la posesión cambiará de equipo. En el área de defensa sólo puede haber 3 jugadores defensores, como máximo y los atacantes no pueden estar más de 10 segundos.

Slalom

El deporte consiste en hacer un circuito compuesto por diferentes obstáculos (pivotes, banderines, cinta, rampas…), donde prima la habilidad en el desplazamiento con la silla de ruedas, para realizarlo en el menor tiempo posible. Se desarrolla en una superficie lisa no menor de 40 x 20 m. Se pueden utilizar sillas de propulsión manual o eléctrica en función del grado de discapacidad de la persona.

Las reglas utilizadas son las del deporte adaptado (específico) y el nivel de dificultad es medio. Es importante tener conciencia de las dimensiones de la silla y de las distintas posibilidades de desplazamiento con ella, para realizar el circuito con rapidez.

El material necesario son sillas de ruedas de uso diario (no deportivas) y una rampa específica.

Las reglas simplificadas serían penalizar con 3 segundos cada pivote que se toque o cada línea que se pise y con 5 segundos, cuando se derribe un pivote.

Tenis / tenis en silla de ruedas

Es un deporte de oposición. El jugador con discapacidad tiene que jugar en silla de ruedas, que es considerada una parte más del cuerpo a todos los efectos.

Se utilizarán las reglas del deporte original, para los jugadores sin discapacidad y reglas del deporte adaptado, para los jugadores sin discapacidad.

El nivel de dificultad es bajo, si los jugadores practican este deporte con anterioridad. El material específico necesario serán sillas de ruedas de tenis.

Respecto a las reglas simplificadas a utilizar en la práctica inclusiva, son que en el momento del golpeo una de las nalgas del jugador de tenis en silla de ruedas tiene que estar en contacto con el asiento.

La pelota puede botar dos veces, la primera necesariamente dentro de los límites de la pista.

Voleibol

Es un deporte de colaboración. Se juega en una pista de 10 x 6 m, con una red a 1,15 m (hombres) y 1,05 m (mujeres) de altura.

No es un deporte para personas con lesión medular o espina bífida con inmovilidad completa de las extremidades inferiores porque puede producir úlceras de presión.

Se utilizarán las reglas del deporte adaptado. El nivel de dificultad es bajo-medio. La coordinación es más sencilla, no es habitual el toque de antebrazos.

El material específico necesario es una cinta de 5 cm para marcar la pista de juego.

Las reglas simplificadas serían que en el momento del golpeo una de las nalgas tiene que estar en contacto con el suelo y que se pueda bloquear el servicio.

5. Conclusiones

Los beneficios obtenidos gracias a la actividad física y deportiva, por parte de las personas con discapacidad, han sido ampliamente demostrados por múltiples investigaciones. Que la práctica de estas actividades se pueda realizar de un modo inclusivo, uniendo a personas con y sin discapacidad, también logra ventajas muy evidentes, frente a otros tipos de actividades deportivas. De ahí deriva que la inclusión en este ámbito, sea ya el presente, pero también es el futuro al que debemos dirigirnos con paso firme.

Estas actividades físicas, desarrolladas como deportes, regladas y con el objetivo de ganar, pueden variar su orientación competitiva hacia una más recreativa, en la que prime la participación. El objetivo de las mismas será el desarrollo del propio juego, frente al resultado. Para lograrlo, podemos apoyarnos en la modificación de algún aspecto de la actividad física-deportiva realizada de un modo inclusivo, como los presentados a continuación:

- Modificar las dimensiones de las pistas de juego. Como ejemplo podemos señalar la reducción del campo de boccia, si algún jugador no puede llegar a toda el área.

- Modificar el material de juego. Se puede introducir un balón más grande en el voleibol sentado o pelotas de tenis sin presión, que faciliten los golpeos.

- Modificar el número de participantes durante el juego. Si el campo de bádminton es muy grande para dos jugadores, se puede introducir uno más. Si 10 jugadores en un partido de baloncesto, dificulta la movilidad de los jugadores en silla de ruedas, se podría reducir a 8.

Continuando en el desarrollo de actividades ociosas orientadas hacia la recreación, queremos destacar la importancia que tienen aquellas que se realizan en el medio natural, como el montañismo, en su expresión más compleja, o el senderismo, en su expresión más sencilla. En numerosas ocasiones, tenemos excesivo respeto a la hora de realizar salidas a zonas montañosas con personas con discapacidad, porque pensamos en aquellas actividades más extremas, con personas con silla de ruedas por sendas estrechas, pedregosas y con altos acantilados o un grupo de personas con discapacidad intelectual en una marcha larga. La realidad es que existen infinitos escenarios para encontrar el adecuado según nuestras necesidades.

6. Referencias bibliográficas

Aledo Martínez-Illescas, F. J. y Martínez Abellán, R. (2003). La educación física y deportiva en personas con discapacidades motóricas. *Revista Iberoamericana de Psicomotricidad y Técnicas Corporales*, 9, 99-129.

Archie, V. & Sherrill, C. (1989). Attitudes toward handicapped peers of mainstreamed and nonmainstreamed children in physical education. *Perceptual and motor skills*, 69, 319-322.

Ardanaz, L. (2004). *La escuela inclusiva: prácticas y reflexiones.* Barcelona: Graó.

Botella Amengual, E. (1992). *El deporte y la parálisis cerebral.* Barcelona: Generalitat de Catalunya. Departament de Benestar Social.

Craft, D. H. (1994). Inclusion: Physical Education for all. *Journal of Physical Education, Recreation and Dance,* 65(1), 54-55.

Davis, R. W. (2002). *Inclusion through sports.* Illinois: Human Kinetics.

DePauw, K. P. (2000). Toward progressive inclusion and acceptance: myth or reality? The inclusion and bandwagon discourse. *Adapted Physical Quarterly,* 17, 135-143.

García Sánchez, L. V. y Ospina Rodríguez, J. (2008). Imaginaries of people suffering from disabilities around physical activity. *Revista Ciencias de la Salud, 6*(2), 51-63.

Garel, J. P. (2007). *Educación Física y discapacidades motrices.* Barcelona: Inde.

Hernández, R. (1992). El ejercicio físico, el deporte y la salud en el minusválido. *Archivo de Medicina del Deporte, 34*(2), 122-135.

Goodwin, D. L. y Watkinson, E. J. (2000). Inclusive Physical Education from the perspective of students with physical disabilities. *Adapted Physical Activity Quarterly,* 17, 144-160.

Gutiérrez sanmartín, M. (2004). El valor del deporte en la educación integral del ser humano. *Revista de Educación,* 335, 105-126.

Guttmann, L. (1967). Organisation of spinal units. History of the National Spinal Injuries Centre, Stoke Mandeville Hospital, Aylesbury. *Paraplegia, 5*(3), 115-126.

Hernández Vázquez. F. J. (2000). El deporte para atender la diversidad: deporte adaptado y deporte inclusive. *Apunts Educació Física I Esports,* 60, 48-53.

Kasser, S. L. & Lyte, R. K. (2005). *Inclusive Physical Activity. A lifetime of opportunities.* Champaign: Human Kinetics.

Lieberman, L. J. (2009). *Strategies for inclusion: a handbook for physical educators.* Illinois: Human Kinetics.

Lindstrom, H. (1992). Integration of sport for athletes with disabilities into sport programs for able-bodies athletes. *Palaestra, 8*(3), 28-32.

Makas, E. (1988). Positive attitudes towards disabled people: disabled and nondisabled persons' perspectives. *Journal of Social Issues,* 44, 49-61.

Mendoza Laíz, N. (2009). *Propuestas prácticas de educación física inclusive para la etapa de Secundaria.* Barcelona: Inde.

Moriña Díez, A. (2004). *Teoría y práctica de la educación inclusiva.* Málaga: Aljibe.

Sherrill, C. & Williams, T. (1996). Disability and sport: psychosocial perspectives on inclusión, integration and participation. *Sport Science Review, 5*(1), 42-64.

Sosa, L. M. (2009). Reflexiones sobre la discapacidad: Dialógica de la inclusión y exclusión en las prácticas. *Ágora para la EF y el Deporte,* 9, 57-82.

Stainback, S. (2001). *Aulas inclusivas: un nuevo método de enfocar y vivir el "currículo".* Madrid: Narcea.

Trip, A., French, R. & Sherrill, C. (1995). Contact theory and attitudes of chidren in physical education programs towards peers with disabilities. *Adapted Physical Activity Quarterly,* 12, 323-332.

UN (2006). *Convención sobre los derechos de las personas con discapacidad.* Asamblea General de las Naciones Unidas.

Vickerman, P. (2007). *Teaching physical education to children with special educational needs*: Londres: Routledge.

Wilhite, B., Golderberg, L., Trader, B. E. & Mushett, C. A. (1997). Promoting inclusive sport and leisure participation: evaluation of the paralympic day in the schools model. *Adapted Physical Activity Quarterly,* 14, 131-146.

BUSCANDO UNA TÉCNICA DE RELAJACIÓN EFICAZ COMO PROPUESTA DE INTEGRACIÓN PERSONAL Y SOCIAL EN LA ESCUELA

Juan Carlos Luis-Pascual
Universidad de Alcalá

1. Introducción

La escuela reproduce los patrones culturales y de conducta de la sociedad donde se enclava. Parece obvio comentar que el ritmo de vida actual, facilita la tendencia caer en el activismo y en la necesidad de tener siempre que estar haciendo algo. Este hecho impide pararse a observar, reflexionar y disfrutar de las tareas que estamos llevando a cabo. Este estado de activación continuo puede llegar a embotar nuestros sentidos y también nuestra percepción, restringiendo poco a poco, nuestras relaciones personales, aislándonos, tal y como explicita Harvey (2006, 13) "la tensión también incide negativamente sobre las relaciones" y finalmente, llegando incluso, a provocar elevados estados de estrés y ansiedad. La tensión acumulada reduce nuestra capacidad de respuesta, ya que requiere un mantenimiento energético que nos puede agotar antes de empezar la actividad que queremos realizar porque no somos capaces de reponer dicha energía.

Antes o después nos tenemos que plantear ¿qué podemos hacer para reponer la energía gastada? y lo que debemos hacer para salir de este círculo vicioso, necesariamente, es insertar periodos de pausa, de tranquilidad, de recreación y ajustar nuestra activación al requerimiento de cada una de las labores que tengamos que llevar a cabo. La búsqueda de dicha eficiencia energética nos dejará disfrutar del ahorro que nos permitirá acometer con una actitud diferente, con un margen suficiente, dichas obligaciones.

Las técnicas de relajación nos llegan como una propuesta válida para compensar y adecuar la tensión en cada momento, para hacer frente a las cada vez más exigentes tareas escolares y extraescolares de los niños y jóvenes. (Barnes; Bauza y Treiber, 2003) nos comentan que se consigue "la reducción del estrés del comportamiento con un programa de meditación" disminuyendo además la ansiedad, la hostilidad (el absentismo, las infracciones a las normas escolares y los días de expulsión) y la inestabilidad emocional, con un programa específico en los centros educativos para estudiantes de secundaria en sesiones diarias de quince minutos durante cuatro meses. Para González, Zabala y Berrueta (2008, 13) el docente debe "realizar ejercicios de relajación dentro del aula". De esta manera lograrán capacitar a los estudiantes con recursos y competencias que les permitan evitar el aislamiento social. Según Guillaud (2005, 7) les facilita "desarrollar su capacidad de vivir con los demás", o Fuente Arias; Franco Justo. y Salvador Granados (2010, 374) que relatan que un programa de meditación generan efectos "estadísticamente significativos..." en "... habilidades sociales". En la misma línea López González (2010, 104) plantea la "socialización" como una posible aplicación de las técnicas de relajación dentro del objetivo de crecimiento personal. En este sentido, por ejemplo Benson et al. (2000, p. 158) estiman que las técnicas de relajación crean en los alumnos unos mejores "hábitos de trabajo, cooperación y asistencia". Todo ello les permite disfrutar más de sus obligaciones como estudiantes en la escuela, creándoles más ocasiones de éxito en sus aprendizajes. Especialmente relevante es para Julve (2004) llevar estas técnicas de relajación al aula en la educación de inmigrantes. Una intervención con talleres de relajación con los docentes permitiría según Fiorentino Alferillo y Labiano Cavagnaro (2008, p. 267) "mejorar su estado emocional" además de vivenciar lo que posteriormente podrían llevar a cabo con sus alumnos.

2. La cultura de la relajación

La relajación en Educación Física debe plantearse como una respuesta intercultural a nuestro estilo de vida para hacerlo más saludable. Siguiendo a Csikszentmihalyi (1999) habría que iniciar una búsqueda basada más en la satisfacción durante el proceso, en el modo de vivir, que en la recompensa por el resultado de las metas que conseguimos. Podemos mejorar nuestras relaciones sociales con la práctica de las técnicas de relajación, por ejemplo con la meditación ya que "produce una sensación de paz y de felicidad , que no sólo disfruta quien la practica, se dice que esa tranquilidad se trasmite a aquellos que le rodean" tal y como nos indican Verini y Echegoyen (2007, p. 181).

Básicamente la propuesta de integrar la relajación dentro de un estilo de vida saludable debe conjugar tanto la cultura oriental como la occidental. La cultura oriental, más introvertida, desarrolla propuestas relacionadas con la integración cuerpo-mente, por ejemplo las artes marciales. También con técnicas basadas en la autoconciencia, como es la meditación o con la visión de uno mismo (la contemplación). Mientras, la cultura occidental, más extrovertida, enfatiza más el cultivo del cuerpo, especialmente a través del deporte. Desarrolla más una visión exterior que pretende investigar el mundo y ve a la persona más como objeto.

Los principios de la relajación que debemos tener en cuenta pasan inicialmente por aflojar las contracturas conscientes, simultáneamente tenemos que intentar hacer conscientes las inconscientes. Es importante aprovechar el efecto sedante de la espiración por un lado y el efecto energizante de la inspiración por otro. Y además, extensible a todas las técnicas de relajación, es que debemos conseguir mantener la conciencia durante toda la práctica. Todo ello va a conseguir unos efectos desde el primer momento, como son: la reducción del consumo energético, la liberación de energía implicada en las contracturas inconscientes, la creación de nueva energía (a través de la respiración) y la acumulación de la no utilizada.

El grado de relajación que debemos tener presente como referencia a conseguir en nuestras clases será la sensación de placidez y de bienestar físico tal y como indica Luis-Pascual (2005), dentro de una escala que va desde la conciencia física periférica – la conciencia de hormigueo o de vibración – la sensación de bienestar físico – el silencio o descanso mental – la conciencia de vacío o de oscuridad hasta – la conciencia de plenitud y luminosidad.

3. La escuela relajada

La escuela debe incorporar de una manera sistemática, dentro y fuera del currículo de Educación Física una práctica mayor de las técnicas de relajación que permitan modificar la actitud ante la vida del mayor número posible de jóvenes, tratando de que obtengan un mayor bienestar subjetivo, tal y como lo entienden Cuadra y Florenzano (2003, p. 84-85) "1.- El bienestar tendría una dimensión básica y general que es subjetiva. 2.- El bienestar estaría compuesto por dos facetas básicas: una centrada en los aspectos afectivos-emocionales (referidos a los estado de ánimo del sujeto) y otra centrada en los aspectos cognitivos-valorativos (referido a la valoración de satisfacción que hace el sujeto de su propia vida). Ambas facetas se relación con la dimensión subjetiva". Para Benítez Grande-Caballero (2001, 18) "los valores que podemos desarrollar mediante prácticas de relajación no apuntan a la dimensión ética directamente, sino que van enfocados a una **educación de la mente**, cuyo objetivo sería favorecer el desarrollo de una **mente positiva**, que ayude a nuestros alumnos a disfrutar de una vida más eficiente y feliz". Dentro de la asignatura de Educación Física los objetivos que nos podemos marcar, además de la optimización de la recuperación tras un ejercicio u otra actividad física, pueden estar relacionados con la toma de conciencia corporal, tratando de mejorar la autoestima (o el autoconcepto) de estos niños y adolescentes. Otros propósitos que también pueden ser contemplados por los docentes son la facilitación de los aprendizajes y rendimientos, como señalan Bar-Eli y Blumenstein (2004) o la mejora de la concentración, todo ello encuadrado dentro de la búsqueda del equilibrio psico-socio-físico. Al final el profesor debe buscar que estos jóvenes mantengan dichos hábitos de práctica de la técnicas de relajación en el futuro.

La metodología tiene que ser práctica, como no puede ser de otra manera. La vivencia personal de los estudiantes se lleva a cabo a través de una sesión guiada. El docente da pautas de orientación pero los alumnos son los que asumen o no, son los que deciden y ajustan en cada momento dicha actividad a su propio ritmo, en función de cómo se vayan sintiendo. No podemos despreciar, en nuestra sesión, una parte final reflexiva (que evita sensaciones desagradables por mantener una postura un tiempo excesivo y que al docente le sirve de *feed-back*. En ella los alumnos participan con sus propuestas de mejora) intercambiando apreciaciones y percepciones que nos ayudan a mantener la práctica estable en el tiempo.

La relajación en la escuela, al final, siempre se termina de la misma manera (con una relajación integral: física y psicológica), tanto si se comienza con una propuesta de técnicas más físicas (donde se parte del cuerpo, de los fisiológico) o con otra de técnicas más psicológicas (donde se parte de lo mental).

Las técnicas genéricas y básicas más asequibles para llevarlas al centro educativo (ver Cuadro 1) son:

- Respiración, trabajando tanto la concienciación como el control o también la sobrecarga respiratoria, todo ello en diferentes posiciones: tumbado, sentado, de pie, en parado y en movimiento.

- Senso-percepción, es un trabajo imprescindible de conocimiento, conciencia y percepción, que nos va a permitir potenciar los efectos de la visualización. El olfato con todo su repertorio de olores, la vista y sin la posibilidad de hablar (acentuar y trabajar en sobrecarga aquellos órganos que normalmente utilizamos menos, los sabores, o el tema del tacto (interoceptivo, propioceptivo, e introducir sensaciones: temperatura, dureza (reduciendo la tensión), re-sensibilización (partes de nuestro cuerpo que apenas trabajamos con ella, por ejemplo la espalda) y con un cierto dominio podríamos llegar a conseguir una modificación sensorial básica (realizándolo de forma voluntaria). Una de las propuestas imprescindibles es trabajar con un inventario corporal. Todas estas actividades al principio deben ser largas y quedar perfectamente asimiladas pero más tarde pueden hacerse mucho más rápidas (práctica organizada – guiada – acelerada). De tal manera que, cuando tenemos cierta experiencia, solo trabajando la parte final se consigue acelerar todo el proceso de relajación.

- Concentración, con un objeto presente o ausente, localizando nuestra atención. En la vida real nos cuesta fijarnos solo en una cosa, fijarnos en un objeto como puede ser: una vela, una luz, o con una imagen nuestra que rememoramos desde el pasado o que inferimos en el futuro. Una propuesta que se puede plantear con una visión focal y con una atención difusa (visión periférica mirando el objeto en un segundo plano). Con ojos abiertos, las imágenes nos distraen; con los ojos cerrados, los pensamientos nos distraen, por ello la posición ideal pasa por mantener los ojos semi-cerrados con una atención periférica.

- Visualización y la autovisualización (contemplación). Ver imágenes creadas o recreadas en nuestra cabeza, probablemente se puede hacer sobre una práctica previa como puede ser el juego que utilizamos para la distensión (cuando estamos practicando la visualización, nosotros nos vemos a nosotros mismos haciendo dicho juego).

- Meditación, donde se contempla lo que sucede. Es una forma en la que no se valora, sólo pretende observar sin compromiso, tomando una decisión de la manera más objetiva. En ella, nos distanciamos del objeto, de la situación o de la vivencia para evitar que nos veamos afectados por las emociones. Se puede plantear el Tai-Chí como una propuesta de meditación en movimiento.

Otras técnicas de relajación más específicas (ver Cuadro 2) que podemos emplear son:

- Entrenamiento autógeno de Shultz, que se basa en la auto-sugestión, donde nunca se pierde la conciencia (como sí sucede en la hipnosis) y además no hay dependencia con el facilitador. En la relajación siempre estamos conscientes, siempre observando, algunas veces interviniendo pero siempre pacientes. En este caso la repetición de una serie de frases claves nos hacen jugar con nuestras sensaciones. De las diferentes sintonizaciones, la frente fresca nos permite (además de pretender aliviar nuestra cabeza preocupada, inquieta y caliente) comenzar a activar la vuelta a los estímulos externos, fuera de nuestro cuerpo y de nosotros mismos).

Técnicas fundamentales	Propuesta de actividades
Respiración	<ul><li>Respiración alterna.</li><li>Respiración tipo fuelle.</li><li>Respiración fraccionada.</li><li>Respiración caliente.</li><li>Respiración vibratoria.</li><li>Respiración abdominal inversa.</li><li>Respiración circular.</li><li>Respiración sofrológica.</li><li>Respiración tai-chi.</li><li>Respiración Pilates.</li><li>Concienciación respiratoria: clavicular, torácica-intercostal, abdominal-diafragmática y completa.</li></ul>
Senso-percepción	<ul><li>Re-sensibilización<ul><li>Exteroceptiva. (Sonidos de deportes / alternar sonidos y silencios, alternar música y silencio / Percibirse a sí mismo y plasmarlo en el mono las tensiones /inventario de tensiones ordenado, en función de las sensaciones, sólo las sensaciones).</li><li>Interoceptiva. (corazón / pulmones)</li><li>Propioceptiva. (tensión-distensión / estático-movimiento)</li></ul></li><li>Sustitución sensorial básica.<ul><li>Temperatura. (frío a caliente)</li><li>Peso. (ligero a pesado)</li><li>Dureza. (tenso a flojo / duro a blando)</li></ul></li><li>Sustitución sensorial analgésica.<ul><li>Rememorar y recrear alguna sensación anestesia anterior y llevarla a otro lugar del cuerpo.</li></ul></li></ul>
Concentración	<ul><li>Fijar la atención:<ul><li>Zonas de contacto con el suelo.</li><li>Chacras.</li><li>Espacios: Entre nuestra planta del pie y suelo, etc.</li><li>Corazón.</li></ul></li><li>Concentrarnos en un objeto, sin relación afectiva con nosotros.</li><li>Cuenta atrás.</li><li>Número, en tres dimensiones.</li><li>Colores.</li><li>Silencio mental.</li></ul>

Técnicas fundamentales	Propuesta de actividades
Visualización	<ul><li>Visualización en el presente:<ul><li>Juego realizado en la puesta en acción.</li><li>Partes del cuerpo: (simple y fantástica)</li></ul></li><li>Visualización en el pasado:<ul><li>Evocaciones positivas: palabras, frases e imágenes.</li></ul></li><li>Visualización en el futuro:<ul><li>Evocaciones mejoradas: marco, espejo y el reflejo de la propia imagen.</li></ul></li></ul>
Meditación	<ul><li>Tranquilidad (corazón, respiración, masajes en la cara)</li><li>Sentados:<ul><li>Importancia de la posición.</li><li>Respiración.</li><li>Propuestas: olas del mar, fuego, nubes, pecera, pasillo con puerta entreabierta.</li></ul></li><li>Movimiento:<ul><li>Respiración.</li><li>Pies.</li><li>Pies y brazos.</li></ul></li><li>Tumbados:<ul><li>Inmovilización.</li><li>Contar las respiraciones.</li></ul></li></ul>

Cuadro 1. Propuesta de actividades para los fundamentos de la relajación.

- Gimnasia Orgánica, que es una especie de *hatha-yoga*, pero el objetivo en sí no es relajarse con la posición mantenida, sino trabajar los músculos respiratorios en sobrecarga, debido a las posiciones más forzadas de lo normal. Realmente la satisfacción la obtenemos, cuando lo dejamos de hacer y nos sentimos mucho mejor, más cómodos y de una manera más placentera, simplemente respirando.

- Eutonía, que busca que la persona obtenga el tono adecuado, la mejor relajación no es la que tiene el tono más bajo sino la que realiza la activación tónica más adecuada. Es un método de concienciación, para saber cómo conocer mejor su cuerpo y saber utilizarlo. Hace referencia al uso optimizado de los músculos que necesito en cada momento, sin implicar a ninguno más. Al final podemos ser capaces de relajarnos incluso conduciendo, pudiendo llegar a que trasmitir el peso de nuestro cuerpo a la carretera a través de las manos en el volante, apoyándonos en su justo punto. Hay personas que les cuesta hacer mucho cualquier cosa porque necesitan mucha más energía para el mismo gesto. Se busca tratar de optimizar los gestos, como en un *souplesse*, andando como por encima del suelo, como flotando, haciéndolo más fácil.

- Masaje educativo, con la comprensión y vivencia de diferentes tipos de masaje, recuperando los elementos más básicos: si es superficial es más excitante, si se realiza con mayor profundidad es más relajante. Trabajando las diferentes técnicas: tecleteo, amasamiento, percusión, presión, etc. Limitándonos a zonas no excesivamente comprometidas como son: la espalda, la cara o la cabeza. Utilizando aceite o alcohol de romero si es posible. Se requieren dos toallas, una para que no manche el aislante y otro para tapar la zona masajeada para que no se quede fría. Otras posibilidades de trabajo nos llevarían a descubrir y aliviar posibles puntos de tensión inconscientes en el compañero.

- Relajación progresiva, éste método de Jacobson, va trabajando una parte específica y posteriormente otras partes de forma secuencial, con una propuesta analítica progresiva al final. Hay varias fórmulas para trabajar (Por ejemplo manteniendo la tensión y extendiendo el brazo hacia arriba, flexionando la mano, o hiper-extendiéndola, o sencillamente apretando la mano). Una posibilidad recomendada también es trabajar con tensiones sucesivamente menores en Brazos-Piernas-Glúteos-Espalda-Ojos-Cejas-Esfera del habla y se puede hacer con todo. La relajación diferencial es una variante que nos permite un trabajo tensando una parte y relajando otra, comparándose las sensaciones y percepciones que obtenemos en una y en otra. Los niveles más competentes y experimentados nos hacen relacionar la relajación con un nombre, con un dibujo, consigue acelerar (y obviar todo el proceso previo) llevándolo directamente hasta la parte final.

Técnicas específicas	Propuesta de actividades

Relajación autógena	- Sintonización de:
	  o Reposo (todo el cuerpo).
	  o Peso (Brazos y piernas).
	  o Calor (Brazos y piernas).
	- Sintonización de los latidos cardiacos.
	- Sintonización de la respiración.
	- Plexo solar caliente focal.
	- Frente fresca.

Gimnasia orgánica	- Decúbito supino: Llevar la pierna al pecho (otra pierna, las dos piernas). - Decúbito prono: Nariz en la rodilla (brazos lados atrás y brazos delante). - Puntal. - Arado. - Cobra. - Equilibrio de cabeza.
Eutonía	- Cámara lenta (peso) - Mantener tensión (cruz / hombros). - Aflojar con un implemento. - Tacto – contacto (tobillos y rodillas). - Inventario de eutonía. - Aplicación PNF.

Técnicas específicas	Propuesta de actividades
Masaje educativo	<ul><li>Masaje para todos (animales, en la cocina).</li><li>Técnicas básicas:<ul><li>Fricción.</li><li>Amasamiento.</li><li>Percusión.</li><li>Presión.</li><li>Vibración.</li></ul></li><li>Masaje de cabeza.</li><li>Puntos gatillo.</li></ul>
Relajación progresiva	<ul><li>Tensar – relajar (tensión en disminución)<ul><li>Puño / antebrazo / brazo (progresivo).</li><li>Pie / pierna / muslo (progresivo).</li><li>Glúteos / abdominales.</li><li>Hombros.</li><li>Cuello (delante – detrás).</li><li>Frente.</li><li>Ojos.</li><li>Mandíbula.</li><li>Esfera del habla.</li></ul></li></ul>
Relajación asistida	<ul><li>Cámara lenta (peso)</li><li>Piernas (supino / prono)</li><li>Brazos. (pie / tumbado)</li><li>Hombros.</li><li>Cargar al compañero.</li></ul>

Cuadro 2. Propuesta de actividades para las técnicas específicas de relajación.

- Relajación asistida, que recoge los ejercicios de "soltar" los músculos de nuestro cuerpo, donde alguien nos coge una mano, un pie, los dos pies. Boca arriba- boca abajo, y también con la percepción de la movilización facilitada de este brazo que también se trabaja con la eutonía, vamos a percibir estos movimientos cuando alguien los está haciendo por nosotros.

4. Propuesta metodológica para la relajación

En la aplicación didáctica se utilizan como ejes de referencia el *puzzle graduado* (donde la calificación no sea un problema para la evaluación) y el aprendizaje dialogado con un esquema de sesión ampliado (ver Cuadro 3) que cuenta con cinco partes: una primera, la distensión (para la relajación es importante convencer más que imponer o vencer); otra segunda, la implicación (que depende más de la persona participante que está ahí, con su sensación y motivación del momento, facilitando la progresividad del practicante); la parte principal, que se podría partir, a su vez, en una parte de trabajo más personal y en otra más colaborativa (hay que tener presente que en una sesión larga, las agrupaciones no se hacen juntas, sino que es preferible romper esa dinámica, es preferible estar bien relajados durante 20 minutos, más que estar más tiempo incómodos, aunque se permita cambiar la posición del cuerpo en cualquier momento; y para acabar, la evaluación (donde cada uno puede comentar como se ha sentido, su percepción de la relajación o cómo le parece que se puede mejorar la sesión).

No debemos olvidar plantear las actividades y los ejercicios como retos para evitar especialmente la apatía o el aburrimiento en la ejecución de nuestras propuestas. Son unos pocos minutos donde el estudiante participante tiene para pensar (no en sus problemas) sino en él mismo y en las sensaciones que provienen de su cuerpo.

Para niños, e incluso para jóvenes adolescentes, especialmente en las primeras sesiones con el ánimo de aumentar nuestras posibilidades de que quieran relajarse, pararse o tumbarse, podemos ayudarles a ello, haciendo previamente las actividades de distensión e inclusión mucho más intensas. Esta fase de *acentuación* facilitará que quieran parar unos instantes, ese es el momento que nosotros utilizaremos para comenzar la sintonización de tranquilidad, de reposo, de búsqueda y observación de sus sensaciones internas.

Es muy importante trabajar en primera persona (en *mi* cuerpo, en *mi* mente) es mucho más fácil entrar en el estado sofroliminal, sub-liminal, de ensueño, de semi-consciencia. Donde podemos entrar y se nos facilita la relajación. Tenemos que poder diferenciar claramente (conscientemente) lo que somos nosotros de lo que no somos nosotros. Descubrir de una manera precisa dónde están los límites de nuestro cuerpo, hasta dónde somos conscientes de dicho cuerpo.

Partes de la sesión	Actividades propuestas
Distensión	• *Campana*. • *Marioneta*.
Implicación	• Respiración asistida, utilizando los brazos.
Trabajo personal	• Enrollarse y desenrollarse como una persiana. • Quitarse el agua de las manos. • Quitarse la arena de los pies. • Sacudir los muslos (diferentes posiciones).
Trabajo colaborativo	• Movilizaciones del compañero a cámara lenta (jugando con el peso). • Movilizaciones con las piernas (supino / prono) • Movilizaciones con los brazos. (pie / tumbado). • Movilizaciones con los hombros. • Cargar al compañero.
Evaluación	• Reflexión. • Percepción personal antes y después de la práctica. • Propuestas de mejora.

Cuadro 3. Esquema de sesión para la relajación.

Para comenzar nuestra aventura de la relajación con los estudiantes como vehículo de integración personal y social tenemos dos grandes posibilidades metodológicas: partir de lo global o partir de los segmentario, o lo que es prácticamente lo mismo, partir de lo psicológico o partir de lo fisiológico. Los métodos de relajación nos permiten objetivar, aquilatar mucho mejor lo que sucede fuera y dentro de nosotros. Y eso nos va permitir mejorar mucho nuestra autoestima, siendo más objetivos en lo que pasa y sin que nos influya lo exterior demasiado e independientemente de lo que nos estén diciendo.

Aunque no somos terapeutas, sí nos interesa conocer que se podrían utilizar ambos métodos para tratar el insomnio y los "trastornos del sueño" según Falk (2000, 129), pero, en este caso, por ejemplo es muy cómodo el método segmentario de Jacobson, con él también se obtienen buenos resultados para tratar la agresividad o la hiperactividad. Mientras que el método global de Shultz permite trabajar la autoestima, el tema de las crisis de asma, la afectividad, la asertividad o los valores positivos.

- El método segmentario

Aunque el docente siempre busca una relajación global integral, física-emocional-psicológica-cognitiva, en este caso, la idea es empezar por una parte del cuerpo y terminar con el todo. Por ejemplo el método de Jacobson, se empieza con una parte del cuerpo y terminar con todo. La relajación segmentaría está asociada a lo físico-biológico-fisiológico. Este autor descubrió que cuando una persona estaba muy tensa, sus músculos estaban muy tensos y pensó que si conseguía relajar los músculos podría aliviar la ansiedad y tensión de la persona. El método funcionó y surgió el método de relajación progresiva, que demostró que si funciona en un sentido (activación) también funcionaba en el sentido contrario (relajación). Hemos repetido varias veces que la concienciación es muy importante en todos los métodos de relajación, la conciencia de esos puntos de tensión es lo primero que tratamos de conseguir. Para hacer conscientes esos puntos de tensión, nos tenemos que fijar en ellos. Es como tener unos calcetines puestos pero que no sentimos. Podemos decir que con el método de Jacobson lo que hacemos es hacer consciente el grado de tensión de los músculos. En la relajación diferencial se juega con la conciencia (percepción) de la diferencia de tensión de dos puntos del cuerpo.

La relajación diferencial se practica una vez que se ha practicado la relajación progresiva, donde se provoca y se intenta buscar sin ningún orden lógico, localizo y busco los puntos de tensión e intentamos aplicar lo mismo que hemos hecho con el método progresivo, vamos a la propuesta final, que es como una aceleración del método, por que lo tenemos tan dominado que vamos a la última parte, por ejemplo asociándola con un objeto: reloj-relajación (veo el reloj y consigo relajarme). Una variante del método de Jacobson, nos permite trabajar con la tensión muscular (con retornos en disminución). Apretando mucho al principio, pero cada vez reduciendo a la mitad la tensión (y también la sensibilidad de la percepción de dicha relajación).

- El método global

La relajación global no parte del cuerpo (o de un segmento corporal) sino que hace referencia a lo psicológico. Lo normal, en estos métodos, como por ejemplo: la meditación, la visualización o la concentración, es que no haya movimiento. Esto es un gran hándicap cuando se trata de llevar la relajación a la escuela. Por ello, a los niños les gustan más los otros métodos donde sí hay movimiento como por ejemplo los de: Wintrebert, Benson o Jacobson.

Con los métodos globales se busca la conciencia testigo, manteniendo la conciencia aunque podemos fijarnos en una parte de nuestro cuerpo (incluso una parte periférica del mismo). Se pierde la consciencia si estamos en coma, dormidos, o tras la ingesta de sustancias psicotrópicas. En nuestra propuesta de relajación debemos buscar puntos de semi-consciencia, y no de inconsciencia. Un ejemplo de método global es el entrenamiento autógeno de Shultz, que como su coetáneo, el entrenamiento progresivo de Jacobson surgen en la década de los treinta. Ambos comienzan como métodos reactivos (terapéuticos) los inventan médicos (psiquiatra en un caso y neuro-fisiólogo en otro) aunque los docentes de Educación Física actualmente los utilizan como pro-activos, se trata de prevenir, de educar y en ningún caso curar. Uno se basa en la auto-sugestión donde se juegan o se provocan determinadas sensaciones: tranquilidad-pesadez-calor y en el otro se comparan las diferentes sensaciones en reposo y en activación.

En Shultz, sólo se suele trabaja el ciclo inferior, y hay algunas personas con las que no se puede trabajar. Hay una serie de contra-indicaciones, pero son más o menos lógicas (por ejemplo la concentración de calor para las úlceras o una herida abierta con el masaje). Con la autosugestión en ningún caso se debe perder la conciencia, y si se pierde es por culpa de que no poder mantener el docente la atención de sus estudiantes con determinadas cuñas habladas (repitiendo determinadas frases y ayudándole a retomar la atención. También permite utilizarlas como enlaces entre diferentes ejercicios o cambiar los puntos de interés con sensaciones, por ejemplo, de: tranquilidad-pesadez-calor). Nuestra propuesta pasa por utilizar los elementos del ciclo superior de Shultz como fundamentos de otros métodos de relajación más específicos.

Un ejemplo de propuesta guiada podría ser...

...podemos trabajar con la figura de una burbuja, una gran burbuja. Nuestra piel es como una burbuja, que nos envuelve, que nos rodea, que nos permite extendernos y acoplarnos perfectamente a otros objetos, como el suelo. Intentamos de una manera precisa, muy precisa, determinar en qué parte acabamos nosotros... Notamos como se trasmite nuestro peso al suelo... ...como nos aflojamos, como nos hundimos. ...Sólo tenemos que pensar, que sentir, lo que somos nosotros de lo que no somos nosotros, percibiendo lo que ocurre dentro. Cuando hablamos de peso... hablamos de distensión, hablamos de hundir, lo que queremos es distender nuestros músculos, nuestro cuerpo. ...Cuando hablamos de calor... hablamos de un aumento de calor en ese punto, incluso podríamos hablar de facilitar la regeneración. ...La sensación de calor es la sensación de placidez y de relajación. ...La percepción del corazón, sentirlo, visualizarlo, prestar atención a nuestro corazón, y además de una manera determinada, visualizarlo, dimensionarlo. ...Notar su cadencia, su ritmo. [De las diferentes fórmulas que podemos encontrar a mí me gusta:] *"Nuestro corazón late... ...mi corazón late... fuerte y con...re-gu-la-ri-dad-re-gu-la-ri-dad."* [la propia palabra incita a la relajación]. *Nos repetimos lo relajados, lo tranquilos, lo*

cómodos que estamos. Estamos muy cómodos... ...estoy muy cómodo. ...Vamos a prestar un poco más de atención a nuestra respiración, res-pi-ra-ción, res-pi-ra-ción. Una respiración circular, gratificante, amplia pero sin forzar, observamos como inspiramos, como entra el aire, como espiramos, como sale el aire, nos dejamos llevar por la respiración, res-pi-ra-ción. [Es una imagen relacionada con los vaivenes de la respiración]. *Ahora prestamos más atención a nuestro abdomen, nuestro plexo solar, nuestro bajo vientre. Ese punto, dos o tres dedos por debajo de nuestro ombligo comienza a concentrar todo el calor de nuestro cuerpo. Es como si tuviéramos un foco, una lámpara en este punto...*

5. Buscando una técnica de relajación eficaz: análisis preliminar

En un estudio exploratorio que trata de encontrar aquellas técnicas de relajación más eficaces realizado con 28 estudiantes de la Universidad de Alcalá, en un curso de verano intensivo en 2010, utilizando el *Formulario para anotar el trabajo de entrenamiento de la relajación efectuado en casa* obtenido en Payne (2005, 120) el objetivo que se plantea investigar es la percepción subjetiva de la relajación conseguida, antes y después de las diferentes propuestas llevadas a cabo por un mismo docente.

Todas las técnicas de relajación utilizadas sobrepasan, en la serie 1 (que detalla el porcentaje de percepción subjetiva posterior a la relajación) el 50% (Tabla 1) a excepción de la relajación progresiva (técnica nº 7). Si comparamos las técnicas fundamentales y las técnicas específicas, obtienen mejor resultado las primeras en porcentaje de relajación percibido pero el diferencial mejora más en las técnicas específicas.

	Técnica empleada	Percepción posterior (relax máx. 100 %) serie 1	Diferencial (ant-post.) serie 2
1	Respiración	60,4 %	22,3 %
2	Senso-percepción	65 %	35 %
3	Concentración	72,4 %	33,8 %
4	Visualización	63,9 %	27,4 %
5	Meditación	61 %	27,3 %
6	Relajación autógena	58,3 %	24,1 %
7	Relajación progresiva	49,4 %	25 %
8	Eutonía	72,2 %	41,7 %
9	Relajación asistida	70 %	40 %
10	Masaje educativo	66 %	46 %
11	Gimnasia orgánica	60,1 %	25 %

Tabla 1. Estudio exploratorio sobre la percepción subjetiva de relajación conseguida.

Llama la atención que la técnica que obtiene un mayor diferencial, es decir, el masaje educativo (técnica nº 10), con 46 puntos porcentuales, es el más efectivo en relación con estado de relajación inicial percibido y el estado de relajación posterior percibido. Pero, sin embargo no es el que obtiene el máximo porcentaje en el estado de relajación final percibido, con un 66%, (Tabla 1) siendo el 100% el estado máximo posible de relajación.

La concentración (técnica nº 3) obtiene la mayor percepción subjetiva con un 72,4% (Tabla 1) aunque no obtiene una correspondencia en el diferencial obteniendo sólo 33,8 puntos porcentuales de margen.

Podríamos intuir que las técnicas de relajación más efectivas, no sólo son las que tienen el diferencial mayor sino que requieren también tener un elevado estado de relajación final percibido. La eutonía (técnica nº 8) cumple con esta premisa (Tabla 1) teniendo un diferencial de 41,7 puntos porcentuales, el segundo más importante, y además un estado de relajación final percibido de 72,2% sobre el 100% de relajación máxima posible.

Observamos que el 50% de los diferenciales de las técnicas de relajación se concentra en torno al 24-27 de puntos porcentuales que conformarían en nuestro estudio el bloque de técnicas medio-bajo (que peor efectividad tienen). Las técnicas que están por encima de este valor 27 (bloque medio-alto) son las que nos indican una mayor efectividad en la relajación y son: senso-percepción (técnica nº 2); concentración (técnica nº 3); eutonía (técnica nº 8); relajación asistida (técnica nº 9) y masaje educativo (técnica nº 10).

6. Las diez claves de la relajación escolar

A modo de conclusión, las claves de la relajación que nos van a facilitar la integración personal y social en la escuela pasan por cambiar nuestro estilo de vida. Tenemos que tratar de asimilar mejor todos esos cambios vertiginosos que se producen a nivel personal y escolar. Por ello, la práctica de la relajación no es opcional, la relajación (en cualquiera de sus formas, variantes o propuestas) se convierte así en una necesidad, en un derecho que debe aparecer siempre y en todo momento junto con actividades físicas como el deporte o los estiramientos. Por ejemplo Shapiro y Sprague (2009, 8) señalan como fórmula de distensión "la realización de ejercicio diario durante al menos media hora". Lo que se trata es de modular, compensar y atenuar ese estado tan acelerado de la vida actual, este ritmo de vida de una manera pro-activa. Nuestros estudiantes tienen que educar la percepción de su bienestar subjetivo. Todos tenemos que reponer la energía gastada, pero hay personas muy tensas, congestionadas, que cuando cogen un bolígrafo movilizan todos los músculos de su cuerpo al hacer ese sencillo gesto, cuando deberían activar única y exclusivamente aquellos que le permiten tomarlo y ninguno más, esa es la idea de la relajación.

Estos estados de distensión los podemos obtener con algunas pautas:

- Clave 1. Prestar atención a una cosa cada vez

La percepción de la satisfacción y de la consecución de ese bienestar subjetivo requiere poder dedicarse y saborear las grandes y las pequeñas empresas que acometemos cada día. La Teoría del *flow*, lo único que nos dice es que cada vez que nos dediquemos a una cosa, sólo nos dediquemos a una cosa, Yo no puedo estar en el trabajo pensando en mis hijos, ni estar con mis hijos pensando en el trabajo, principalmente porque no disfruto ni de una cosa ni de la otra. La relajación no es ni más ni menos que prestar atención a una cosa, fuera (un objeto) o dentro (una parte de nuestro cuerpo). De esta manera, haremos mejor lo que estamos haciendo y podremos disfrutar más de esta tarea que estamos haciendo y de la siguiente cuando sólo nos dediquemos también a ella. Además estaremos mejor preparados para llevar a cabo las actividades cotidianas de una vida y sacaremos mayor provecho de ellas. El diagrama 20-80 nos dice que tenemos que priorizar los problemas concentrándonos en uno de ellos, que tenga aproximadamente un 20% de peso del total y que nos va a permitir si lo conseguimos, por las propias sinergias, actuar sobre un 80% de los efectos del total de los problemas.

- Clave 2. Hacer conscientes los puntos de tensión

Con la relajación, especialmente con la inspiración, tenemos más energía. Si nosotros tenemos un punto de tensión gastamos energía de una manera innecesaria. La manera de optimizar (que tiene que ver con la economía) es que podemos gastar menos haciendo conscientes los puntos de tensión, siendo el paso siguiente tener menos puntos de tensión (ahorrando energía) y generar más energía (con la respiración).

- Clave 3. Recrearse

Tomar un respiro. Para reponer esa energía una de las posibilidades que tenemos son los métodos de relajación pero otra es cambiar el chip, la rutina o la actividad cotidiana. Por ejemplo, para un monitor de esquí, pasar las vacaciones esquiando no sería reconfortante, no sería una distracción, no sería un placer. Debe hacer una cosa diferente. "Re-crearse" es cargar las pilas, hacer un descanso prolongado que le permita desconectar, haciendo propuestas diferentes para poder volver a estar en condiciones de acometer las nuevas tareas con nuevas energías, con nuevas ganas, recuperando la consciencia de lo que hace y evitando tener el "piloto automático" puesto.

- Clave 4. Plantearse pequeñas metas, pequeñas tareas y acabarlas

El terminarlas en sí mismo es la satisfacción. No realizar muchas tareas o tenerlas abiertas pendientes de ejecución en el mismo periodo de tiempo.

- Clave 5. Activación adecuada

La mejor relajación no es la que nos permite conseguir la máxima distensión sino la que nos permite realizar una actividad con la tensión justa y más adecuada en cada momento. La curva de Yerkes-Dodson, "curva de la U invertida" que comentan tanto Seaward (2010, 9) como Marquez Rosa (2004, 122) nos señala que, en el músculo, en una situación intermedia nos permite una mayor fuerza de ejecución. Esto nos quiere decir que el músculo más relajado no nos permite la ejecución más eficaz, ni tampoco es interesante una gran tensión basal, debida en el temperamento, la mejor intervención sólo la vamos a conseguir con una posición intermedia.

- Clave 6. Dejar de hacer lo inútil

No hacer lo que es superficial, lo que está obsoleto, lo que no sirve para nada, lo que es superfluo. Si conseguimos llevar a cabo lo mismo de una manera comprobada con menos tareas, debemos hacerlo. Por ejemplo hacer 3 evaluaciones, frente a hacer 6 evaluaciones que nos cuesta mucho más esfuerzo, tendremos que hacer revisiones periódicas de lo que hacemos, si nos lleva atención, o dejar de prestar atención a cosas importantes.

- Clave 7. Hacer menos

Se refiere a organizarnos de tal manera, no ir siempre al máximo, al 100% debemos plantearnos que si conseguimos prácticamente lo mismo que al 80% Cuando nosotros vamos al 80% necesitamos un tipo de esfuerzo determinado, pero si queremos ir al 100% (el esfuerzo que necesitamos es el doble). Está bien ser perfeccionista, pero está mal para nuestra salud ser siempre perfeccionista. La relación resultado-esfuerzo es más adecuada al 80% que al 100%. Tenemos que conseguir unas metas razonables que satisfagan nuestras necesidades profesionales, personales y sociales. Probablemente ser muy competitivo para conseguir ser el primero siempre no compensa.

- Clave 8. Trabajar con holguras

Dejar periodos de margen que nos permitan jugar de una manera flexible con nuestra planificación, huecos para imprevistos, momentos para nosotros, o dejar espacios por si acaso los necesitamos o que nos permitan meter cuñas.

- Clave 9. Evitar el activismo

Prescindir del hacer por hacer por sistema, sin ninguna finalidad. Tomarnos tiempos de reflexión, de separación que nos permitan observar de una manera más objetiva.

- Clave 10. Formalizar lo importante

En nuestra vida tenemos que establecer cuatro tipos de actividades: -Importante y urgente. -Importante y no urgente. -Urgente y no importante. -Ni urgente ni importante. En nuestra agenda siempre debemos de tener un espacio de tiempo sólo para lo importante, de esta manera estaremos mucho más relajados, esta es una propuesta que no es relajación pero que nos ayuda mucho para la relajación porque nos permite disminuir la tensión, el estrés y la ansiedad.

7. Referencias bibliográficas

Bar-Eli, M. y Blumenstein, B. (2004). The Effect of Extra-Curricular Mental Training with Biofeedback on Short Running Performance of Adolescent Physical Education Pupils. *European Physical Education Review*, 2 (10), 123-134.

Barnes, V.A.; Bauza, L.B. y Treiber, F.A. (2003). Impact of stress reduction on negative school behavior in adolescents. *Health and Quality of Life Outcomes*, 1 (10). http://www.hqlo.com/content/1/1/10

Benitez Grande-Caballero, L. (2001). *La mejora del alumnado y del grupo a través de la relajación en el aula.* Barcelona: CissPraxis

Benson, H. et al. (2000). Academic performance among middle school students after exposure to a relaxation response curriculum. *Journal of Research and Development in Education*, 3 (33), 156-165.

Csikszentmihalyi, M. (1999). *Fluir. Una psicología de la felicidad.* Barcelona: Kairós.

Cuadra, H. y Florenzano, R. (2003). El bienestar subjetivo: hacia una psicología positiva. *Revista de Psicología*, 1 (12), 83-96.

Fiorentino Alferillo, M.T. y Labiano Cavagnaro, L.M. (2008). Talleres psicoeducativos para la promoción de escuelas saludables. *Informes Psicológicos*, 11 (10), 259-273.

Falk, A. (2000). Sofrología y relajación. Nuevas terapias. Madrid: Libro-Hobby-Club.

Fuente Arias, M.; Franco Justo, C. y Salvador Granados, M. (2010). Efectos de un programa de meditación (mindfulness) en la medida de la alexitimia y las habilidades sociales. *Psicothema*, 3 (22), 369-375.

González, R.; Zabala, C. y Berruela, H. (2008). Diseño curricular para la construcción de una cultura de paz. *Avances en supervisión educativa*, 10, 1-16.

Guillaud, M. (2005). *Cómo relajar a los niños en preescolar.* Barcelona: Ceac.

Harvey, J.R. (2006). *Relajación total.* Barcelona: RBA

Julve, M. (2004). Las minorías y los programas de educación para la salud. *Notas Educación de Personas Adultas*, 17, 52-57.

López González, L. (2010). *Diseño y desarrollo de un programa de relajación vivencial aplicada al aula.* Tesis doctoral. Barcelona: Universidad de Barcelona. http://www.tesisenxarxa.net/TESIS_UB/AVAILABLE/TDX-0128111-131140//LLG_TESI.pdf

Luis-Pascual, J.C. (2005). Los fundamentos de la relajación. *Revista Pedagógica Adal*, 10, 15-21.

Márquez Rosa, S. (2004). Ansiedad, estrés y deporte. Madrid: EOS

Payne, R.A. (2005). *Técnicas de relajación. Guía práctica.* Barcelona: Paidotribo.

Seaward, B.L. (2010). *Essentials of Managing Stress.* London: Jones & Barlett Learning.

Shapiro, L.E. y Sprague, R.K. (2009). *The relaxation and Stress Reduction Workbook for Kids: Help for Children to Cope with Stress, Anxiety & Transitions.* Oakland: Canadá Raincoast Books.

Verini, H. y Echegoyen, M.C. (2007). *Plántale cara al estrés y acaba con él.* Madrid: Espejo de Tinta.

www.ingramcontent.com/pod-product-compliance
Lightning Source LLC
Chambersburg PA
CBHW081131170426
43197CB00017B/2819